Findbuch des Bestandes Abt. 8.3
Schleswig-Holstein-Gottorfisches (Großfürstliches) General-Landes- und Ökonomie-Verbesserungsdirektorium zu Kiel 1766-1807

von Jörg Rathjen

Veröffentlichungen des Landesarchivs Schleswig-Holstein
Band 116

Jörg Rathjen

# Findbuch des Bestandes Abt. 8.3

## Schleswig-Holstein-Gottorfisches (Großfürstliches) General-Landes- und Ökonomie-Verbesserungsdirektorium zu Kiel 1766-1807

Hamburg University Press
Verlag der Staats- und Universitätsbibliothek Hamburg
Carl von Ossietzky

## Impressum

Bibliografische Information der Deutschen Nationalbibliothek:

Die Deutsche Nationalbibliothek verzeichnet diese Publikation in der Deutschen Nationalbibliografie; detaillierte bibliografische Daten sind im Internet über http://dnb.d-nb.de abrufbar.

Online-Ausgabe
Die Online-Ausgabe dieses Werkes ist eine Open-Access-Publikation und ist auf den Verlagswebseiten frei verfügbar. Die Deutsche Nationalbibliothek hat die Online-Ausgabe archiviert. Diese ist dauerhaft auf dem Archivserver der Deutschen Nationalbibliothek (https://portal.dnb.de/) verfügbar.

DOI https://doi.org/10.15460/HUP.LASH.116.185
URN http://nbn-resolving.de/urn/resolver.pl?urn:nbn:de:gbv:18-3-1856

Printausgabe
ISSN 1864-9912
ISBN 978-3-943423-56-3





Redaktion: Veronika Eisermann, Rainer Hering, Sven Schoen, Malte Bischoff
Gestaltung: Atelier Bokelmann, Schleswig
Produktion: Books on Demand, Norderstedt

Verlag
Hamburg University Press, Verlag der Staats- und Universitätsbibliothek Hamburg Carl von Ossietzky, Hamburg (Deutschland), 2019
http://hup.sub.uni-hamburg.de

# INHALTSVERZEICHNIS

# VORBEMERKUNG

## Behördengeschichte

In der zweiten Hälfte des 18. Jahrhunderts prägten tief greifende Reformen auf dem Agrarsektor maßgeblich die wirtschaftliche und soziale Entwicklung in den Herzogtümern Schleswig und Holstein. Einen wesentlichen Bestandteil der auf die Modernisierung der Landwirtschaft zielenden Maßnahmen bildete dabei die sogenannte Verkoppelung. Die bislang auf genossenschaftlicher Grundlage von den Bauern gemeinschaftlich bewirtschafteten Nutzflächen wurden neu vermessen und zu Koppeln zusammengelegt, die schließlich an die Bauern eigentümlich zur individuellen Nutzung übertragen wurden. Neben der Verkoppelung gehörten zudem noch die Parzellierung der landesherrlichen Domäne und die anschließende Verpachtung der Ländereien zu den grundlegenden Unternehmungen, von denen sich die landesherrlichen Obrigkeiten eine bedeutende Steigerung der landwirtschaftlichen Produktion erhofften.

Zur Umsetzung der agrarreformerischen Maßnahmen in den gottorfischen Anteilen des Herzogtums Holstein errichtete die großfürstlich-gottorfische Regierung am 19. Juni 1766 das General-Landes- und Ökonomie-Verbesserungsdirektorium in Kiel. Zum vorrangigen Aufgabenbereich des Generaldirektoriums zählten die Vermessung und Verteilung der Dorfschaftsländereien, die daraus resultierende Neusetzung der Dienste und Abgaben der Untertanen sowie die Parzellierung der Domänen und Vorwerke. Mit dem Generaldirektorium verbunden war die Generallandesvisitationskommission. Alle zwei Jahre sollte diese eine umfassende Landesvisitation durchführen, um sich ein gründliches Bild von den Verhältnissen in den einzelnen Verwaltungsdistrikten zu verschaffen sowie die Einhaltung der Verordnungen im Kompetenzbereich des Generaldirektoriums zu überprüfen.

Auch nachdem 1773 die großfürstlich gottorfischen mit den königlichen Anteilen in Holstein vereinigt worden waren, blieb das Generaldirektorium bestehen und übte weiterhin seine Befugnisse aus, nun jedoch als königliche Behörde unter Aufsicht der Rentekammer in Kopenhagen. Erst im März 1807 wurde die Behörde aufgelöst. Ihre Funktionen gingen auf die königliche Schleswig-Holsteinische Landkommission in Schleswig über.

## Bestandsgeschichte

Die Akten des Generaldirektoriums wurden im Juni 1808 an die Landkommission übergeben. Nach deren Aufhebung verwahrte die preußische Regierung in Schleswig die Registratur.

Ein kleiner Teil des Schriftgutes des Generaldirektoriums gelangte bereits 1874/75 durch Abgaben der preußischen Regierung in Schleswig und des Professors Seelig in das Staatsarchiv in Schleswig, wo sie Staatsarchivar Albert de Boor zum Bestand

A XXIII formierte. Die Hauptmasse der Direktoriumsüberlieferung übernahm das Staatsarchiv erst 1922 als Bestandteil der aus dem Regierungsarchiv abgelieferten Registratur des Landkommissariats.

Die übernommenen Akten befanden sich in größter Unordnung und mussten 1924/25 mithilfe der alten Behördenrepertorien durch Staatsarchivar Walter Stephan neu erschlossen werden. Dabei nahm er die Akten des Generaldirektoriums aus der Überlieferung des Landkommissariats heraus und verzeichnete diese in einem eigenen Bestand. Im Rahmen dieser Maßnahme vereinigte Stephan auch die seit 1874/75 im Staatsarchiv befindlichen Sprengstücke mit dem Hauptbestand des Generaldirektoriums. Im Ergebnis der Neuerschließung konnte das Archiv des Generaldirektoriums mit Ausnahme eines bereits bei der preußischen Regierung kassierten Teils wiederhergestellt werden. Seit 1923 führt der Bestand die Bezeichnung Abt. 8.3.

Als Findmittel zum Bestand lagen ein nach den Verwaltungsdistrikten gegliederter mehrbändiger Sachregistrant sowie ein Band zu den Generalakten („Miscellanea") vor. Alle Hauptsachgruppen waren identisch untergliedert. Zudem existiert ein ebenfalls mehrbändiger Buchstabenregistrant mit Orts-, Sach- und Personenverzeichnissen. Seit dem ausgehenden 18. Jahrhundert trugen die Registratoren des Generaldirektoriums die entstandenen Akten vorzugsweise in den Buchstabenregistranten ein. Bei der Neuaufstellung des Bestandes in den 1920er-Jahren übertrug Walter Stephan die Angaben des Buchstabenregistranten in die Sachregistranten, die damit einen vollständigen Überblick über die beim Generaldirektorium erwachsenen Akten gaben. Zu Beginn der 1970er-Jahre erhielt der Bestand Abt. 8.3 neue Signaturen.

Trotz der Verbesserungen, die durch diese Maßnahmen erzielt worden waren, blieb die Qualität der archivischen Erschließung des Bestandes unbefriedigend. Insbesondere genügten die Repertorien, die bislang als Zugang zum Bestand dienten, keinem modernen archivfachlichen Standard mehr. Um die Benutzung der für Fragen zur regionalen und lokalen Agrar-, Wirtschafts- und Sozialgeschichte, aber auch für die Flurnamenforschung bedeutsamen Überlieferung zu erleichtern, wurde der Bestand 2014 komplett durchgesehen und in die archivische Datenbank aufgenommen. Hierbei wurden die Angaben der alten Findmittel zu Titeln und Laufzeiten sämtlicher Archivalien am Bestand überprüft. Die überwiegende Anzahl der Akten war mit umfangreichen oder schwer verständlichen Titel versehen. Sie erhielten in der Regel eine kürzere bzw. modernere Version. In anderen Fällen schien es sinnvoll, ältere, heute nicht mehr gebräuchliche Bezeichnungen beizubehalten, sofern sie gängige Suchbegriffe darstellen. Aus praktischen Gründen erfolgte bei einigen überaus umfangreichen Archivalienkonvoluten eine Aufteilung in mehrere kleinere Verzeichnungseinheiten.

Die bewährte Ordnung des Bestandes diente als Grundlage für die Neubearbeitung und erfuhr nur geringfügige Änderungen.

Die 1971 vergebenen Signaturen wurden beibehalten. Einzig diejenigen mit Buchstabenzusatz erhielten neue Nummern. Eine Konkordanz am Ende des Findbuchs gibt Aufschluss über die Umsignierungen.

Ein Orts-, Sach- und Personenregister bildet den Abschluss dieses Findbuchs. Klassifikationsbegriffe wurden in der Regel nicht aufgenommen. Für die Suche nach einem Thema oder einem Sachbegriff sollte zuerst die sachsystematische Gliederung benutzt werden und als Ergänzung das Register. Es ist dabei zu beachten, dass die Begriffe für die Register aus den Titelaufnahmen stammen, also nicht etwa alle Nennungen in den Akten selbst erfassen.

Die beim großfürstlichen Generaldirektorium entstandenen Flurkarten werden im Bestand Abt. 402 A 3 verwahrt. Die für deren Auswertung wichtigen Vermessungs- und Verteilungsprotokolle (sogenannte Additamenta zu den Vermessungsprotokollen) sind in Abt. 8.3 unter den Sachgruppen „Ländereien“ und „Setzung“ zu finden.

Weitere Archivalien und Informationen zu den Tätigkeiten des Generaldirektoriums finden sich in folgenden Beständen des Landesarchivs Schleswig-Holstein:
Abt. 8.1, Schleswig-Holstein-Gottorfisches (Großfürstliches) Geheimes Regierungs-Conseil zu Kiel 1720-1773.
Abt. 8.2, Schleswig-Holstein-Gottorfische (Großfürstliche) Rentekammer zu Kiel 1720-1778.
Abt. 25, Schleswig-Holsteinische Landkommission und Landkommissare 1768-1874.
Abt. 66, Rentekammer zu Kopenhagen.

Laufzeit: (1640-) 1670-1867 (-1871)

Der Bestand Abt. 8.3 umfasst 42 laufende Meter Archivalien.

## Literaturhinweise

Albert de Boor: Zur Geschichte der Großfürstlichen Archive in Holstein. In: Zeitschrift der Gesellschaft für Schleswig-Holstein-Lauenburgische Geschichte 26 (1896), 315-411.

## Benutzungshinweise

Zitierweise: Sigle des Landesarchivs, Abteilungsbezeichnung und Nummer, also zum Beispiel LASH Abt. 8.3 Nr. 50.

Schleswig, im Januar 2019 Jörg Rathjen

# AMT KIEL

## Archiv

1 Archivregistrant und seine Einsendung 1766-1773

2 Archivregistrant 1773

## Bedienungen

3 Bestallung und Besoldung eines Fleckenvogts in Brunswik 1771

4 Besoldung der Bauervögte in den neu gesetzten Dörfern 1770

5 Einkünfte und Gebühren des Amtmanns, des Amtsschreibers und des Hausvogts 1773

6 Erhöhung des Torfdeputats des Hausvogts Ipsen in Kiel (1798) 1800

7 Hegereiter in Boksee 1800-1802

8 Vereinigung der Ämter Kiel, Bordesholm und Kronshagen unter einem Oberbeamten sowie Nutzung des Kellers unter der Amtsschreiberwohnung in Bordesholm 1801-1802

## Dienste und Abgaben

9 Alte Restanten und ihre Abhandlung (1739-) 1766-1767

11 Geldabgaben der Untertanen 1768
Enthält u. a.: Zusammenstellung der Abgabenleistungen aus dem Erdbuch des Amtes Kiel von 1765

10 Einrichtung eines Schuld- und Pfandprotokolls in den Ämtern Kiel und Bordesholm 1768

12 Dienstreglement: Brunswik, Klein Barkau, Schönkirchen, Moorsee, Wellsee 1769-1771

13 Grundheuer von der neuen Kate des Hufners Johann Matthias Stoltenberg in Moorsee 1769-1771

14 Abgabe des Schulmeisters Detlef Schlotfeld von der Schulmeisterstelle in Moorsee (1739, 1758) 1769-1770

15 Abgabenerlass für den Hufner Dahl in Moorsee wegen Hausbaus 1770

16 Dienstreglement: Gaarden, Wellingdorf mit Ellerbek, Dietrichsdorf, Mönkeberg, Boksee 1771-1772

17 Dienstreglement: Neumühlen 1772

18 Änderung des Kanons von den Busch- und Holzländereien der Hufner und Halbhufner in Gaarden sowie Herabsetzung von Abgaben der Eingesessenen in Wellsee 1773-1774

19 Aufhebung der Abgaben auf die Fuderwiese des Erbpächters Marx Mordhorst in Vieburg 1773

20 Forderungen von Eingesessenen des Amtes Kiel und des Fleckens Brunswik um Abhilfe in Fuhr- und Abgabenangelegenheiten 1773-1782

21 Beiträge der Ämter Kiel und Bordesholm zu den Kosten der Nationalreiterpferde 1779 (1833)
Enthält nur Aktenumschlag

22 Befreiung der Kätner in Brunswik von Transport und Begleitung der Amtsgefangenen (1758) 1780

23 Beschwerde von Eingesessenen der Ämter Kiel und Bordesholm wegen Fuhren für Generale, Offiziere und Fouragelieferungen 1782-1783

24 Beschwerde der Eingesessenen in Brunswik wegen Fuhren für Bettlertransporte und für den Amtssekretär Randfahl sowie wegen Bestellung der Amtsvollmachten und Amtsanlagen 1787

25 Hand- und Spanndienste für die Kornmühle in Neumühlen 1794-1800

26 Zeitweise Abgabenbefreiung des Universitätstanzmeisters Linck auf sein neues Haus in Neumühlen 1795

27 Vergütung von Fuhren in den Ämtern Kiel und Bordsholm aus der Amtskasse sowie nicht herkömmliche Fuhren im Amt Bordesholm für den Amtmann und den Amtsschreiber (1769) 1797-1801

28 Freijahre für den Kätner Christoph Schröder in Brunswik wegen eines Baus 1800

29 Grundheuer von der Instenkate des Altkätners Christian Daniel Eisen in Brunswik 1800

30 Einrichtung eines Kornvorrats in den Ämtern Kiel und Cismar 1801

31 Geldansetzung der Handdienste für die Mühle in Neumühlen und Wegeinstandsetzung im Amt Kiel 1801-1804

32 Vergütung von Militärfuhren 1801

33 Umlage der Kosten für die Fuhren der Städte in den Herzogtümern auf Wegepässe auf alle Städte und Flecken 1801

34 Freijahre des Kätners Rasmus Schmidt in Brunswik wegen eines Baus 1803

35 Aufhebung der Krügereigerechtigkeit und Haussteuerbefreiung des Möbelarbeiters und Katenbesitzers Johann Detlev Harms in Neumühlen 1803

36 Befreiung von Spanndiensten des Amtes Kiel für einen Sielbau bei Klein Barkau 1804

37 Aufführung von Ländereien des Landbaumeisters Richter in Brunswik im Landsteuerregister sowohl des Amtes Kiel als auch der Stadt Kiel (1803) 1806

## Kirche

38 Bau einer Schulkate in Mönkeberg 1771

39 Schulländereien des Schulmeisters in Neumühlen und Dietrichsdorf Georg Hinrich Lorentz 1771-1772

40 Vorschlag zur Verbesserung der Landschulen in den Ämtern Kiel, Bordesholm und Kronshagen 1793

## Forst- und Holzwesen

41 Beschreibung der herrschaftlichen Hölzungen 1765

42 Verbesserung und Einfriedung der herrschaftlichen Hözungen
Enthält: Düsternbrook; Boksee 1769-1774

43 Abholzung von Büschen und Bäumen bei den Ländereien und Fischbehältern des Landkommissars Schnepel in Boksee 1769-1770

44 Verbesserung des Brunswiker Holzzuschlags Düvelsbek durch die Abtretung der Düvelsbekkoppel des Hufners Jacob Börm sowie Einfriedung der Hölzungen auf der Feldmark in Brunswik 1771-1789

45 Zulegung von unvorteilhaften Ländereien an den Düsternbrook 1771-1772

46 Hölzungen in Gaarden 1772-1778

47 Überlassung von Bäumen auf der Koppel Kuhnschenhof (Kornschenhof) an den Kätner Hinrich Brünning in Brunswik 1772

48 Überlassung von Bäumen an den Hufner Carl Hinrich Stölting in Brunswik sowie Verbesserung des Holzzuschlags im Düsternbrook 1771-1773

3542 Holz- und Forstangelegenheiten 1771-1773
Bemerkung: Akten der Setzungskommission

49 Hölzungen in Gaarden 1784-1790

| | | |
|---|---|---|
| 50 | Überlassung des Spranggehölzes Eiden an die Hufner Claus Friedrich Stölting und Marx Dibbern in Mönkeberg sowie an den Kapitän von Sarauw | 1789-1790 |
| 51 | Deputatholz und Torfstich der Schulmeister in Wellsee und Moorsee | 1796-1797 |
| 53 | Zuweisung von Deputatholz und Torfstich an den Schulmeister Hans Hinrich Lembeck in Klein Barkau | 1802 |
| 54 | Instandsetzung der Planken um die Fruchtbaumschule in Düsternbrook | 1803 |
| 55 | Verlegung eines Teils der Radeholzausweisung des Amtes Kiel nach den Hölzungen des Amtes Kronshagen | 1803 |
| 56 | Einrichtung von Holzteilen bei Festehufen | 1803 |
| 57 | Torfstich der Kätner in Wellingdorf im Havighorster Moor | 1805 |

## Grenzen

| | | |
|---|---|---|
| 58 | Grenzbeschreibung | 1766 |
| 59 | Grenzregulierung zwischen dem adligen Gut Bothkamp und den Ämtern Kiel, Bordesholm und Neumünster | 1801, 1807 |

## Häusliche Verfassung

| | | |
|---|---|---|
| 60 | Bauten des Hufners Claus Einfeldt in Klein Barkau, des Hufners Johann Matthias Stoltenberg in Moorsee und des Hufners Hans Dose in Moorsee sowie Hofgespann der Hufner Jacob Sellmer und Hans Detlev Haar in Boksee | 1767-1773 |
| 61 | Bauerbeliebungen | 1766 |
| 62 | Hufenverzeichnis | 1766 |

64 Verbesserte Einrichtung der Mistgruben 1767
Enthält nur Rundschreiben und Empfangsbestätigung

65 Überlassung eines Hauses an den Hufschmied Michael Andreas Meyer in Wellsee 1771

66 Freie Verfügung des Halbhufners Zacharias Heesche in Boksee über seine Hufe 1771-1772

67 Aussetzung der ökonomischen Session in den Ämtern Kiel und Bordesholm 1772

68 Umwandlung der Stöltingschen Festehufe in Schönkirchen in eine freie Hufe 1773

69 Verbot des Sandgrabens und des Ballspielens auf dem Land des Hufners Hans Hinrich Bühring in Brunswik 1772

70 Verwandlung der Festehufen in Bondenhufen 1773-1781

71 Anlage einer Schmiede in Neumühlen durch den Grobschmied Johann Clement Gries in Rastorf (1778) 1779

72 Zuweisung eines Landstücks zum Katenbau an den Insten und Zimmermann Claus Lembrecht in Schönkirchen 1781

73 Hilfe für Festebesitzer in den Ämtern Kiel, Bordesholm und Neumünster beim Hausbau mit Brandmauern 1800

74 Bezahlung einer Holzrechnung des Bauervogts Hinrich Dibbern in Wellingdorf anlässlich seines Hausbaus mit Brandmauern sowie Umwandlung seiner Festehufe in eine Bondenhufe 1800

75 Neubau des Schulhauses in Brunswik 1803

## Jagd

77 Jagdfreiheit des Amtmanns Graf von Saldern-Günderoth in den Ämtern Kiel, Bordesholm und Kronshagen (1764) 1781

# Justiz

78 Anzeige des Diederich Wittmack in Preetz als Pächter des Moorsees über die Durchgrabung des Boksees 1771-1772

# Ländereien

## Erdbuch

3541 Erdbuch 1765

Enthält: Beschreibung des Amtes, der Dorfschaften und der einzelnen Bauernstellen mit folgenden Angaben: Gebäude, Land-, Wiesen- und Viehbesitz, Wagen und Pflüge, Aussaat, Abgaben, Aufwendungen für Dienste, Getreidekonsum, Restanten, Einschätzung des Geldwertes der Stelle

Enthält auch: Grenzbeschreibung des Amtes; Forst- und Holzbeschreibung des Amtes; Vergleich mit den Angaben zu den Bauernstellen im Erdbuch von 1709

## Vermessung

79 Vermessung der Ländereien 1764-1766

3588 Vermessungsprotokolle [1765-1770]

80 Vermessungsprotokoll: Brunswik 1765

81 Vermessungsprotokoll: großfürstlicher Anteil von Gaarden 1765

82 Vermessungsprotokoll: Moorsee 1765

83 Vermessungsprotokoll: Wellingdorf und großfürstlicher Anteil von Ellerbek 1764

84 Vermessungsprotokoll: Klein Barkau 1765

85 Vermessungsprotokoll: Boksee 1765

86 Vermessungsprotokoll: Höfe Vieburg und Petersburg sowie Schlagbaum 1765

87 Vermessungsprotokoll: Wellsee 1766

88 Vermessungsprotokoll: Mönkeberg 1765

89 Vermessungsprotokoll: Schönkirchen 1766

90 Vermessungsprotokoll: Dietrichsdorf und Neumühlen 1765

92 Verteilungsprotokolle (Additamenta zu den Vermessungsprotokollen) 1769-1771

93 Anfertigung einer Generalkarte 1769

94 Kopierung der Karten, Vermessungsprotokolle und Verteilungsprotokolle der verteilten Dörfer in den Ämtern Kiel, Bordesholm und Neumünster sowie der Städte Oldenburg und Neustadt 1770-1773

95 Generalübersicht über die Landmaße in den Ämtern Kiel, Bordesholm und Neumünster 1764-1766

## Spezielle Landangelegenheiten

96 Verteilung und Einkoppelung der Ländereien in Brunswik sowie Setzung und Regulierung des sogenannten Kammer- oder Platzenteichs 1767-1768

97 Verteilung und Einkoppelung der Ländereien in Klein Barkau sowie Regulierung der Grenzen des Oberteichs 1767-1768

98 Verteilung und Einkoppelung der Ländereien in Moorsee sowie Forderung des Bauervogts Hans Dose nach Land im Hauberger Redder 1768-1770

99 Verteilung und Einkoppelung der Ländereien in Schönkirchen sowie Wegnahme der Vogelstange von der Koppel des Hufners Behrend Friedrich Stölting 1768-1771

100 Verteilung und Einkoppelung der Ländereien in Wellsee sowie Rechnung von den Verteilungskosten in Wellingdorf 1769-1771
Enthält nur Aktenverzeichnis

101 Landzulagen bei Verteilung der Ländereien der Dörfer Mönkeberg und Dietrichsdorf 1769-1771

102 Ausweisung von Buschholz für die Einfriedung in den neu verteilten Dörfern im Amt Kiel sowie Einfriedung der Ländereien des Erbpächters Mordhorst in Vieburg 1769

103 Landumtausch beim Schlag Bredenkamp in Brunswik sowie Landvergütung an die Eingesessenen in Brunswik aus der an den Schlossgarten in Kiel grenzenden Koppel 1767-1768

104 Verkauf des sogenannten Klein Barkauer Busches 1768-1769

105 Vererbpachtung von Land an den Insten Claus Schramm in Klein Barkau 1768-1770

106 Kauf eines Gartens in der Brunswik durch den Kanzleirat Thomsen und Umschreibung im Erdbuch des Amtes Kiel 1770

107 Viehweide der Eingesessenen in Brunswik 1769

108 Durchgrabung des Bokseer Moores 1767-1770

109 Zauntaler für den Erbpächter Marx Mordhorst in Vieburg zur Unterhaltung eines Scheidezauns und eines Grabens 1770-1771

110 Weidegerechtigkeit in Gaarden 1770

111 Landtausch zwischen Claus Friedrich Struve und Jochim Hecht in Mönkeberg 1771-1772

112 Landtausch zwischen dem Hoffourier Christian Utecht und dem Schuster Friedrich Wilhelm Siemsen in Neumühlen sowie Landzulage an den Hoffourier Utecht aus der Feldmark in Dietrichsdorf 1771-1772

113 Verkauf eines Gartens in der Brunswik durch den Hufner Wilhelm Diedrich Jaacks an den Kanzleirat Thomsen 1772

114 Verkauf eines Teils der Salzwiese in der Brunswik an den Landbaumeister Richter 1772-1773

115 Entschädigung des Landkommissars Schnepel in Boksee für die Abgabe einer Hölzung 1771-1774

116 Landüberlassung aus den herrschaftlichen Hofwiesen an den Großkätner Claus Mordhorst in Brunswik 1773

117 Landtausch zwischen den Hufnern Claus Stoltenberg und Marx Friedrich Arpe in Schönkirchen 1774

118 Überlassung der Hirtenwohnung mit Land an den Schulmeister Detlef Schlotfeld in Moorsee 1774

119 Landtausch zwischen der Witwe des Hufners Jochim Schlüter und dem Halbhufner Claus Hinrich Plambeck in Wellsee 1775

120 Tausch der Ländereien des Gehöfts Weißenknie zwischen dem Gastwirt Joachim Ernst Becker in Düsternbrook und dem Halbhufner Asmus Schlüter in Brunswik 1775-1776

Enthält auch: Überlassung des Sprangholzes auf der Hasenhörner Koppel an Joachim Ernst Becker

121 Überlassung von Hörsten mit Holz an den Hufner Asmus Detlef Graafe in Boksee 1777

122 Verfügung zum Landtausch 1779

Enthält u. a.: Aufstellung der Gesuche von Eingesessenen um Landaustausch

123 Landtausch zwischen den Festehufnern Marx Friedrich Arpe, Paul Wiese, Jürgen Christian Schmidt und Jacob Hinrich Bandhold in Schönkirchen 1781

124 Anweisung von Plätzen am Kanal zum Hausbau durch auf dem Kanal fahrende Matrosen 1782

125 Landtausch von Hufnern in Dietrichsdorf 1783

126 Unberechtigte Urbarmachung der Gemeinwiese in Mönkeberg 1783-1784

127 Aufteilung der restlichen Gemeinweide in Dietrichsdorf unter die Kätner 1783

128 Umwandlung der Festehufen des Joachim Hecht in Mönkeberg und des Claus Wulff in Dietrichsdorf in Freihufen 1785

129 Landtausch zwischen dem Hufner Marx Dibbern und dem Kätner Claus Friedrich Struve in Mönkeberg 1785

130 Überlassung von Dienstland an den Holzvogt Netzler zur Bebauung 1785

131 Umwandlung der Festehufe des Johann Christoph Dose in Moorsee in eine Freihufe 1785

132 Landüberlassung an die Hufner Johann Christoph Dose und Asmus Friedrich Stoltenberg in Moorsee 1785-1786

133 Landverkauf zwischen dem Kätner Marx Baumann und dem Hufner Jacob Hinrich Ivens in Dietrichsdorf 1785

134 Umwandlung der Festehufe des Claus Stoltenberg in Schönkirchen in eine Freihufe 1785

135 Überlassung eines wüsten Platzes in Gaarden an den Kätner Georg Friedrich Busch 1785-1786

136 Verkauf der Katenländereien des Schulmeisters Hans Hinrich Ketz in Wellsee 1785-1789, 1804

137 Landtausch zwischen den Hufnern Hans Hinrich Rixen und Hans Hinrich Kufahl in Dietrichsdorf sowie zwischen Jürgen Wriedt und Nicolaus Friedrich Stocks in Gaarden 1786

138 Land- und Holzüberlassung an die Hufner Christian Einfeldt, Hans Hinrich Einfeldt und Hans Friedrich Wried in Klein Barkau 1786-1787

139 Landtausch des Hufners Hinrich Carl Stölting in Brunswik 1786

140 Vergütung des Großkätners Marx Mordhorst in Brunswik in seinen Leistungen wegen fehlender Landmaße (1771) 1787

141 Landeinfriedung des Hufners Johann Clement Dahl in Brunswik 1786-1787

142 Überlassung des Platzes mit der Vogelstange in Gaarden an den Kätner Georg Friedrich Busch und den Insten Hinrich Carsten Ploen 1788

143 Landtausch zwischen dem Großkätner Georg Gottlieb Schmidt und dem Hufner Johann Clement Dahl in Brunswik 1788

144 Landtausch zwischen den Kätnern Johann Jürgen Möller und Detlev Hinrich Petersen in Neumühlen 1789

145 Landauseinandersetzung zwischen dem Hufner Peter Stoltenberg und dem Kätner Friedrich Möller in Schönkirchen 1789

146 Landvergrößerung des Hufners Peter Stoltenberg in Schönkirchen 1789

147 Kanalbau und Platzbebauung durch den Seifenfabrikanten und Mühlenpächter Johann Jochim Kühl in Neumühlen 1790-1802

148 Überlassung des wüsten Platzes Lehmkuhle an den Erbpächter Hans Mordhorst in Vieburg 1790-1791

149 Landüberlassung an den Insten Hans Kiel in Boksee 1790

150 Landtausch zwischen dem Hufner Detlev Bendix Först, dem Hufner Hans Friedrich Wriedt und dem Kätner Nicolaus Friedrich Stocks in Gaarden 1792

151 Umwandlung der Festehufe des Matthias Teckel in Wellingdorf in eine Freihufe 1786-1787

152 Umwandlung von Festehufen in Dietrichsdorf, Schönkirchen, Moorsee und Wellsee in Freihufen 1786-1787

153 Überlassung des Platzes mit der Vogelstange in Schönkirchen an die Insten Hans Matthias Rolfs und Hans Willroth 1788-1798

154 Kauf, Verkauf und Tausch von Ländereien in Dietrichsdorf und Mönkeberg durch den Kapitän von Sarauw 1788-1795

155 Verkauf der Halbhufe des Johann Theodor Peter Kruse in Brunswik an den Erbpächter Hinrich Vollbehr aus dem Amt Kronshagen 1789

156 Katen- und Landausbau des Halbhufners Christian Einfeldt in Klein Barkau 1790

157 Eintragung der Kate des Instenkätners Hartwig Friedrich Dibbern in Gaarden in das Amtsregister 1790-1791

158 Verkauf einer Katenstelle durch den Kätner Friedrich Rudolph Dibbern in Wellingdorf an den Hufner Claus Wulff in Dietrichsdorf 1791

159 Landtausch zwischen dem Festehufner Hinrich Christian Wörpel und dem Bondenhufner Johann Matthias Schlüter in Wellsee 1793

160 Katenbau des Kätners und Gastwirts Johann Jürgen Möller in Neumühlen 1791-1793

161 Verkauf einer Katenstelle und Tausch von Wiesen durch den Kätner Hans Hinrich Rixen in Dietrichsdorf 1793

162 Landtausch zwischen dem Gehöftbesitzer Friedrich Erich Bruhn und dem Halbhufner Johann Carsten Willroth in Gaarden 1793-1794

163 Landtausch zwischen dem Bondenhufner Hinrich Wörpel und dem Festehalbhufner Claus Hinrich Plambeck in Wellsee 1794

164 Beilegung der Koppel Ravensberg zur Hufe des Hinrich Jacob Clausen in Brunswik 1794

165 Landtausche zwischen dem Mühlenpächter Kühl in Neumühlen und dem Kätner Hans Christian Einfeldt in Dietrichsdorf sowie Anzeige des Amtmanns Graf von Holck über eine Reise außer Landes in Familienangelegenheiten 1795-1796

166 Verkauf einer Abschiedskate durch den Kätner Claus Gosch in Neumühlen an den Insten Friedrich August Weber 1795

167 Landtausch zwischen den Festehufnern Jacob Hinrich Dibbern und Detlev Wellingdorf in Wellingdorf 1795-1796

168 Landtausch zwischen den Hufnern Jacob Hinrich Dibbern und Detlev Wellingdorf in Wellingdorf 1796

169 Überlassung des Landstücks Vossenbarg in Gaarden an einen dortigen Hufner 1796

170 Bestätigungen der Verkäufe und der Privilegien von Koppeln und Katenstellen in Gaarden 1797-1805

171 Verkauf der Festehufe des Johann Friedrich Bruhn des Jüngeren in Brunswik als Freihufe 1798

172 Landtausch des Hufners Asmus Reimers in Gaarden mit dem Gehöftbesitzer Baron von Liliencron und dem Hufner Hans Friedrich Wilhelm Wriedt 1798

173 Verkauf einer Allodialhufe in Moorsee 1798-1805

174 Benutzung des Umlandes am Schreventeich und Anlage eines Brunnens in Brunswik zur Speisung der Schlossfontäne in Kiel 1798-1804

175 Abdämmung eines Stücks von der Düngerstelle des Dragonerstalls für eine Einfahrt durch den Polizeimeister und Ratsverwandten Christensen in Kiel 1798-1801

176 Umwandlung der Festehufe des verstorbenen Claus Hinrich Plambeck in Wellsee in eine Freihufe 1799-1801

177 Verkauf von Gartenland durch den Festehufner Matthias Friedrich Stölting in Brunswik an den Kätner Hans Friedrich Eckmann 1799

178 Hufenverkauf des Hinrich Heuck in Wellingdorf an seinen Sohn Detlef Heuck (1798) 1799

179 Anweisung eines Moorstücks auf dem Kleinflintbeker Moor an den Kätner Johann Schramm in Klein Barkau 1800

180 Nachmessung der vom Hufner Hinrich Jacob Clausen und dem Schmied Hans Friedrich Eckmann in Brunswik gekauften Koppeln 1800

181 Verkauf der Hufe des Martin Dose in Poppenbrück an Hans Friedrich Langbehn in Grömitz und Jochim Christian Mordhorst in Meimersdorf 1800-1802

182 Überlassung eines Teils der zur Mühle in Neumühlen gehörigen Wiese an der Schwentine an den Kätner Gabriel Hinrich Struve in Wellingdorf für eine Bleiche 1800-1801

183 Bestätigungen des Verkaufs eines Gehöfts, der Stadtkoppel und der Krummlandkoppel in Gaarden 1801-1805

184 Ausweisung eines Moorstücks auf dem Kleinflintbeker Moor an den Kammerjunker von Thienen und an Nicolaus Friedrich Stocks in Gaarden 1801

185 Landtausch zwischen den Kätnern Johann Jürgen Kuhfahl und Johann Friedrich Rolffs in Mönkeberg 1801

186 Landtausch zwischen dem Universitätstanzmeister und Katenbesitzer Johann Peter Linck in Neumühlen und dem Kätner Hans Detlef Bluncks 1801

187 Landtausch zwischen dem Hufenbesitzer Hinrich Jacob Clausen und dem Schmied Hans Hinrich Eckmann in Brunswik 1801

188 Verkauf der Kate des Georg Friedrich Busch in Gaarden an den Gehöftbesitzer Friedrich Erich Bruhn 1802

189 Landtausch zwischen dem Hufner Johann Jochim Kühl und dem Kätner Hans Christian Einfeldt in Dietrichsdorf sowie Wiesenverkauf des Hufners Asmus Reimers in Gaarden an den Kätner Friedrich Ferdinand Bruhn 1803

190 Umwandlung von Festehufen in Wellingdorf, Gaarden und Kleinharrie in Freihufen 1803

191 Ansetzung von urbar gemachten Ländereien in Dietrichsdorf und Mönkeberg zu den Lasten 1803

192 Überlassung eines Landstücks beim Sieverskrug auf der Feldmark von Gaarden an Jochen Hinrich Lafrentz in Hassee 1803

193 Abtrennung der Abschiedskate von der Halbhufe des Johann Carsten Willroth in Gaarden sowie Verkauf der Halbhufe an Professor Kleucker und den Landrichter von Hoff 1803-1805

194 Genehmigung der Landumsätze von einer Hufe in Moorsee für die Kapitänswitwe von Sarauw 1803

195 Verwandlung der Festehalbhufe des Bauervogts Claus Einfeldt in Klein Barkau in eine Freihufe 1804

196 Landverkauf des Großkätners Carl Peter Lafrenz in Brunswik an Professor Schrader 1803-1804

197 Landtausch zwischen den Hufnern Johann Jochim Kühl und Jacob Hinrich Ivens in Dietrichsdorf 1804

198 Überlassung eines Platzes am Ende des Schlossgartens in Kiel an den Grafen Rantzau 1804

199 Verkauf eines Koppelstücks des Gehöftbesitzers Major von Thienen in Gaarden an den Insten Christian Möller 1804

200 Landhandel zwischen dem Kätner Marx Ströhe in Brunswik und dem Gärtner Wilhelm Nagel in Krusenrott sowie Verkauf einer Wohnbude des letzteren an den Insten Johann Peter Kruse in Brunswik 1804-1805

201 Verkauf der ehemaligen Hirtenkate in Klein Barkau an den Schuster Claus Friedrich Carstens in Bissee 1804-1805

3543 Urbarmachung des Restes der Gemeinheit an der Bordesholmer Landstraße durch den Besitzer von Schulenhof 1804

202 Aufhebung der Festequalität der Hufe des Hans Friedrich Wilhelm Wriedt in Gaarden 1805

203 Zugehörigkeit der Schwentine von der Klausdorfer Scheide bis zum Neumühlener Mühlendamm zum Gut Oppendorf (1804) 1805

Darin: gedruckte Verkaufsbedingungen zu den Güter Oppendorf und Schönhorst mit Beschreibung des Gutes Oppendorf

204 Aufhebung der Festequalität der Halbhufe des Asmus Friedrich Stoltenberg in Wellsee 1805

205 Verkauf einer Abschiedskate mit Kohlhof durch den Kätner Johann Jochim Heuer in Neumühlen an den Weißgerber Cay Friedrich Sievers 1805

## Mühlen

206 Vertrag über die herrschaftliche Kornmühle in Neumühlen mit dazugehörigem Lachsfang 1763
Enthält nur Aktenumschlag

207 Aufhängen der gestampften Felle auf dem Damm in Neumühlen 1770

208 Verpachtungsbedingungen für die herrschaftliche Kornmühle mit Lachsfang in Neumühlen 1773
Enthält u. a.: Mahl- und Mattentabelle

209 Antrag des Mühlenpächters Johann Jochim Kühl in Neumühlen auf Nachmessung von Eingesessenen in Wellingdorf gehörenden Wiesen an der Schwentine 1797-1798

210 Errichtung einer Waage in der Kornmühle in Neumühlen und Erhöhung des Wägegeldes 1800

211 Entbehrung des für den Mühlenbau errichteten Materialhauses in Neumühlen 1800

212 Unterlassener Mühlenbesuch des Gehöfts Hammer 1803

213 Fuhren und Dienste für die Kornmühle in Neumühlen [1790]

## Pacht

215 Auslaufen der Pachtzeiten für den Moorsee und den Boksee 1768-1770

216 Verpachtung des Moorseer Teichs 1772-1777

217 Vererbpachtung des Oberteichs an die Hufner Claus und Christian Einfeldt in Klein Barkau 1772

218 Aufteilung des Gehöfts Vieburg und Bau eines Hauses in Krusenrott durch den Erbpächter Marx Mordhorst in Vieburg 1775-1777

219 Verpachtung des Oberteichs in Klein Barkau 1775-1776

220 Verpachtung des Überrestes des Oberteichs in Klein Barkau 1777

221 Genehmigung des Verkaufs der Erbpachtstücke des Marx Mordhorst in Vieburg an den Kanzleirat Kannegiesser in Kiel 1778-1782

222 Ersatz des Kanons für den Erbpächter des Tröndelsees Asmus Hinrich Bandholtz in Gaarden und Auslegung eines Wegs zum See 1789-1792

223 Wiesenverkauf des Erbpächters Hans Mordhorst in Vieburg an den Land- und Regierungsrat von Brockdorff und den Weiterverkauf an den Verwalter Kruckenberg in Annenhof 1795-1802

224 Verkauf des Mönkeberger Sees durch Kapitän von Sarauw und Anwendung des Näherkaufrechts 1796

225 Verpachtung der Mühle in Neumühlen sowie Fuhren und Dienste für die Mühle 1796-1800

226 Verkauf des Tröndelsees und eines Fischteichs durch den Hufner Asmus Reimers in Gaarden an den dortigen Hufner und Fischhändler Nicolaus Friedrich Staack 1798

227 Verpachtung des Schreventeichs 1798

228 Pachterlass für die Pächter des Hamburger, Lübecker und Kopperpahler Baums in den Ämtern Kiel und Kronshagen wegen der Epidemie 1798

229 Verpachtung der Musik im Amt Kiel 1799

230 Erklärung eines Paragrafen im Pachtvertrag über die Mühle in Neumühlen zur Strafbestimmung für Mühlenvergehen 1800

## Privilegien

231 Anlage einer Schmiedeesse in Gaarden für den Hufschmied Peter Gade 1770

232 Anlage einer Seifensiederei und Kalkbrennerei in Neumühlen durch den Mühlenpächter Johann Jochim Kühl 1779-1781

233 Privilegiertes Gehöft des Caspar Christian Hinrich Triller in Gaarden 1784-1793

234 Schmiedezwang für die Schmiedekate des Hufners und Schmieds Hinrich Geerdt in Schönkirchen 1785-1789

235 Schmiede in Klein Barkau 1788-1795

236 Hökerei in Brunswik (1669-) 1800-1801

237 Einschränkung der Krügerei und Brauerei auf dem Land 1800

238 Anlage einer englischen Mehlfabrik durch den Mühlenpächter Johann Jochim Kühl in Neumühlen 1800

239 Übertragung der Krugwirtschaft in Moorsee von Kapitän von Sarauw auf den Bauervogt Detlef Delfs 1800

240 Übertragung der Krügereikonzession des Kätners Sigmund Wilhelm Volbehr auf den Kätner Jürgen Hinrich Sass in Brunswik 1802

## Rechnungswesen

241 Anmerkung zur Amtsrechnung hinsichtlich eines Schreibfehlers 1772

242 Bemerkungen über die Anlagenrechnung für 1799 1800

## Setzung

243 Setzung und Landverteilung: Brunswik und Klein Barkau 1768-1794

244 Ermäßigung von Lasten des Hufners Hans Hinrich Bühring in Brunswik 1768

245 Setzung: Schönkirchen und Moorsee im Amt Kiel sowie Blumenthal, Schierensee und Rumohr im Amt Bordesholm 1769-1771

246 Setzung der Kate des Zimmergesellen Hans Detlef Petersen in Neumühlen (1768) 1770

247 Befreiung des Gehöfts des Landkommissars Schnepel in Boksee von der neuen Setzung 1770

248 Proportionalberechnungen für die Dörfer Gaarden, Wellingdorf, Mönkeberg, Neumühlen, Dietrichsdorf und Boksee hinsichtlich der Abgabenvergütung 1771-1773

249 Setzungsregister: Gaarden, Wellingdorf mit Ellerbek, Dietrichsdorf, Mönkeberg und Boksee 1771-1772

250 Setzung und Setzungsregister: Neumühlen 1772

251 Korrektur der Katengrundheuer des Hoffouriers Utecht und der Rixen'schen Erben im Setzungsregister für Dietrichsdorf 1773-1774

252 Setzung und Landverteilung: Brunswik, Klein Barkau, Moorsee, Schönkirchen, Wellsee und Wellingdorf mit Ellerbek 1768-1795
Enthält u. a.: Verteilungsprotokolle (Additamenta zu den Vermessungsprotokollen); Dienstreglement für Wellsee

253 Setzung und Landverteilung: Gaarden, Dietrichsdorf, Mönkeberg, Boksee und Neumühlen (1741) 1769-1826
Enthält u. a.: Verteilungsprotokolle (Additamenta zu den Vermessungsprotokollen); Dienstreglements
Darin: Karte über das Gehege in Vieburg, 1814

## Landesvisitation

254 Beantwortung der Fragen der Generallandesvisitationskommission 1766
Enthält u. a.: Extrakt aus dem Schuld- und Pfandprotokoll des Amtes Kiel

255 Verfügungen nach dem Protokoll der Generallandesvisitationskommission 1772

## Wege

256 Schlagbaum bei Vollradsbek (Vollersbek) (1766) 1767

257 Erhöhung der Pacht und des Wegegeldes beim Hammer Schlagbaum zwischen Kiel und Rotenhahn (1766) 1767

258 Fahrweg durch den Düsternbrook für die Großkätner Schmidt, Schnoor und Volbehr in Brunswik 1772

259 Weg des Gastwirts Becker in Düsternbrook über die Halbhufe des Hans Bustorf in der Brunswikkoppel 1772-1773

260 Wegeinstandsetzung in Neumühlen 1773-1774

261 Beschwerde des Baumpächters Jürgen Wriedt in Vollradsbek (Vollersbek) gegen Otto Haack in Kiel wegen Entzugs von Wegegeld 1781

262 Neupflasterung der Straßen in Brunswik 1792

263 Wegemängel in den ehemaligen großfürstlichen Distrikten 1784-1785

264 Kosten für die Wegebesserung auf den Feldmarken von Brunswik und Gaarden sowie Unterhaltung der Steindämme im Amt Kiel 1793-1800

265 Umlegung des Steinpflasters auf dem Schlossplatz in Kiel und Wiederherstellung der Mauer an der dortigen Reitbahn 1801

# AMT BORDESHOLM

## Archiv

266 Vervollständigung und Einsendung des Amtsregistranten 1773-1795

267 Archivregistrant [1773]

## Bedienungen

268 Regulativ für die Vorsteher des Amtes Bordesholm 1766

269 Ankauf einer Halbhufe in Großflintbek durch den Holzvogt Bove in Bordesholm 1768

270 Gebühren und Landstück auf dem Schönbeker Moor für den Amtschreiber Nasser in Bordesholm 1772-1773

271 Einkünfte und Gebühren des Amtmanns, des Amtschreibers und des Hausvogts 1773

272 Freifuhren für den Amtschreiber Nasser in Bordesholm zum Transport herrschaftlicher Gelder 1781

273 Verfügung zu den Dienstländereien des Amtschreibers Friedrich Johann Nasser und des Organisten Johann Lütkens in Bordesholm 1788

274 Amtmannsstelle, Urbarmachung des Rügger- oder Stangenteichs, Leistungen der Amtsuntertanen, Veränderung des Amtsarchivs (1706) 1788-1802

Enthält u. a.: Extrakt aus dem Archivregistranten des Amtes Kiel

275 Fuhren für die Dienstreisen des Amtmanns in Bordesholm nach Sachsenbande 1789

276 Auslösung der Amtmannsgebäude in Bordesholm 1792

277 Abgang des Vogts Martin Lafrenz in Sachsenbande und Wiederbesetzung der Stelle 1793

278 Auseinandersetzung zwischen dem Amtmann Graf von Holck und dem Amtschreiber Behrens in Bordesholm über die Nutzung eines Platzes neben der Amtschreiberwohnung am Bordesholmer See 1798

279 Anstellung eines Amtschirurgen 1799

280 Versetzung einer zu den Dienstländereien des Amtschreibers in Bordesholm gehörenden Scheune 1799-1800

## Kreditwesen

281 Eintragung von Erbschaftszahlungen in das Schuld- und Pfandprotokoll 1766

282 Folium des Schulmeisters Marx Rixen in Schierensee im Schuld- und Pfandprotokoll 1770-1771

283 Folium für eine Diensthufe des Hausvogts in Schmalstede sowie Zulage für den Hausvogt 1799

284 Darlehen für den Amtmann Graf von Holck in Bordesholm aus der Kreditkasse für ökonomische Einrichtungen auf seiner Erbpachtstelle 1800

## Dienste und Abgaben

285 Dienste der Amtsuntertanen bei der Reparatur der Amtmannswohnung in Bordesholm 1766

286 Geldabgaben der Untertanen (1674-) 1768
Enthält u. a.: Verzeichnis der Abgaben; Abschriften von Privilegien

287 Dienstreglements 1766-1770

288 Dienste der Untertanen bei der Bearbeitung der Dienstländereien des Amtmanns in Bordesholm (1769) 1770-1771

289 Abzug von Abgaben des Asmus Trede in Rotenhahn für den Rüggerteich 1770

290 Grundheuer der Anbauer Johann Bülck und Hinrich Hartz in Blumenthal 1770

291 Abgaben und Landeinfriedung des Hans Rixen in Osselberg 1770-1771

292 Änderung eines Verstoßes des Schulmeisters Hans Stange in Blumenthal in seinem Quittungsbuch 1770

293 Abgabenermäßigung für die Eingesessenen in Groß Buchwald 1770

294 Regulierung der Festegelder in den neu gesetzten Dörfern 1770-1771

295 Krugheuer der Krüger in Blumenthal und Rumohr 1770

296 Ermäßigung von Lasten für die Hufner und Kätner in Blumenthal, Rumohr und Schierensee 1769-1770

297 Dienstreglement: Mielkendorf, Molfsee und Voorde 1771

298 Herabsetzung von Abgaben der Hufner in Voorde 1772

299 Freijahre für Friedrich Lucht in Schönbek und Hans Bülck in Dätgen 1772-1777

300 Freiheit der Schulmeister in Mielkendorf und Molfsee von der Grundheuer für ihre Katen 1773

301 Dienstreglement: Großflintbek, Böhnhusen, Grevenkrug, Sören, Dätgen, Schönbek 1773

302 Ermäßigung der Abgaben der Hufner Brandt und Ehmcke in Molfsee für ihre Aalwehren sowie der Abgaben der Eingesessenen in Sören 1773

303 Ermäßigung von Ein-Prozent-Geldern und von Abgaben für Amtsuntertanen 1773

304 Grundheuer des Detlef Rixen in Blumenthal für seine neue Kate 1773

305 Erlass einer Abgabe des Kätners Hans Voss in Großharrie an das Amtsregister Neumünster 1773-1774

306 Grundheuer und Freijahre für den Katenbau des Jürgen Nehlsen in Blumenthal 1774

307 Grundheuer und Freijahre für den Katenbau des Kätners Johann Christian Boldt in Böhnhusen 1774

308 Abgabenermäßigung und Weidegerechtigkeit für die Großkätner Jürgen Mordhorst, Detlef Kühl und Claus Plambeck in Großflintbek 1773-1775

309 Dienstreglement: Schmalstede, Reesdorf, Bissee, Brügge, Wattenbek, Eiderstede 1774

310 Dienstreglement: Einfeld, Loop, Mühbrook, königlicher Anteil an Kleinflintbek 1776

311 Abstellung der Beschwerden der Hufner und Halbhufner im Amt Bordesholm über Fuhren und Einquartierungen sowie Einquartierung der Patrouille auf dem Weg zwischen Schmalstede und Großenaspe während des Kieler Umschlags 1777

312 Berichtigung eines Ausdruck im Dienstreglements für Loop hinsichtlich der Abholung des Pflichtkorns 1784

313 Vergütung für Fuhren und Vorspann der Eingesessenen 1785

314 Erlass der Verbittelsgelder für die Altenteiler 1786-1787

315 Anlage der Parzellisten in Schönhorst für Wegeinstandsetzung und Brückenbau 1789

316 Abstellung von Beschwerden über die Beteiligung an den Amtsanlagen 1793

317 Hand- und Spanndienste zum Brückenbau bei Schulenhof sowie Regulativ für Kleinflintbek, Molfsee, Voorde und Meimersdorf zur Stauung des Schulensees und zur Anlage eines Freilaufs an den Aalwehren 1789-1794

318 Abgabe für das Dienstland des Hegereiters Detlef Ohrt 1796

319 Berichtigung der Verteilung der Amtsanlagen hinsichtlich der Hand- und Spanndienste der Kätner zum Bau des Vogthauses 1796

320 Abgaben und Dienste der Freihufe des Bauervogts Carsten Schlotfeldt in Großflintbek (1755, 1774) 1797

321 Befreiung der Bödener in Brügge von den Amtsanlagengeldern 1797

322 Befreiung der Kätner von der Beteiligung an den Wegeinstandsetzungskosten 1797

323 Hand- und Spanndienste für Brückenbauten 1798

324 Instengeld des Claus Kühl als Pächter des Pastoratswitwenhauses in Brügge 1799

325 Befreiung der Landrekruten in Bordesholm vom Verbittelsgeld und anderen persönlichen Abgaben 1799

326 Dienste und Fuhren der Eingesessenen für den Amtschreiber 1799-1802

327 Haltung eines Kornvorrats 1801

328 Befreiung der Erbpächter auf dem Hoffeld in Bordesholm von einer außerordentlichen Abgabe 1800-1801

329 Befreiung der Erbpächter in Rumohr und Sprengerhütte sowie der Erbpächter des Bollhuserteichs und des Sprengerteichs von einer außerordentlichen Abgabe 1800-1801

330 Anfahren des Holzdeputats für den Kurator der Kieler Universität Graf von Reventlow 1802

331 Befreiung der Kätner in Brügge von Diensten 1806

## Kirche

332 Schulland und Weidegerechtigkeit des Schulmeisters Hans Suhren in Rumohr 1771-1778

333 Abgaben von Amtseingesessenen an die Prediger in Bordesholm und Großflintbek sowie ihr Beitrag zu den Kirchenanlagen 1773-1775

334 Kirchenanlagen der neuen Anbauer in Blumenthal, Loop, Sören und Dätgen (1776) 1779

335 Vermehrung der Dienstländereien und des Gehalts der Schullehrer (1784) 1803

336 Instandsetzung des großfürstlichen Begräbnisses in Bordesholm 1803-1804

## Forst- und Holzwesen

337 Beschreibung der Waldungen und Hölzungen 1765
Enthält nur Aktendeckblatt

338 Nutzung und Fällen des Weichholzes sowie Benennung von Orten zur Einfriedung herrschaftlicher Hölzungen 1766-1772

339 Einfriedung der herrschaftlichen Hölzung bei Blumenthal 1768

340 Einfriedung der herrschaftlichen Hölzung bei Rumohr 1768-1769

341 Reservierung von Eichenbauholz in Blumenthal, Schierensee und Rumohr 1768-1769

342 Umpflügung und Besäung des Holzzuschlags in Blumenthal 1769-1772

343 Holzländereien und Holzzuschläge in Groß Buchwald, Negenharrie, Fiefharrie und Kleinharrie 1768-1772

344 Holzländereien in Mielkendorf 1770-1773

345 Begrabung und Einfriedung des Holzzuschlags in Kleinharrie 1770-1771

346 Reservierung von Eichenbauholz bei Sprenge und Voorde 1770-1771

347 Reservierung von Eichenbauholz und Taxation des übrigen Sprangholzes in Blumenthal, Schierensee und Rumohr sowie Diätengelder für den Hausvogt Erhardi 1769-1770

348 Weichholz des Hufners Hans Blöcker in Kleinharrie und des Hufners Detlef Harder in Blumenthal 1769-1770

349 Überlassung von Weichholz an die neu gesetzten Dörfer 1770

350 Überlassung von Eichen an den Kätner Hinrich Stange in Mielkendorf 1771

351 Ausmähen des Streus in den Sichten des Holzzuschlags in Rumohr 1772

352 Holzzuschlag und Hörste in Dätgen und Schönbek 1772-1775

353 Holzland der Hufner Hans Ehmcke und Hartwig Wulf in Großharrie 1773

354 Auf- und Einteilung der Weichhölzung in Schierensee 1773-1774

355 Holz- und Forstangelegenheiten 1768-1778
Bemerkung: Akten der Setzungskommission

356 Einfriedigung der dem Blumenthaler Holzzuschlag einzuverleibenden Holzländereien in Sören 1774-1775

357 Verkauf des gemeinschaftlichen Remholzes in Kleinflintbek 1775

358 Einfriedigung des Nordholzes bei Dätgen 1775

359 Mähung des Streus in den Holzzuschlägen in Mielkendorf und Rumohr durch den Pächter Petersen in Annenhof 1780

360 Abgabe eines Landstücks des Hufners Caspar Bülck in Dätgen an den herrschaftlichen Holzzuschlag 1781-1782

361 Nutzung von Wiesen im Holzzuschlag in Blumenthal 1781

362 Vorstellung der Eingesessenen der Ämter Kiel und Bordesholm, des Hausvogts Netzel in Schmalstede sowie von Hufnern in Bissee gegen die Holz- und Jagdverordnung von 1799, Benutzung der Torfmoore in den neu gesetzten Dörfer des Amtes Kiel, Übertragung der Nutzung der Torfmoore in der Herrschaft Pinneberg auf die ehemaligen großfürstlichen Distrikte 1782-1806
Enthält u. a.: Übersicht über die Verteilung der Moore in der Herrschaft Pinneberg, 1793

363 Stämmelgeld des Hausvogts und Hegereiters in Bordesholm für Holzwegräumungen auf den Wiesen der Hufner Claus Heeschen, Hartwig Voss und Claus Stacks in Bissee 1782

364 Einfriedung und Nutzung des Geheges Schierensee 1790

365 Weide für Schweine und Schafe der Untertanen in den uneingefriedigten Hölzungen bis Ende März jeden Jahres 1790

366 Nachrichten an die Rentekammer über die Größe der Holzzuschläge, die Torfmoore sowie die gemeinen Holz- und Moorweiden in den Ämtern Bordesholm, Kiel, Kronshagen und Neumünster 1791

367 Ausholzung des Unterbuschs auf der Koppel des Schulmeisters Christian Meyer in Schmalstede 1795

368 Torfstich auf dem Düsterholmsmoor in Böhnhusen 1797-1798

369 Torfteil des Amtsboten Jürgen Wilde in Bordesholm auf dem Moor in Schönbek 1799

370 Moorteil des Kammerjunkers und ehemaligen Oberförsters von Revenfeldt in Neumünster auf dem Dosenmoor 1799-1805

371 Aufsicht über die Hölzungen der Erbpächter der Hoffelder in Bordesholm (1737) 1799-1806

372 Befreiung der Dorfschaft Bissee von der Aufsicht über die Eckerkoppel sowie Überlassung eines Holzrehms an die Witwe des Hufners Hans Dose in Bissee 1799

373 Anweisung eines Moorteils auf dem Moor in Böhnhusen an die Dorfschaft Voorde 1799

374 Ansetzung von Forstfrevlern zu Forstarbeiten 1800

375 Verwendung des zum Schiffbau nicht tauglichen Eichenholzes für Festebauten 1800

376 Abtretung von zwei Koppeln der Dienstländereien des Amtmanns auf dem Hoffeld in Bordesholm zur Anlage eines Geheges 1800

377 Aufhauen und Anfahren des Deputatholzes 1801-1803

378 Vergrößerung des Geheges in Schönbek 1803-1809

379 Änderung bei der Aufhebung der Festequalität und Weidegerechtigkeit in Eiderstede sowie Verteilung der Gemeinheitsgründe in Groß Buchwald und Eiderstede 1803-1824
Enthält u. a.: Verzeichnis des Landbesitzes und der Landumsätze seit 1773 in Eiderstede; Erdbuch über die Holzweide in Eiderstede
Darin: Karte von der Holzweide in Eiderstede, 1805; zwei Kartenrisse über die Gemeinweide in Eiderstede, 1810, 1811

380 Hölzungen, Verteilung der Gemeinheit und Aufhebung der Festequalität in Dätgen 1802-1827
Enthält u. a.: Vermessungs- und Verteilungsinstrument der uneingefriedigten königlichen Hölzungen in Dätgen, 1809
Darin: Situationskarte von einem Teil der Buschkoppel sowie der urbaren Koppeln der Hufner Rixen und Sachau in Dätgen

381 Ausweisung von Moorteilen an die Bödener Andreas Hinrich Stange und Johann Joachim Stange in Voorde sowie an den Anbauer Hans Diederich Hinselmann in Einfeld 1803-1805

382 Bearbeitung des Weidelandes des Holzvogts Möller in Sören 1804

383 Verbot des Weidens von Schafen der Untertanen in den offenen Hölzungen 1803

384 Anweisung von Torfteilen auf dem Dosenmoor für die Erbpächter Carsten Brandt und Hinrich Timm in Bordesholm 1805

385 Anweisung eines Moorteils auf dem Moor in Schönbek für den Bäcker Johann Christian Beyer in Bordesholm 1805

386 Anweisung von Moorteilen im Amt Bordesholm für den Oberforstmeister von Stolle und den Forstmeister von Warnstedt 1805

387 Anweisung eines Moorteils auf dem Moor in Schönbek für den Hutmacher Franz Engeborg in Bordesholm 1805

388 Forstvergehen und Landbesetzung des Hufners Otto Schnack in Großharrie 1805

389 Anweisung eines Moorteils an den Erbpächter Andreas Bothmann in Bordesholm 1806

390 Arrondierung von Hölzungen durch Zulagen aus der Gemeinweide 1796-1798

## Grenzen

391 Grenzbeschreibung 1765

392 Grenzregulierung der Weide der Dorfschaft Kleinharrie im Ovendorfer Teich 1770-1775

393 Grenzüberschreitungen in Voorde zum Nachteil herrschaftlicher Hölzungen 1771-1772

394 Aufräumung des Scheidegrabens zwischen Fiefharrie, Eiderstede und Wattenbek 1771-1772

395 Austausch von Ländereien zwischen Dätgen und Seedorf anlässlich der Grenzregulierung der Ämter Bordesholm und Rendsburg 1773

396 Überlassung von Amtsländereien an das Gut Schierensee 1773

## Häusliche Verfassung

397 Kultivierung und Bebauung öder oder wüster Plätze 1766-1767

398 Bauerbeliebungen (1712) 1766-1767
Enthält u. a.: Abschrift der Bauerbeliebung für Einfeld, 1712

399 Verzeichnis der Bauernstellen 1766
Bemerkung: mit Angabe der Wohnjahre

400 Umwandlung von Festehufen in Bondenhufen 1766-1781

402 Lohn der Dienstboten und Aufenthalt von erwachsenen Kindern auf dem Altenteil 1766

403 Verbesserte der Einrichtung der Mistgruben 1767
Enthält nur Empfangsbestätigung des Amtmanns über ein entsprechendes Schreiben

404 Ökonomische Protokolle 1764-1766 sowie Aussetzung der ökonomischen Sessionen 1766-1772

405 Amtsjurisdiktionen in Kleinharrie 1770

406 Verkauf der Kate des Kätners Hinrich Stange in Mielkendorf 1771, 1781

407 Bau der Förster- und Holzvogtswohnung in Dätgen und Großflintbek 1772

408 Ausweisung von Bauland aus der Gemeinweide für den Alt-Bauervogt Johann Detlev Hilbert in Grevenkrug 1774

409 Hausbaustellen des Kätners Claus Hinrich Schultz, des Bauervogts Hans Sachau und des Kätners Claus Gnutzmann in Rumohr sowie Landtausch zwischen den Kätner Claus Hinrich Schultz und Hans Kähler in Rumohr 1774-1775

410 Verkauf der Schmiedekate des Großkätners Detlev Friedrich Prien in Brügge 1775

411 Abschiedskate des Kätners Johann Kähler in Rumohr 1776-1777

412 Katen des Ehlert Rieper und des Hans Harder in Blumenthal sowie des Caspar Eckmann in Dätgen 1776-1779

413 Katenbau des Claus Nehlsen in Blumenthal 1778

414 Verkauf eines Platzes des Kätners Claus Reimers in Brügge 1778-1779

415 Veränderung mit der Katenstelle des Hinrich Plambeck in Brügge und des Hinrich Büse in Schmalstede 1780, 1791-1792

416 Katenbau des verabschiedeten Reiters Johann Hinrich Kühn auf der Gemeinweide in Mühbrook sowie Verkauf der Bödenerstelle des Nachtwächters Jürgen Köhncke in Mühbrook an Andreas Bothmann 1780-1782, 1794

417 Ausweisung eines Katenbauplatzes in der Gemeinweide in Mühbrook für den Insten Johann Paulsen in Schönbek 1780-1782

418 Verkauf der Kate mit Landstück des Kätnes Hans Hartz in Blumenthal an den Insten Claus Detlef Brasche 1780

419 Ausübung des Schmiedehandwerks durch den Insten Jürgen Degen bei seinem Schwiegersohn Jürgen Griese im Ovendorfer Redder sowie Anlage einer Schmiede in Schönbek durch den Schmiedegesellen Wilhelm Leptien 1781-1782

420 Bau von Brandmauern bei Festehufen des Hans Hamann in Grevenkrug, des Hans Christian Gnutzmann in Voorde und des Marx Diedrich Hues in Dätgen 1800-1802

## Justiz

421 Vergleich und Entscheidung der Streitigkeiten zwischen dem Hausvogt Erhardi und den übrigen Eingesessenen in Schmalstede 1766-1767

422 Zuschüttung des Zuschlaggrabens in Groß Buchwald durch die Untergehörigen des Gutes Bothkamp Marx Bülck und Marx Wendt sowie Übertragung von Zuschlagsland an die Eingesessenen in Groß Buchwald 1771-1774

423 Alleinige Weide des Hufners Hartwig Wulff in Großharrie auf der Koppel Hohenrade 1772

424 Einfriedung eines Stücks des herrschaftlichen Holzzuschlags in Groß Buchwald durch Johann Blöcker im Ovendorfer Redder 1772-1774

425 Rechtsstreit zwischen den Brüdern Hans Wittmack und Jochim Wittmack wegen der Festehufe für ihren Neffen Wittmack in Loop 1790

# Ländereien

## Erdbuch

454 Erdbuch 1765-1768

Enthält: Beschreibung des Amtes, der Dorfschaften und der einzelnen Bauernstellen mit folgenden Angaben: Gebäude, Land-, Wiesen- und Viehbesitz, Wagen und Pflüge, Aussaat, Abgaben, Aufwendungen für Dienste, Getreidekonsum, Restanten, Einschätzung des Geldwertes der Stelle

455 Eintragung von Veränderungen in den Erdbüchern 1768

## Vermessung

426 Landvermessung 1764-1766

427 Vermessungsprotokoll: Blumenthal 1768

428 Vermessungsprotokoll: Rumohr 1765

429 Vermessungsprotokoll: Groß Buchwald 1765

430 Vermessungsprotokoll: Bissee 1765

431 Vermessungsprotokoll: Schmalstede mit Mühle 1765

432 Vermessungsprotokoll: Schierensee 1765

433 Vermessungsprotokoll: Mielkendorf und die Erbpachtstelle Schulenhof 1765

434 Vermessungsprotokoll: Molfsee 1765

435 Vermessungsprotokoll: Voorde 1765

436 Vermessungsprotokoll: Fiefharrie 1766

437 Vermessungsprotokoll: Negenharrie 1766

438 Vermessungsprotokoll: Reesdorf 1766

439 Vermessungsprotokoll: Dätgen 1766

440 Vermessungsprotokoll: Kleinharrie 1766

441 Vermessungsprotokoll: Loop 1766

442 Vermessungsprotokoll: Wattenbek 1765

443 Vermessungsprotokoll: Eiderstede 1766

444 Vermessungsprotokoll: Großharrie 1766

445 Vermessungsprotokoll: Brügge 1766

446 Vermessungsprotokoll: Großflintbek 1766

447 Vermessungsprotokoll: Kleinflintbek 1766

448 Vermessungsprotokoll: Böhnhusen 1766

449 Vermessungsprotokoll: Mühbrook 1766

450 Vermessungsprotokoll: Einfeld 1766

451 Vermessungsprotokoll: Grevenkrug 1767

452 Vermessungsprotokoll: Schönbek 1767

453 Verteilungsprotokolle (Additamenta zu den Vermessungsprotokollen) 1768-1774

## Spezielle Landangelegenheiten

456 Landverteilung und Einkoppelung: Blumenthal 1768

457 Landverteilung und Einkoppelung: Rumohr 1768

458 Landverteilung und Einkoppelung: Schierensee 1768

459 Landverteilung und Einkoppelung: Wellsee sowie Groß Buchwald, Negenharrie, Fiefharrie, Kleinharrie und Großharrie 1769

460 Proportionalberechnung über die verteilten Ländereien in Groß Buchwald 1770

461 Einnahme und Ausdehnung von Erbpachtstellen durch Erbpächter in Sprenge und Rumohrhütten 1770-1789

462 Landanweisung für Johann Thode und Johann Blöcker im Ovendorfer Redder 1770

463 Landverteilungskosten in Voorde und Mielkendorf im Amt Bordesholm sowie in Wellingdorf im Amt Kiel (1770) 1771

464 Landverteilungskosten in Molfsee 1771

465 Verheuerung von Ländereien der Amtsuntertanen 1766

466 Land des Johann Daniel Carstens in Rotenhahn aus der Freiweide in Blumenthal (1768) 1769-1771

467 Landüberlassung an Hans Blöcker und Margaretha Blöcker in Kleinharrie 1770-1773

468 Umtausch der Holzwiese des Bauervogts Hans Sachau in Rumohr 1769-1770

469 Landtausch zwischen dem Bauervogt Hans Sachau und dem Kätner Claus Thiessen in Rumohr 1770

470 Landtausch zwischen den Kätnern Jürgen Rehpen in Rodenbek und Johann Kähler in Rumohr 1770

471 Landtausch des Bauervogts Eggert Ehmcke in Negenharrie 1770-1771

472 Landtausch des Johann Blöcker im Ovendorfer Redder 1771

473 Abschreibung von Saatland aus den Ländereien des Kätners Valentin Borchert in Voorde 1771

474 Einfriedung der Ländereien des Müllers Behncke in Voorde 1771

475 Anweisung von Moorland für den Torfstich der neuen Kätner in den neu gesetzten Dörfern 1770

476 Abgrabung und Abteilung der Torfmooren 1759-1768
Enthält auch: Grenzregulierung der Dorfschaften Großflintbek und Kleinflintbek mit Meimersdorf, 1759

477 Landtausch des Hufners Johann Andreas Stange in Voorde 1771-1772

478 Landüberlassung des Erbpächters Hans Hartz in Sprengerfeld an seinen Bruder Hinrich Hartz an der Blumenthaler Scheide 1771

479 Ausweisung eines Platzes zum Torfgraben in Schmalstede 1772

480 Landüberlassung an den Kätner Jürgen Nehlsen in Blumenthal und den Krämer Hinrich Franz Thiesen in Großflintbek 1771-1772

481 Landüberlassung an den Hufner Hans Nehlsen in Blumenthal und Johann Daniel Carstens in Rotenhahn 1772

482 Amt Bordesholm: Landumtausch, Landverteilung und Beschwerden in Landangelegenheiten 1772-1778

483 Ausweisung von Moorland für den Kätner Hans Blöcker in Kleinharrie 1772-1773

484 Landverteilungskosten in Grevenkrug, Sören, Großflintbek, Böhnhusen, Dätgen und Schönbek 1772-1773

485 Überlassung eines Brooks aus der Gemeinweide an den Hufner Jochim Hamann in Grevenkrug 1772-1773

486 Pastoratsteich in Großflintbek 1773

487 Katenüberlassung des Schulmeisters Detlev Schnoor in Mielkendorf an seinen Sohn 1773

488 Umtausch von Katenland des Kätners Johann Christian Boldt in Böhnhusen 1773

489 Sendung der kopierten Karten, Vermessungsprotokolle und sogenannte Additamenta von den Dörfern an den Amtmann von Saldern-Günderoth 1773-1774

490 Landverteilungskosten in Eiderstede, Brügge, Bissee und Wattenbek 1773

491 Landüberlassung an den Kätner Claus Thiessen in Rumohr 1773-1774

492 Landüberlassung und Freijahre für den Kätner Hans Rixen in Dätgen sowie Abgaben und Landüberlassung des Halbhufners Hans Rixen auf dem Osselberg bei Blumenthal 1773-1785

493 Landtausch der Hufner in Grevenkrug 1774

494 Landüberlassung an die Kätner in Böhnhusen 1774

495 Verteilung der Ländereien von Kleinflintbek 1774

496 Landaustausch zwischen Johann Bülck in Blumenthal und Hans Rixen in Osselberg 1774

497 Landzuweisung an die Kätnerwitwe Christina Friderichs in Schierensee 1774

498 Landverteilungskosten in Loop, Einfeld, Mühbrook und Kleinflintbek 1774

499 Landtausch zwischen dem Halbhufner Johann Christian Rohwedder und der Kätnerwitwe Christina Friderichs in Schierensee 1774

500 Landzulage und Freijahre des Schulmeisters Hans Suhren in Rumohr und des Johann Detlev Hilbert in Grevenkrug 1774

501 Überlassung von Land in Einfeld an Hans Stender in Neumünster 1774-1775

502 Landtausch des Schulmeisters Claus Rixen mit dem Kätner Marx Hartz und dem Hufner Hinrich Brüggen in Groß Buchwald 1777

503 Landausweisung an den Amtsvogt Marx Kühl auf dem Feld in Mühbrook 1777-1779

504 Landausweisung an die Witwe und Kinder des Schulmeisters Claus Suhren in Fiefharrie 1777-1778

505 Landausweisung an den Schulmeister und Kätner Marx Rixen in Schierensee 1777-1778

506 Landveräußerung des Kätners und Schmieds Marx Hues in Dätgen 1777-1778

507 Überlassung von Gemeinweideland und eines Mooranteils an den Insten Asmus Hinrich Friederich in Rumohr 1777-1779

508 Landausweisung an den Hufner Eggert Ehmcke in Negenharrie 1778

509 Katenland der Schulmeisterwitwe Anna Lüneburg in Reesdorf und Einfriedung der dortigen Holzweide in Buschkoopeln (1777) 1778-1789

510 Landausweisungen in Rumohr 1779-1780

511 Überlassung von Land in der Gemeinweide in Mühbrook an den Schneider Johann Paulsen in Bordesholm (1778) 1779

512 Landverkauf des Zimmermeisters Johann Hinrich Bodien in Eiderstede an den Grobschmiedegesellen Buch 1779-1782

513 Landüberlassungen in Dätgen an den dortigen Kätner Caspar Eckermann und an den Insten Detlef Prien in Kleinharrie 1779-1782

514 Verkauf der Koppel des Kätners Jochim Stange in Brügge auf der Feldmark Groß Buchwald 1779

515 Landtausch zwischen dem Kätner Claus Bustorff und dem Bauervogt Hinrich Reimers in Brügge sowie Freijahre für Claus Bustorff 1779, 1789

516 Landtausch zwischen dem Hufner Hans Barg und dem Kätner Carsten Stange in Brügge sowie Katenverkauf- und -bau des Carsten Stange 1779-1780

517 Landausweisung an den Schustergesellen Joachim Bracker in Schönbek sowie Anlage von Buschkoppeln und einer Bullenwiese in Schönbek 1779

518 Überlassung von Land aus der Gemeinweide in Großharrie an die Kätner Hans Voss und Marx Hinrich Sachau sowie an den Insten Claus Bustorff 1779, 1792

519 Landtausch zwischen den Kätnern Jochim Stange, Claus Plambeck und Carsten Reimers in Brügge 1779

520 Katenland für den Schulmeister Johann Detlef Borchert in Voorde 1779-1782

521 Landüberlassungen und Aufteilung der Gemeinweide in Groß Buchwald (1771-) 1779-1782, 1795-1796

522 Katenbau des Maurers und Insten Tobias Heidemann aus dem Herzogtum Mecklenburg-Strelitz in Grevenkrug 1779-1782

523 Landausweisungen und Urbarmachung der Gemeinweide in Brügge 1779-1789

524 Ausweisung von Land in der Hölzung in Groß Buchwald an den Krüger und Kätner Johann Blöcker im Ovendorfer Redder 1780

525 Ausweisung von Land aus der Gemeinweide in Rumohr an den Insten Carsten Stäcker in Rodenbek sowie an die Kätner in Rumohr 1780-1782

526 Landüberlassung an den Insten Claus Detlef Brasche in Mühbrook 1780

527 Landerstattung für die kleinen Kätner Claus Reimers, Claus Bustorff, Hans Rieper und Franz Kaack in Brügge 1780

528 Überlassung des Sandkamps des Zuschlags in Groß Buchwald an den Kätner Detlev Prien im Ovendorfer Redder sowie Landüberlassung an den Insten Peter Horn und den Kätner Johann Christian Boldt in Böhnhusen 1780-1782

529 Landüberlassungen und Gemeinweide in Großflintbek sowie Aufteilung der Gemeinweide in Schierensee 1781-1793

530 Landvermischung zwischen Großharrie und Busdorf (Gut Bothkamp) 1781-1786

531 Vorschlag zum Verkauf des Streus in herrschaftlichen Zuschlägen 1782

532 Landausweisung an den Insten und Fischer Hans Christian Gehl in Mühbrook 1781-1783, 1804-1805

533 Landvereinigung und Katenverkauf des Kätners Claus Rixen in Brügge 1782-1794

534 Aufsicht des Hausvogts Netzel in Bordesholm über den Holzteil seiner Diensthufe 1782

535 Verkauf eines Landplatzes als Bödenerstelle durch den Kätner Hans Hinrich Schlüter in Schmalstede 1783

536 Landverkauf des Anbauers Hans Peter Stender in Einfeld an den Weber Hinrich Thede aus Neumünster sowie Überlassung von Land aus der Gemeinweide in Einfeld an den Anbauer Hinrich Thede und Dietrich Hinselmann aus Neumünster 1783-1788

537 Landüberlassungen aus der Gemeinweide in Mühbrook 1783-1793

538 Landüberlassung an Jochim Dietrich Nehlsen in Blumenthal 1783

539 Urbarmachung von Gemeinheitsland in Sören 1783-1785

540 Landüberlassung in Bissee für eine Bullenwiese 1783

541 Anderweitige Bonitierung der Ländereien und Ansetzung von Abgaben der Hufner und Kätner in Schmalstede und Grevenkrug 1783

542 Verkauf eines Platzes der Schützengilde in Großflintbek an den Hufner Ehlert Harm 1784-1800

543 Überlassung eines Platzes am Kingsberg an den Schmied Johann Friedrich Schönwandt in Bordesholm 1784

544 Katenverkauf der Witwe Lindemann in Bordesholm 1784

545 Überlassung des Platzes des früheren Armenhauses in Bordesholm an den Insten Engeburg zum Katenbau 1784-1785

546 Landüberlassungen und Katenbau von Eingesessenen in Eiderstede 1784-1785

547 Abgabe von Ländereien des Erbpächters Jochim Speck in Bordesholm an den Zuschlag der Hoffelder und Zulage von Dätgener Ländereien zum Zuschlag 1784-1786

548 Verkauf der Festehufe des in Konkurs geratenen Hans Reimers in Schmalstede 1785

549 Einnahme eines Landstücks an der Landstraße von Neumünster nach Preetz durch den Kätner Detlef Prien in Groß Buchwald 1785

550 Urbarmachung des eingefriedeten Weidelandes von Kätnern in Rumohr 1785-1786

551 Haus- und Landverkauf des Kätners Nicolaus Hinrich Prien in Brügge an Joachim Friedrich Thumann und Vergütung der Grundheuer des Kätners Peter Friedrich Quatter in Brügge für ein Kate 1785, 1794

552 Veränderte Einrichtung eines Landstücks in der Gemeinweide in Brügge 1785-1786

553 Landtausch und -ausweisung aus der Gemeinweide in Blumenthal 1785-1792

554 Landtausch und Wohnungsbau des Friedrich Christian Günther in Bordesholm 1786

555 Wiesenland der Hufner Hartwig Voss und Jochim Brüning in Bissee sowie der Verkauf von Ländereien des Großkätners Caspar Delfs in Eiderstede an Marx Bauer 1786

556 Einnahme und Urbarmachung von Land aus der Gemeindweide in Sören 1786-1791

557 Koppeleinfriedungen in Dätgen 1786-1789

558 Ausscheidung von Land aus der Gemeinweide in Rumohr 1786

559 Landüberlassung des Großkätners Claus Bustorff in Brüggerholz an den Setzhufner Claus Stocks in Bissee 1787

560 Einfriedigung des Aalbrooks in Einfeld zu einer Nachtkoppel für Pferde 1788

561 Landtausch des Kätners Johann Hinrich Bodien in Eiderstede mit den dortigen Kätnern Hinrich Kack, Franz Friedrich Rohard, Christian Bracker und Marx Bauer 1788-1789

562 Einfriedung und Landeinnahme der Hufner Claus Rubincke und des Johann Andreas Stange in Voorde 1788-1789

563 Erklärung des Vogtsbleeks zum Eigentum der Dorfschaft Sören 1788-1789

564 Landtausch der Hufner Hinrich Stange und Hans Stange in Sören, der Hufner Claus Suhren und Detlev Brüggen in Fiefharrie sowie des Hufners Detlef Barg und des Kätners Carsten Stange in Brügge 1789

565 Überlassung eines Platzes im Zuschlag in Groß Buchwald für den Kätner Detlev Prien im Ovendorfer Redder 1789-1790

566 Landzuweisungen in Voorde und Katenverkauf der Witwe des Kätners Hans Hinrich Selmer in Großflintbek 1789-1792

567 Landeinnahme und Weide des Schmieds und Kätners Marx Sachau in Großharrie 1789

568 Verkauf von Ländereien des Kätners Johann Plambeck in Mühbrook an den Kätner Hans Christian Gehl 1789

569 Vorschläge der Eingesessenen in Schönbek zum Bau einer Schmiedekate mit Landzulegung 1789-1790

570 Landüberlassungen und Weidegeld in Bollhusenerteich und Blumenthal 1790-1791

571 Wiesenverkauf des Hufners Paul Rehse in Wattenbek und Landüberlassung an die dortigen Hufner 1790

572 Ausweisung von Torfmoorstücken an die Dorfschaft Rumohr 1790-1792

573 Landtausch und -verkauf des Kleinkätners Hans Rixen in Brügge sowie Wiesentausch zwischen Claus Delfs und Jochim Stühmer in Brügge 1790-1793

574 Anlage einer Schmiede durch den Hufner Paul Reese in Wattenbek 1790

575 Freijahre und Landzulage für die Kätner Franz Kaack, Hans Rieper und Hans Stange in Brügge 1790

576 Land- und Holzüberlassung an den Bauervogt Hinrich Stange in Sören 1790-1791

577 Landausweisung in Böhnhusen für eine Bullenkoppel 1790-1791

578 Landüberlassung des Großkätners Marx Plambeck in Brügge an den Anbauer Jochim Stindten 1791

579 Landüberlassung an den Großkätner Bartram Willroth in Großflintbek 1790-1791

580 Verkauf der Abschiedskate mit Kohlhof des Kätners Claus Plambeck in Molfsee an seinen Bruder Marx Hinrich Plambeck 1791

581 Landüberlassung in Böhnhusen zum Torfstich an die Erbpächter Johann Christoph Dose, Peter Horn und Johann Reese in Schönhorst 1791-1796

582 Erlaubnis zum Mähen der Brüche und Moräste in einer Koppel in Rumohr 1791

583 Überlassung von Land auf dem Dosenmoor an den Kaufmann Hinrich Detlev Böhmcker in Neumünster 1791-1792

584 Landüberlassung in Grevenkrug für eine Bullenwiese 1792

585 Bestätigung eines Landtausches zwischen dem Vater des Hufners Marx Kähler in Mielkendorf und dem Bauervogt Jochim Hinrich Kähler 1792

586 Urbarmachung der Buschkoppel der Kätner in Rumohr 1792-1793

587 Verkauf einer Festehufe in Schmalstede durch den Hufner Johann Matthias Friedrich Bruhn in Brunswik an Hans Heesch 1786

588 Verkauf der Festehufe des Hans Butenschön in Schmalstede 1786

706 Verkaufsbedingungen für das Gehöft Schönhorst 1786

589 Landausweisung und Katenbau des Insten Carsten Stender in Großharrie 1791-1792

590 Aufmessung eines Bauplatzes für den Wiederaufbau der Kate des Hartwig Otto in Schierensee 1792

591 Ablegung von Heuerstellen von den Ländereien der Hufner Jochim Rixen, Jochim Wendt und Asmus Henning Treede in Großharrie 1792-1794

592 Überlassung von Wiesenland an Martin Ehlers und Hinrich Sienknecht in Einfeld 1792-1793

593 Landtausch zwischen den Hufnern Jochim Haamann und Hans Haack in Grevenkrug 1792

594 Landüberlassung an den Schuster und Insten Jochim Peters in Loop 1792-1793

595 Landverkauf und -zulegung des Hufners Hans Rowehr in Schönbek sowie Aufteilung der Gemeinweide in Schönbek in Buschkoppeln 1792-1793

596 Landüberlassung an den Altenteiler Johann Christian Boldt in Böhnhusen 1793

597 Umwandlung der Festehufe des Zacharias Stange in Voorde in eine Bondenhufe 1792

598 Überlassung von Land aus der Gemeinweide in Schönbek an den Insten und Tagelöhner Claus Rixen in Bordesholm 1792-1793

599 Verkauf von Festehufen in Brügge, Schmalstede, Negenharrie, Wattenbek und Fiefharrie 1793-1804

600 Holzüberlassung in Großharrie 1793

601 Landtausch zwischen dem Kätner Johann Friedrich Hilbert und dem Hufner Jürgen Repenning in Grevenkrug 1793-1794

602 Landtausch zwischen den Kätnern H. Hinrich Wulff und Johann Blöcker in Schmalstede, Viehtränke in der dortigen Gemeinweide sowie Vergütung des Kätners Franz Abraham Schlüter in Schmalstede für fehlende Landmaße 1793-1795

603 Landtausch des Hufners Jürgen Kaack und des Schmieds Hinrich Borwig in Schönbek 1793-1796

604 Landverkauf des Hufners Hans Delfs in Einfeld an Christian Peters in Tungendorf und Landzulage an letzteren 1792-1794

605 Holzüberlassung und Landabtretung der Witwe Butenschön für die Einrichtung einer Schulkate in Grevenkrug 1794-1795

606 Landtausch zwischen den Hufnern Claus Wichmann und Hinrich Götsch in Loop 1794-1795

607 Ablegung eines Redders am Gehege für die Hufner Hans Blöcker und Eggert Wulff in Kleinharrie sowie Landtausch des ersteren mit dem Hufner Hinrich Blöcker 1794-1795

608 Schutz der Weichholzgerechtigkeit des Halbhufners Claus Rixen in Blumenthal 1795

609 Mitteilung von Setzungsregistern und Protokollen der Dorfschaften an die Amtsvorsteher 1795

610 Landüberlassung an den Kätner Johann Hinrich Horn in Böhnhusen 1795

611 Zulegung eines Moorteils aus dem Dosenmoor an den Oberförster von Revenfeldt 1795

612 Ausweisung einer Anbauerstelle auf der Feldmark Boostedt an den Tagelöhner Hans Hinrich Peters in Einfeld 1795

613 Landtausch zwischen den Hufnern Jochim Rando und Eggert Rixen in Brügge 1795

614 Landüberlassung an den Schneider Ehlert Riepen in Böhnhusen 1795-1796

615 Landtausch zwischen den Hufnern Claus Timm und Johann Stühmer in Schmalstede 1795-1796

616 Landüberlassung aus der Gemeinweide in Brügge an den Insten Hans Jürgen Mathias in Groß Buchwald 1795

617 Umlegung eines über eine Koppel der Erbpachtstelle des Kammerjunkers von Benzon in Bordsholm führenden Mühlenwegs 1795-1797

618 Landausweisung aus der Gemeinweide an Hufner in Mielkendorf 1795-1799

619 Landüberlassung an den Hufner Claus Rubincke in Voorde 1795-1796

620 Überlassung von Holzgründen in der Gemeinweide an die Eingesessenen in Negenharrie 1796-1801

621 Landüberlassung an den Insten und Schuster Johann Repenning in Rumohr 1796-1798

622 Landüberlassung an den Insten Hans Trede in Blumenthal 1796

623 Landüberlassung an den Insten Hans Hinrich Schlüter und die Kätner in Dätgen 1796

624 Land- und Wiesenüberlassung an den Insten Hans Hinrich Petersen, den Kätner Hinrich Sienknecht und den Kätner Claus Evers in Einfeld 1796-1797

625 Verkauf des Platzes des ehemaligen Amtsvogtshauses in Bordesholm an den Insten Claus Kühl in Brügge 1797-1800
Enthält u. a.: Skizzen zum Vogtsgarten

626 Landüberlassung an Margaretha Rixen in Bordesholm zum Katenbau 1796

707 Verkauf der Festehufe des Claus Detlef Borchert in Brügge 1796

627 Schulländereien in Loop 1796-1797

628 Ausweisung von Moorteilen auf dem Dosenmoor und dem Böhnhusener Düsterholmsmoor an den Erbpächter Christian Ludwig Hammer in Bordesholm, den Kätner Claus Göttsche in Groß Buchwald sowie an die Kätner Peter Landau und Hans Bustorff in Bissee 1797

629 Krügereikonzession und Landüberlassung für Johann Blöcker auf dem Einfelder Raum 1797

630 Landüberlassung an den Tischler Adolph Vogt in Sören 1797

631 Landverkauf des Kätners Hinrich Mehrens in Dätgen an den Insten Hinrich Jansen 1797-1798

632 Urbarmachung der Buschkoppel des Kleinkätners Hans Peter Gustrau in Großflintbek 1797

633 Aufteilung der Gemeinweide der Klein- und Großkätner in Brügge 1797

634 Verkauf der Schmiedekate und Landtausch durch den Kätner und Schmied Hinrich Borwig in Schönbek 1797

635 Landüberlassung an den Großkätner Johann Brandt in Fiefharrie 1797

636 Überlassung eines Bauplatzes am Bordesholmer See an den Insten Joachim Griese in Bordesholm und diesbezügliche Beschwerde des Erbpächters des Heidkrugs Jacob Börm in Bordesholm 1797

637 Ausweisung von Moorteilen auf dem Looper, Schönbeker und Dätgener Moor an die Eingesessenen in Schmalstede 1797-1799

638 Wohnungsbau des Hufners Detlef Reese in Groß Buchwald 1797

639 Landverkauf des Kätners Hans Brandt in Voorde an Hinrich Schramm 1797-1798

640 Ausweisung von Moorland an die Pastorenwitwe Poppe in Böhnhusen 1798

641 Bau und Verkauf der Festehufe des Jochim Hinrich Knabe in Brügge 1798-1804

642 Freiweide der Hufner und Halbhufner in Brügge 1798

643 Verkauf von im Brügger Holz gelegenem Land des Kleinkätners Claus Stacks in Bissee an den Schuster Hans Reimers in Voorde 1799

644 Überlassung eines Bauplatzes an den Insten Andreas Hinrich Stange in Voorde 1799

645 Landüberlassung aus der Gemeinheit in Blumenthal an den Erbpächter Ehlert Nehlsen in Bollhuserteich 1799

646 Landüberlassung aus der Gemeinweide in Bissee an den Erbpächter Johann Reese in Schönhorst 1799

647 Landüberlassung an den Insten Hinrich Schramm in Bordesholm 1799

648 Wiesenland der Kätner in Schmalstede 1799

649 Landverkauf des Anbauers Carsten Reese in Eiderstede an Hinrich Büse 1799

650 Ausweisung von Moorteilen an den Schulmeister und den Bödener Hans Wittmack in Mielkendorf 1799-1802

651 Landüberlassung an den Kätner Claus Brandt in Böhnhusen zum Bau einer Abschiedskate 1799-1800

652 Ausweisung einer Tränkstelle aus dem Schiebenholz an den Kätner Hans Nehlsen in Blumenthal 1799-1800

653 Landüberlassung an den Hufner Claus Repenning, an Hans Hinrich Einfeld und den Setzhufner Claus Stange in Kleinflintbek 1800

654 Übertragung der Festehufe der Hufner Hinrich und Marx Plambeck in Wattenbek, Umwandlung der dortigen Festehufen in Bondenhufen sowie Landüberlassung der Witwe Wiebke Eckmann in Dätgen an Johann Wulff 1800-1808

655 Nutzung des Kiebitzmoores durch die Dorfschaft Sören 1801

656 Verabredung zwischen der Dorfschaft Loop und dem Insten Marx Stave wegen des Baus einer Schulkate 1800

657 Landausweisung für den Kätner Claus Lucht in Mühbrook zum Wiederaufbau seiner Abschiedskate 1800

658 Regulierung von Angelegenheiten des Ländchens Sachsenbande 1800

659 Landüberlassungen an den Insten Claus Gehl in Molfsee 1801-1804

660 Überlassung eines Anteils an der Gemeindeholzweide in Brügge an Claus Jacks 1801

661 Landüberlassung an den Bauervogt Johann Rixen in Loop 1801

662 Ausweisung eines Bauplatzes an den Insten Hinrich Lammers in Schönbek 1801

663 Landüberlassungen an den Bödener Hinrich Schramm in Voorde und den Halbhufner Claus Christian Heidemann in Großflintbek 1801-1804

664 Landüberlassung an den Schullehrer Hans Staacken in Blumenthal 1801

665 Landüberlassung an den Hufner Claus Kühl in Loop 1803

666 Hausbau des Hufners Claus Heeschen in Großharrie 1802

667 Landüberlassung an den Grobschmied Saggau in Großharrie und diesbezügliche Einwendungen der Dorfeingesessenen 1802-1804

668 Urbarmachung der Buschkoppeln der Kleinkätner in Großflintbek 1802-1805

669 Verkauf der Nebenwohnung und von Land des Kätnes Johann Friedrich Hilbert in Grevenkrug 1802

670 Urbarmachung der Gemeinweide der Kleinkätner in Mielkendorf 1802

671 Landüberlassung an den Kleinbödener Johann Reese in Schönhorst 1804-1805

672 Landtausch zwischen dem Hufner Marx Kahl und dem Kätner Hans Tönsfeld in Schmalstede 1802

673 Verkauf der Groß- und Kleinkätnerstelle des Festekätners Steffen in Brügge ohne Kammerkonsens 1802

674 Bauverbindlichkeiten von Amtsuntertanen (1800-) 1802

675 Landüberlassungen an die Insten Detlef Blunck in Grevenkrug und Hans Hinrich Rickert in Blumenthal 1803

676 Überlassung eines Bauplatzes an den Schulhalter Hans Staacken in Blumenthal 1803

677 Überlassung von Land aus der Gemeinweide in Böhnhusen an den Anbauer Johann Mordhorst in Großflintbek 1803

678 Umwandlung und Verkauf der Festehufe des Claus Reese in Negenharrie 1803

679 Zulegung eines Landstücks aus der Koppel des Hufners Hans Hinrich Wulff in Brügge zu einer Dorfslandstelle 1803

680 Verkauf einer Buschkoppel des Kätners Asmus Griem in Großflintbek an den Anbauer Johann Hinrich Bohnsteen 1803

681 Ausweisung eines Moorteils auf dem Schönbeker Moor und Überlassung von Land aus der Gemeinheit in Mühbrook an die Amtsvögte Casper Ludwig Bruhn und Hans Friedrich Steffens in Bordesholm 1803

682 Umwandlung der Festehufe des Johann Rixen in Groß Buchwald in eine Eigentumshufe 1803

683 Umwandlung der Festehufe des Claus Heesch in Bissee in eine Eigentumshufe 1803

684 Umwandlung der Festehufe des Hans Hinrich Horn in Böhnhusen in eine Eigentumshufe 1803

685 Landtausch der Hufner Marx Stacks und Carsten Reimers in Brügge 1803

686 Moorland des Amtschirurgen Mehring in Bordesholm 1803

687 Verkauf der halben Festehufe des Hinrich Stange in Schmalstede an den Kätner Claus Detlev Brasch in Blumenthal 1803-1804

688 Abtrennung der Altenteilskate des Kätners Carsten Sinn in Sören von seiner Katenstelle und Ersetzung des Landabgangs aus der Gemeinheit 1803-1804

689 Wiesentausch zwischen dem Bauervogt Detlev Kähler und dem Kätner Christian Einfeldt in Mielkendorf 1803

690 Landüberlassung an den Bödener Jasper Hartz in Brüggerholz 1803

691 Landüberlassungen, Aufhebung der Festequalitäten und Verteilung der Gemeinheit in Voorde 1804-1806

692 Katenverkauf des Kätners Hans Friedrich Tönsfeldt in Schmalstede an Eggert Tönsfeldt, Katenverkauf und -bau des Kätners Marx Friedrich Dibbern in Kleinflintbek und Koppelverkauf des Bondenhufners Johann Gabriel Blöcker in Kleinharrie an den Insten Claus Friedrich Clausen in Negenharrie 1804

693 Landüberlassungen an den Insten Hinrich Lafrentz, den Bödener Hans Hinrich Neelsen sowie die Kätner Johann Dietrich Neelsen und Hans Neelsen in Blumenthal 1804

694 Verkauf der Hirtenkate in Mühbrook mit Land an den Hegereiter Ohrt 1804

695 Urbarmachung der Kätnergemeinweide in Molfsee und Landzulage an den dortigen Schulmeister Detlev Ruschmann 1804-1806
Darin: Karte zur Verteilung der Kätnerländereien

696 Landausweisung aus der Gemeinhölzung in Blumenthal an die dortigen Kätner 1804-1805

697 Aufhebung der Festequalität der Hufe des Hinrich Stender in Großharrie 1804

698 Überlassung eines Platzes auf dem Dosenmoor zum Torfstechen für den Kätner Hans Hinrich Riemann auf dem Einfelder Feld 1804-1805

699 Verkauf der Kate des Kätners Christian Einfeldt in Mielkendorf an den Insten Behrend Jacobs 1804

700 Landverkauf des Bondenhufners Otto Schnack in Großharrie an Hans Hingst aus Damsdorf 1805

701 Landüberlassung aus der Gemeinheit in Mühbrook an den Hegereiter Ohrt in Bordesholm 1805-1808

702 Landüberlassung an den Kätner Hans Hinrich Ivens in Eiderstede 1805

703 Ankauf der Katenstelle des Marx Reese in Kleinharrie für den Holzvogt Einfeldt 1805

704 Landverkauf des Halbhufners Claus Siebcken in Blumenthal an Hans Rixen 1805

705 Landüberlassung an den Anbauer Carsten Reese in Eiderstede 1805

## Pacht

708 Zeit- und Erbpachtverträge 1729-1846

709 Veränderung der Kruggerechtigkeit 1793

710 Pachtgelder für den Bünstorfer Heuerteich auf der Feldmark Schierensee 1769-1770

711 Verpachtung von Teichen und eines Teils des Schierensees 1771-1792

712 Erteilung der Krügereigerechtigkeit 1771

713 Ankauf der Sienknechtschen Erbpachtstelle durch die Landesherrschaft 1773

714 Bestätigung des Erbpachtvertrages des Christian Detlef Krohn in Schönhorst (1738-1740, 1776) 1780

715 Niederlegung des Erbpachthofs Schönhorst (1738) 1786-1799
Darin: gedruckte Verkaufsbedingungen, 1786

716 Überlassung eines Landstücks in Sören an den Erbpächter Hinrich Timm in Bordesholm 1791-1793

717 Handel mit Erpachtsländereien des Hoffeldes in Bordesholm durch den Justizrat Randahl, den Leutnant Nasser und den Erbpächter Jochim Kähler in Bordesholm 1792-1797

718 Verkauf der Erbpachtstelle des Jasper Landtau in Rotenhahn 1789-1791

719 Verkauf von Erbpachtsländereien 1790-1796

720 Pacht des Brauerei- und Brennereizwangs durch den Holländer Blick Stade aus Neumünster 1794-1803

721 Verkauf von Erbpachtstellen 1794-1805

722 Landüberlassung an Johann Nehlsen in Bollhuserteich in Erbpacht 1799-1805, 1827

723 Verkauf der Erbpachtstelle der Erben des Claus Reese in Bordesholm an den Insten Claus Rubincke 1799-1804

724 Verlegung einer Schmiedekate und Landeinnahme durch den Amtmann Graf von Holck in Bordesholm 1799

725 Landüberlassungen an den Schneider Casper Bruhn und den Schuster Claus Stange in Bordesholm 1799-1800

726 Verpachtung der Fischerei im Einfelder See 1799

727 Überlassung von Moorland auf dem Schönbeker Moor an die Etatratswitwe Behrens und den Justizrat Hudemann in Bordesholm 1800

728 Verkauf von Erbpachtsländereien 1800-1803

729 Landüberlassungen an den Justizrat Hudemann und den ehemaligen Hausvogt Netzel in Bordesholm 1801

730 Verkauf von Erbpachtsländereien 1801-1805

731 Überlassung eines Moorteils an den Erbpächter Hans Jansen auf dem Sprengerfeld 1803

732 Verkauf eines Teils der Erbpachtstelle des Tischlers Detlef Reese in Bordesholm an den Amtmann von Buchwaldt sowie dessen Verkauf einer Wiese an Detlef Bendix Reese und Landüberlassung an den Bäcker Johann Christian Beyer 1803-1805

733 Überlassung von Gemeinheitsland in Blumenthal an den Erbpächter Johann Trede in Rotenhahn 1804

734 Verkauf der Viehwiese des Erbpächters Claus Lampe in Bordesholm an den Insten Hans Rixen in Dätgen 1805

735 Verkauf von Erbpachtsland in Bollhuserteich durch die Erben des Kätners Jasper Reese in Blumenthal an den dortigen Hufenpächter Hans Friedrich Trede 1805

736 Umwandlung der Zeitpacht des Fischers Gehl in Mühbrook über den Einfelder See in Erbpacht 1812

## Privilegien

737 Schutz der Weidegerechtigkeit des privilegierten Zweihufners Claus Christopher Frahm in Großflintbek 1773-1778

738 Anlage einer Schmiede in Blumenthal 1800

## Rechnungswesen

739 Anhäufung von Restanten bei den herrschaftlichen Abgaben (1790) 1792

740 Bemerkung der Amtsvorsteher über die Amtsanlagenrechnung für 1797 1800

741 Bemerkung zu den Amtsrechnungen für 1800 und 1801 hinsichtlich der Erhebung der Festegelder 1803

## Setzung

742 Bemerkungen des Amtsschreibers Nasser in Bordesholm über die neue Setzung in Blumenthal, Schierensee und Rumohr 1769-1770

743 Setzungsregister und Proportionalbrechnungen: Wellsee, Groß Buchwald, Negenharrie, Fiefharrie, Kleinharrie und Großharrie 1770-1771

744 Setzung des privilegierten Gehöfts des Marx Hauschild in Molfsee und dessen Landbeilage 1770-1773

745 Setzungsregister und Proportionalberechnungen: Grevenkrug, Sören, Dätgen, Schönbek, Großflintbek und Böhnhusen (1686-) 1773

746 Beibehaltung der Lasten des privilegierten Hufners Andreas Gabriel in Böhnhusen 1773-1774

747 Setzung: Schierensee, Blumenthal und Groß Buchwald 1768-1786
Enthält u. a.: Verteilungsprotokolle (Additamenta zu den Vermessungsprotokollen); Dienstreglements

748 Setzung: Mielkendorf, Kleinharrie, Großharrie, Fiefharrie und Negenharrie 1768-1785
Enthält u. a.: Verteilungsprotokolle (Additamenta zu den Vermessungsprotokollen); Dienstreglements

3544 Setzung: Molfsee und Voorde (1674-) 1768-1789, 1816
Enthält u. a.: Verteilungsprotokolle (Additamenta zu den Vermessungsprotokollen) für Voorde; Dienstreglements

749 Setzung: Großflintbek, Böhnhusen, Grevenkrug, Sören, Dätgen und Schönbek (1709-) 1768-1817
Enthält u. a.: Verteilungsprotokolle (Additamenta zu den Vermessungsprotokollen); Dienstreglements

750 Setzung: Bissee, Wattenbek, Brügge, Reesdorf und Schmalstede (1737-) 1768-1794
Enthält u. a.: Verteilungsprotokolle (Additamenta zu den Vermessungsprotokollen); Dienstreglements

751 Setzung: Eiderstede, Einfeld, Mühbrook, Loop und Kleinflintbek (1765) 1768-1794
Enthält u. a.: Verteilungsprotokolle (Additamenta zu den Vermessungsprotokollen); Dienstreglements

752 Schutz der Privilegien der Hufen des Hans Dose und Jochim Rixen in Bissee (1702) 1775-1782

753 Landbeilage und Gefälle der Witwenkate des Bordesholmer Hausvogts Erhardi in Schmalstede (1768) 1775

754 Änderung der Setzung der Ländereien in Bissee, Brügge und Reesdorf 1775

## Landesvisitation

755 Beantwortung der Fragen der Generallandesvisitationskommission und Rückreise der Kommission (1704-) 1766

756 Verfügungen nach dem Protokoll der Generallandesvisitationskommission 1772

## Wege

757 Bau einer Steinbrücke bei der Feldschmiede in Rotenhahn 1769-1770

758 Verlegung des Kirchwegs in Mielkendorf und Landzulage für den dortigen Hufner Hans Repenning 1772-1773

759 Wege über die urbaren Ländereien und zu den Reddern in Groß Buchwald 1773-1774
Enthält u. a.: Verzeichnis der abgemessenen Wege und Fußsteige auf den Koppeln

760 Abschreibung des zu den Reddern ausgelegten Landes von den Landmaßen der Hufner in Fiefharrie 1773-1774

761 Wiedererstattung eines über die Gemeinweide in Schierensee führenden Wegs der Güter Schierensee und Annenhof 1774

762 Beteiligung der Amtsuntertanen an der Wegebesserung der Heerstraße von Eckernförde nach Neumünster 1775-1776

763 Weg der Dorfschaften Bissee und Reesdorf nach dem Düsterholmsmoor und Landzulage für den Hufner Hans Hinrich Horn in Böhnhusen 1779

764 Erhöhung des Sommerwegs zwischen den Koppeln des Asmus Henning Trede und Claus Landau in Rotenhahn (Amt Bordesholm) sowie Erhöhung des Sommerwegs im Amt Kronshagen bei den Halskoppeln in Hassee 1780-1781

765 Erweiterung der Kieler Landstraße vor dem Rummelberg sowie Landabtretung der Hufner Hans Harder und Claus Hartz in Blumenthal 1781-1782

766 Bitte der Eingesessenen in Krogaspe um Erhaltung eines Wegs durch die Hölzung in Loop nach dem Torfmoor in Schülp 1791

767 Verlegung eines über die Wiese des ersten Amtsvogts Brammer in Bordesholm führenden Wegs 1792

768 Anlage eines Fahrwegs durch den Erbpächter Johann Hinrich Reese in Bordesholm über die Dienstländereien des Amtschreibers 1793

769 Wegestreitigkeit zwischen dem Hufner Jasper Plambeck in Bissee und der Witwe Popper in Schönhorst 1794

770 Streitigkeiten zwischen den Eingesessenen in Groß Buchwald und Brügge wegen des Anfahrens von Feldsteinen für einen Brückenbau 1799

771 Reparatur der Brücken, Siele und Stege 1801

772 Anlagenberechnung für die Wegekosten 1798 1802-1803

## Ziegelei

773 Verbesserung der Ziegelei auf dem Hoffeld in Bordesholm 1792

# AMT NEUMÜNSTER

## Archiv

774 Archivregistrant und seine Einsendung 1766-1767

775 Fortsetzung der Ordnung des Amtsarchivs 1771-1772

## Bedienungen

776 Einkünfte und Gebühren des Amtmanns, des Amtsschreibers und des Hausvogts, Gebühren der Festebesitzer bei Baubesichtigungen sowie Fischereibefugnis des Amtmanns und der Amtsuntertanen 1771-1793

777 Eid und Regulativ der Amts- und Fleckensvorsteher sowie Anlage einer Kuhkoppel und Mühlenstreitigkeiten 1766-1768

778 Befreiung des Johann Otto Cornelsen in Neumünster von allen bürgerlichen Ämtern 1767

779 Abwesenheit des Amtsschreibers Cordemann 1770-1774

780 Ernennung von Forstbediensteten und des Carl Hinrich Jahn zum Hausvogt 1769-1770

781 Bau einer Wohnung in Brokenlande für den Holzvogt Schnepel 1766-1767

782 Anweisung einer Katenstelle in Bönebüttel an den Holzvogt Schönwand 1769-1771

783 Verlängerung des Wohnhauses des Holzvogts Schnepel in Brokenlande 1770

784 Sammlung des Amtschreibers und des Hausvogts 1773
Enthält u. a.: Verzeichnis der Einkünfte, Gebühren und zustehenden Dienste der Unter- und Oberbeamten

785 Stammgeld für den Hausvogt Jahn in Neumünster und Anlage der Tonnenzuschläge im Amt Neumünster 1780

786 Einfriedung des Amtmannsgartens und Verlegung eines Fußsteigs in Neumünster 1790

787 Befreiung des Holzvogts Schlüter in Brokenlande von den Lasten seines Dienstlandes 1799

788 Lastenbefreiung und Entlassung von Bauervögten (1783) 1794-1808

## Kommerz

789 Vorstellung der Kaufleute in Neumünster zur Verbesserung des Handels 1766

790 Unbefugter Handel in Neumünster (1780) 1782
Enthält u. a.: Amtsrechnung Neumünster von 1780

## Kreditwesen

791 Einrichtung eines Schuld- und Pfandprotokolls 1768

## Dienste und Abgaben

792 Beschreibung der Dienste der Untertanen 1766

793 Register der Geldabgaben der Untertanen 1768

794 Befreiung der Amtsuntertanen von ihren Diensten zum ehemaligen Meierhof Brokenlande (1654, 1764) 1767-1768

795 Dienstreglement: Brachenfeld, Bönebüttel, Molfsee, Mielkendorf und Voorde 1771-1772

877 Dienstreglement: Brachenfeld, Bönebüttel, Großenaspe, Heidmühlen und Latendorf 1771-1794

878 Dienstreglement: Arpsdorf, Boostedt, Braak, Ehndorf, Gadeland, Groß Kummerfeld, Kleinkummerfeld, Husberg, Padenstedt, Tungendorf, Wasbek, Willingrade und Wittorf 1791-1794, 1816

832 Dienstreglement: Großenaspe 1782

796 Befreiung des Hufners Hinrich Wulf in Tasdorf von Abgaben auf Moorland 1772-1773

797 Roggenlieferung der Hufner in Bönebüttel von der Bullenwiese an den Hauptpastor in Neumünster 1773

798 Abgabe des Kaufmanns und Bödeners Marcus Friedrich Rohde in Neumünster von Ländereien in Brachenfeld (1751) 1775-1776

799 Militärfuhren und ihre Bezahlung 1778-1779

800 Übertragung einer Festedrittelhufe des Kaufmanns Hinrich Detlef Böhmcker in Neumünster 1780

801 Befreiung der Vorsteher des Amtes Neumünster von der Aufräumung der Au längs der Griesenhorst 1781

802 Dienstleistungen des Tuchmacheramtes in Neumünster bei der Reparatur der Mühle und des Damms in Wittorf 1783

803 Verhältnis der Fuhren für Rekrutentransporte zu unentgeltlichen Fuhren 1784

804 Vergütung der Rollfuhrleute in Neumünster für Fuhren 1779, 1780 und 1781 1784

805 Übertragung der Lasten von einer verkauften Koppel des Hausvogts Jahn in Neumünster 1785

806 Verdingung der Fuhren und Dienste zum Bau des Zuchthauses in Neumünster sowie Verteilung der Kosten 1787

807 Dienstpflicht des Hufners Detlev Bracker in Brachenfeld 1787 (1811, 1871)

808 Abgabenherabsetzung und bessere Landausstattung für die Kätner in Großenaspe 1787

809 Dienste der Eingesessenen in Padenstedt, Arpsdorf und Ehndorf zur Bearbeitung der Amtsschreiberwiese in Brokenlande 1787

810 Verbesserung der Fuhr- und Dienstregister 1790

811 Befreiung des Erbpachtsmüllers Claus Holst in Heidmühlen von Wiesenabgaben 1790-1791

812 Herabsetzung der Lasten von den Häusern der Witwe Vogt und des Schneidermeisters Lütjens in Neumünster 1789-1791

813 Vergütung des Anbauers Claus Langmack in Großenaspe als Bauervogt in Heidmühlen-Rieshörn und Verfassung der Bauervogteistelle 1791-1793

814 Dienste bei Brücken- und Sielbauten 1793

831 Umgehung der Bauervogteiverrichtung in Heidmühlen 1793

815 Befreiung des Hufners Hinrich Wittorff in Gadeland von Amtsanlagen 1794

816 Freilanderklärung oder Abgabenminderung für eine Koppel der Schulmeisterwitwe Elsabe Heeschen in Wasbek 1794

817 Abgabenfreiheit des Claus Lohse in Neumünster und des Hufners Jochim Butenschön in Tungendorf für Wiesen der Saldenschen Freihufe (1745, 1775) 1795

818 Aufhauen und Anfahren von Bäumen durch die Amtseingesessenen für das Tuchmacheramt in Neumünster 1795

819 Abhandlung der Fuhren für den Amtmann (1795) 1796

820 Fuhren 1797-1799

821 Jagddienste der Insten (1796) 1797

822 Verweigerung von Fuhren für den Landesbaumeister Richter anlässlich einer Reise in das Amt Reinbek durch den Hausvogt Goldbeck in Neumünster 1797-1798

823 Abgabe des Hans Hinrich Baumann in Neumünster für eine vom dortigen Weißgerber Ludolph Sophus Dietrich Proppe gekauften Abschiedswohnung mit Garten 1799

824 Haltung eines Kornvorrats 1801

825 Fuhrforderungen für die Kornmühlen in Neumünster und Wittorf 1803

826 Grundheuer von der Kate auf den Hufenländereien des Tietje Greve in Rickling 1803

827 Befreiung der Eingesessenen vom Amtmannstaler 1804

828 Krügereigerechtigkeit und Bauervogtei des Hufners Hans Jastorff in Padenstedt 1804

829 Übersendung der Fuhr- und Dienstregister für 1803 und 1804
Bemerkung: Register fehlen 1804-1805

830 Landsteuer der Untertanen des Klosters Preetz in Gadeland sowie der Untergehörigen des Gutes Arfrade in Daldorf, Rickling und Willingrade 1805-1806

## Kirche

833 Reparatur und Einweihung der Kirche in Großenaspe 1766, 1772

834 Landzulage für den Schulmeister Caspar Hauschild in Bönebüttel 1773-1774

835 Pastorats- und Schulländereien in Großenaspe 1781-1787

836 Umwandlung des Kirchen- und Schulstegs in Wittorf in einen Damm sowie Teilung der Pastoratswiese in Neumünster 1791-1792

837 Verbesserung der Dienstländereien des Kirchen- und Schuldieners Hans Butenschön in Großenaspe 1792

838 Reglement für die Einkünfte der Schulen (1784) 1786, 1792
Enthält auch: Regulativ für die Einnahmen der Schulhalter im Amt Kronshagen, 1786

839 Ausweisung einer Strecke auf dem Dosenmoor für die Schule in Neumünster zum Torfstich 1798

840 Änderung von Bestimmungen des Schulreglements 1797-1800

841 Beschwerde des Schulmeisters Jochim Blunck in Boostedt gegen die dortigen Schulinteressenten wegen Schulleistungen 1800

842 Ablieferung des Predigerwitwenhauses in Neumünster 1802

843 Unterstützung des unter Vormundschaft stehenden Hans Jürgen Mestorff in Neumünster 1804

## Forst- und Holzwesen

844 Beschreibung der Forsten und Waldungen 1765

845 Holzteil des Hufners Jochim Loop in Bönebüttel 1759-1766

846 Ankauf des Erbholzteils des Dingvogts Eggert Langmack in Bönebüttel für die Landesherrschaft 1767-1770

847 Auseinandersetzung der Feste- und Bondenhölzungen sowie Holzverordnung für die Bonden 1766-1771
Darin: gdruckte Holzverordnung

848 Einfriedung von herrschaftlichen Hölzungen und Kirchenhölzungen sowie Anlage von Reddern in der herrschaftlichen Hölzung in Bönebüttel 1770-1771

849 Baummast in der herrschaftlichen Hölzung in Bönebüttel 1770

850 Separierung und Austausch der herrschaftlichen Feste- und Bondenhölzungen in Großenaspe sowie Anlage eines Holzzuschlags 1771-1772

851 Heideland für den Hufner Jochim Loop in Bönebüttel zur Einfriedung seiner Hölzung 1772-1773

852 Holz- und Forstangelegenheiten 1769-1772
Bemerkung: Akten der Setzungskommission

853 Forstverbesserungen in Latendorf und Wittorf 1778

854 Mast in den herrschaftlichen Hölzungen des Amtes Neumünster sowie in den Hölzungen in Bönebüttel, Brokenlande und Großenaspe (1752, 1770) 1778

855 Höpen und Holzzuschlag in Großenaspe 1779

856 Wegräumung und Ausradung des Streus und des Remholzes in Großenaspe 1780

857 Taxation des Eichen- und Buchenholzes in Großenaspe sowie Holzzuschlag in Bönebüttel 1780-1794

858 Schwierigkeit bei der Anpflanzung von Bäumen durch Festebesitzer 1782

859 Freiweide für Schafe in der herrschaftliche Hölzung in Brachenfeld 1785

860 Überlassung des Abfalls von in der Hölzung in Groß Kummerfeld ausgewiesenen Stämmen an den dortigen Bauervogt Marx Harders
Enthält nur Aktendeckblatt [1785]

861 Einfriedung von Holzteilen des Hans Hinsselmann in Neumünster 1787-1790

862 Nutz-, Rade- und Bauholz des Setzhufners Hans Bracker in Brachenfeld sowie des Hufners Claus Wolff in Bönebüttel 1790-1792

863 Brüche des Hufners Marx Wulff und des Kätners Hinrich Wulff in Brachenfeld wegen Einfriedung ihrer Erbholzteile in der Feldmark Bönebüttel 1791

864 Ausweisung von Deputatholz an den Oberförster von Revenfeldt 1795

865 Ausweisung eines Torfteils auf dem Dosenmoor für den Amtmann in Neumünster 1797

866 Bestrafung der Besitzer von Eigentumshölzungen bei Holzdiebstahl nach der großfürstlichen Verordnung von 1740 sowie Übertragung der Holz- und Jagdverordnung von 1784 1798-1808

867 Überlassung des Moorteils des Brauereipächters Stade auf dem Dosenmoor an den Dingvogt Jochim Langmack, den Bauervogt Johann Loop und den Hufner Claus Wulff in Bönebüttel 1802-1803

868 Anlegung eines Geheges in Großenaspe und Ankauf der Schäferei in Halloh auf landesherrliche Rechnung 1802

869 Vergrößerung des zu einem Gehege bestimmten Exerzierplatzes in Neumünster aus der Gemeinheit in Boostedt 1802-1803

870 Umwandlung der bei Holzentwendungen auferlegten Spanndienste in Handdienste 1803

871 Protokollation des Verzichts der Besitzer von in Eigentumshufen umgewandelten Festehufen auf Bau-, Nutz- und Radeholz 1803

872 Bezahlung des Stammgeldes der Festehufner nach Fadenzahl 1803

873 Wiedereröffnung des Wegs durch das Gehege in Braak zur Passage und Einfriedung des Geheges 1803-1807

874 Befugnis der Bondenhufner zur Verweigerung des Ausgrabens und Behauens von Steinen in ihren Holzteilen 1804

875 Befreiung der Bondenhufner in Boostedt und Husberg von Instandsetzungen und Unterhalt der Einfriedungen in den Gehegen in Latendorf, Boostedt, Groß Kummerfeld und Husberg (1799-) 1804-1805

876 Ausweisung einer Moorstrecke zum Torfstich für den Halbhufner Hinrich Todt in Boostedt 1803

## Grenzen

879 Grenzbeschreibung 1765

880 Grenzregulierungen 1766-1772

881 Abstechung der Grenzlinien der Erbpachtsstücke in Brokenlande 1767-1768

882 Regulierung der Grenzstreitigkeiten zwischen den Ämtern Neumünster und Rendsburg 1772

883 Übersendung einer Karte des Fleckens Neumünster anlässlich von Streitigkeiten wegen der Vordämmung an der Störbrücke 1778-1780

884 Regulierung der Grenze zwischen Husberg und der Herrenhölzung bei Groß Kummerfeld sowie der Austausch von Bonden- und Festeholzteilen in Husberg (1768) 1779

885 Turnus der Grenzbesichtigung (1765) 1798
Enthält u. a.: Regulativ für die Beamten, 1765

## Häusliche Verfassung

886 Entwurf einer Bauerbeliebung 1766-1767

887 Verzeichnis der Voll- und Halbhufner 1766

888 Umwandlung der Festehufen in Frei-, Erb- und Allodialhufen sowie Pingelsche Festehufe in Kleinkummerfeld 1766-1781
Enthält u. a.: Verzeichnisse der Festehufen, Katen und Stellen mit Besitzern, 1778, 1781

889 Verheuerung der Fehrschen adligen Hufe in Gadeland und Katenbau
Enthält nur Aktendeckblatt [1770]

890 Verbesserte Einrichtung der Mistgruben 1767

891 Ökonomische Berichte und Protokolle 1766-1773

892 Bericht des Amtmanns von Mardefeld über vorzunehmende Verbesserungen 1766-1767

893 Anlegung einer öffentlichen Waage in Neumünster 1769-1770

894 Transport von Transitgütern durch Fuhrleute in Neumünster, Anlage einer Grobschmiede in Boostedt und Bönebüttel und Beschwerde des Schmiedeamtes in Neumünster über die dortigen unzünftigen Schmiede 1766

895 Verhinderung des Nahrungsabbruchs des Schusteramtes in Neumünster 1766-1771

896 Veränderung der Winternachtwache in Neumünster 1773, 1791

897 Verhinderung des Vorkaufs in Neumünster 1773

898 Anfertigung von Wollzeug für den Landmann durch das Leinweberamt in Neumünster 1774

899 Verkauf der Nachtwächterkate in Bönebüttel an Claus Loop 1776

900 Zuchthaus in Neumünster 1777-1782
Enthält u. a.: Entwurf eines Reglements zum Unterhalt des Zuchthauses auf königliche Rechnung

3545 Zuchthaus in Neumünster 1782-1805
Enthält u. a.: Hilfe für Zuchthausinsassen bei der Ausgabe von Medikamenten; Zuchthausrechnung 1782, 1783; Torflieferung und Feuerung

3546 Zuchthaus in Neumünster 1797-1806
Enthält u. a.: Zuchthausrechnungen 1797-1804; Bauten

3547 Zuchthaus in Neumünster 1786-1800
Enthält u. a.: Zuchthausrechnungen 1785-1791; Bauten; Einrichtung und Verfassung des Zuchthauses (mit Liste der Personen im Werkhaus 1799); Trennung der Stelle des Zuchthauspredigers vom Rektorat in Neumünster

3548 Zuchthaus in Neumünster 1785-1803
Enthält u. a.: Erhöhung der Beköstigungsgelder; Verbesserung der Gage der Wärter und des Zuchthausknechts; Zuchthausrechnungen 1784, 1794-1796; Bauten

3549 Zuchthaus in Neumünster 1793-1803
Enthält u. a.: Zuchthausrechnung 1792-1793; Bauten

901 Verwaltung des Zuchthauses in Neumünster auf königliche Rechnung auf ein Jahr 1779
Enthält nur Aktendeckblatt. Die Akten befinden sich in Abt. 8.3 Nr. 900.

902 Vergütung des Justizrats Jahn als Verwalter des Zuchthauses in Neumünster für nicht gezahlte Brüchegelder 1780
Enthält nur Aktendeckblatt. Die Akten befinden sich in Abt. 8.3 Nr. 900.

903 Hilfe für Zuchthausinsassen in Neumünster bei der Ausgabe von Medikamenten 1780
Enthält nur Aktendeckblatt. Die Akten befinden sich in Abt. 8.3 Nr. 3545.

904 Fortsetzung der Verwaltung des Zuchthauses in Neumünster durch den Justizrat Jahn 1780
Enthält nur Aktendeckblatt. Die Akten befinden sich in Abt. 8.3 Nr. 900.

905 Stellung des Landausschusses in Neumünster 1781

906 Regulierung der Bauplätze und Bau eines Zollbaumhauses in Neumünster 1781
Darin: Lageskizze zum Zollbaumhaus

907 Umschreibung der Wohnplätze und Abgaben in Neumünster anlässlich der Veränderungen durch den Brand 1789-1790

908 Schornsteinfeger 1790-1797

909 Bauvorschläge für 1782 und Holzlieferungen bei Bauten an die Festen 1781-1786

910 Bau von Festehäusern mit Brandmauern 1800-1803
Enthält: Hinrich Wulff, Brachenfeld; Geerd Lindemann; Braak; Joachim Todt, Boostedt; Hans Todt, Großenaspe

911 Unterstützung des Bauervogts Hinrich Wulff in Brachenfeld für einen Hausbau 1803

912 Rechnung des Zuchthauses in Neumünster mit Beilagen 1805

## Justiz

913 Differenzen zwischen dem Landdrost von Stüben und dem Kapitän Rasch wegen Vermessung des Gartens des Landdrosten in Neumünster 1770

914 Zuwerfung eines Grabens bei Bönebüttel durch die zum Gut Bothkamp gehörende Dorfschaft Busdorf 1770-1771

915 Beschwerden der Mühlengäste in Neumünster gegen den Mühlenpächter Detlev Hudemann 1766-1767

916 Irrungen zwischen Hans Hintzelmann und dem Kanzleirat Jahn in Neumünster wegen eines Wassergrabens auf einem Erbpachtstück in Brokenlande sowie Streitigkeiten zwischen dem Pächter der Schäferei in Halloh Hans Heeschen und dem Justizrat Cordemann in Neumünster wegen zwei Wiesen 1769

917 Streitigkeiten zwischen Jochim Loop und Marx Blöcker in Bönebüttel einerseits und den Brüdern Detlef und Claus Wittorf in Husberg andererseits wegen eines Wegs 1772-1774

918 Beschwerden des Majors von Rantzau als Mitdirektor des Zuchthauses in Neumünster über dessen Verwalter Kammerrat Jahn (1770-) 1776-1777

919 Bau eines Gefangenenhauses in Neumünster 1801

920 Instanzenweg bei den Grenz- und Wegestreitigkeiten zwischen Carsten Steenbock und Hinrich Lahann in Großenaspe sowie zwischen der Erbpächterin Witwe Schleef und Hinrich Grip in Brokenlande 1802

# Ländereien

## Erdbuch

940 Bericht des Amtsschreibers Cordemann in Neumünster zur Einsendung der Erdbücher 1766

## Vermessung

3591 Vermessungsprotokolle: Bönebüttel, Großenaspe, Padenstedt und Brachenfeld 1766-1767

921 Vermessung: Bönebüttel, Kleinharrie, Meierhof Brammer, Husberg und Meierhof Brokenlande 1766-1767

923 Beihilfe für die Landvermesser, Rechnungen für die Vermessung der Dörfer Wasbek, Ehndorf, Latendorf und Braak sowie Instruktion für den Kapitän Rasch zur Vermessung der Fleckensländereien in Neumünster 1766-1770

924 Mitteilung von Auszügen aus den Vermessungsprotokollen 1770

925 Vermessungsprotokoll: Brokenlande 1766

3550 Nachweis der Vermessungsprotokolle und Karten 1770

926 Vermessungsprotokoll: Bönebüttel und Meierhof Brammer 1766

927 Vermessungsprotokoll: Husberg 1766

928 Vermessungsprotokoll: Padenstedt 1766

929 Vermessungsprotokoll: Boostedt 1766

930 Vermessungsprotokoll: Tungendorf 1767

931 Vermessungsprotokoll: Brachenfeld 1767

932 Vermessungsprotokoll: Groß Kummerfeld 1767

933 Vermessungsprotokoll: Großenaspe 1767

934 Vermessungsprotokoll: Braak 1767

935 Vermessungsprotokoll: Latendorf 1767

936 Vermessungsprotokoll: Wasbek 1767

937 Vermessungsprotokoll: Ehndorf 1767

938 Vermessungsprotokoll: Arpsdorf 1767

939 Vermessungsprotokoll: Neumünster 1767

3551 Verteilungsprotokolle (Additamenta zu den Vermessungsprotokollen) für Bönebüttel und Brachenfeld 1770

947 Befreiung des Fleckens Neumünster von den Vermessungskosten sowie Kosten für die Reinzeichnung der Flurkarte 1771

978 Anweisung der Quartiere für die Kapitäne Thiessen und Rasch anlässlich der Vermessung der Dorfschaften 1786

1002 Übersendung der Karte und des Protokolls der Dorfschaft Gadeland 1796

1009 Zusendung der Generalvermessungskarte mit Vermessungsprotokoll 1797

1014 Übersendung der Karte und des Vermessungsprotokolls der Dorfschaft Boostedt an das Amtshaus in Neumünster 1797-1798

1016 Wunsch des Oberwegeinspektors Stockfleth nach den Karten von Neumünster, Großenaspe, Wittorf, Gadeland, Boostedt, Latendorf, Heidmühlen und Brokenlande 1798

1037 Mitteilung des Vermessungsprotokolls des Fleckens Neumünster an den Amtsschreiber Ovens 1800-1801

1059 Mitteilung des Vermessungsprotokolls des Fleckens Neumünster und der Landverteilungsprotokolle der Dorfschaften Gadeland, Willingrade und Rickling 1803

## Spezielle Landangelegenheiten

922 Abgabenzahlung des Kätners Hans Voss in Großharrie für Ländereien in Brachenfeld (1765) 1766

941 Anlegung und Verkauf einer Kuh- oder Nachtkoppel sowie Verkauf von Weidestücken in Neumünster 1766-1779

942 Landentnahme der Dorfschaft Padenstedt aus der Gemeinweide 1767

943 Nachsicht gegenüber Untertanen beim verbotenen Landverheuern 1766

944 Landverteilungskosten in Brachenfeld und Bönebüttel 1770

945 Umtausch der kleinen Clashuser Wiese des Hufners Marx Blöcker in Bönebüttel 1771

946 Besichtigung des Tweler Moors bei Heidmühlen und Platz auf dem Dosenmoor für den Hausvogt Jahn in Neumünster 1766-1767

948 Einfriedung der den Amtsbediensteten ausgewiesenen Ländereien in Brokenlande und der dortigen herrschaftlichen Hölzung 1767-1768

949 Veränderung mit der Gemeinweide in Neumünster 1772-1773

950 Verkauf eines unnutzbaren Landstücks an Hans Heeschen in Neumünster durch die Fleckenskommune 1772
Enthält u. a.: Lageskizze

951 Flecken Neumünster: Einkoppelung von Ländereien, Freiländereien sowie Herumlaufen des Viehs und diesbezügliche Einstellung eines Schütters für den Flecken und für die Amtsdörfer 1772

952 Eigenmächtige Einkoppelung in Boostedt (1731, 1772) 1773

953 Landzulage für den Kätner Hinrich Todt in der Sandkate bei Boostedt 1776

954 Überlassung von Moorland an Claus Ehmcke in Bönebüttel 1778-1789

955 Landverteilung in Großenaspe sowie das zugehörige freie Quartier des Landmessers Jacobsen 1778

956 Verkauf der Wiesen des Kuhhirtendienstes in Neumünster 1779

957 Landtausch des Hufners Hinrich Barenhold in Neumünster 1780

958 Überlassung von Land in Großenaspe an den Insten Detlef Ahrens auf der Schäferweide im Amt Barmstedt sowie Verlängerung der Freijahre des Hinrich Wagner für die Ahrenssche Stelle in Großenaspe 1781-1782

959 Ersatz für Straßenbäume und Wegepfähle sowie Wegezeichen in Einfeld und Tungendorf 1782-1791

960 Umwandlung der Festehufe des Bauervogts Johann Plambeck in Boostedt in eine Freihufe sowie Mittel zur Aufhebung der Festequalitäten in den Ämtern Kiel, Bordesholm und Neumünster 1782-1783

961 Streitigkeiten der Dorfschaft Großenaspe wegen Abwässerung oder Stauung des Ellersees 1782

962 Vertrag zwischen Detlef Griep und dem Bauervogt Marx Harders in Gadeland sowie dem Kätner Marx Rieper in Groß Kummerfeld über den Kauf von Erbpachtsland in Brokenlande 1783

963 Umwandlung der Festehufe des Bauervogts Marx Hennings in Großenaspe in eine Freihufe sowie Überlassung von Holz in seinem Holzteil 1782-1783

964 Landüberlassung an den Kätner Jacob Tölster in Großenaspe 1783

965 Einfriedung und Ausradung der Erbhölzung des Kätners Claus Loop in Bönebüttel 1783-1785

966 Ausweisung von Moorland für die Hufner und Kätner der Suhrhalver Seite in Großenaspe 1783

967 Überlassung von Land aus der Gemeinheit in Wittorf an den Erbpächter Johann Schleef in Brokenlande 1783

968 Landmaße der zur Kirche in Neumünster gehörigen Ziegelei mit Hölzung in Boostedt 1783

969 Vorschläge der Vorsteher und Sechzehnmänner in Neumünster zum Besten der Fleckenskommune 1783

970 Verkauf der Wasserstelle und Bau einer Kuhhirtenkate in Brachenfeld 1784

971 An- und Verkauf von Ländereien durch den Kätner Claus Wittmack in Brachenfeld 1784

972 Landüberlassung und Katenbau des Claus Voss in Boostedt 1784

973 Verwendung des Kaufgeldes für die Schweinehirtenkate in Neumünster sowie Zahlung von Kapitalzinsen und Heuergeldern in schleswig-holsteinischen Kurantmünzen durch Claus Fock und den Maler Röseler in Neumünster 1784-1790

974 Landverkauf des Schulmeisters Hinrich Loop in Bönebüttel sowie Ausübung des Schmiedehandwerks in Bönebüttel durch den Schmied Eggert Zilitzer in Tasdorf 1786-1792

975 Überlassung von Moorland an den Kätner Claus Ehmcke in Bönebüttel 1786-1789

Enthält nur Aktendeckblatt. Die Akte befindet sich in Abt. 8.3 Nr. 954.

976 Koppelverkauf des Hufners und Gastwirts Goldbeck in Neumünster 1786

977 Landtausch zwischen dem Kätner Hans Loop und der Witwe des Kätners Hinrich Wulf in Bönebüttel 1787-1791

979 Wiesenverkauf der Kätner Hinrich Delfs und Hinrich Wittorf in Großenaspe sowie Landzulage an Hinrich Delfs 1787-1791

980 Wiesentausch des Erbpächters Hans Heeschen in Halloh und des Kätners Marx Stender in Großenaspe 1787

981 Landtausch zwischen dem Hufner Claus Griep junior und dem Kätner Marx Harders in Großenaspe sowie Katenbau und -verkauf des Marx Harders 1787-1801

982 Landtausch zwischen den Hufnern Claus Griep junior und Jasper Schlaetel in Großenaspe 1789

983 Untersuchung über das Erbkaufland in Großenaspe des Jochim Lemburg aus Heidmühlen 1789

984 Landausweisung an Hufner in Großenaspe 1789-1791

985 Bauplatz, Landverkauf und Landtausch des Kätners Gottlieb Loose in Großenaspe 1790

986 Befreiung des Halbhufners Hinrich Holtorff in Heidmühlen-Rodenbek von einer Wiesenabgabe 1790-1792

987 Abgaben vom Schulkatenland und Wiesenzulage des Schulmeisters Hinrich Loop in Bönebüttel 1791

988 Landtausch zwischen den Hufnern Jasper Schlaetel und Jochim Langmack in Großenaspe 1791

989 Verkauf der Festehufe des Hans Harders junior in Großenaspe an Hinrich Lahann und Claus Griep sowie Weiterverkauf an Jochim Hinrich Möller aus Pölitz 1788-1804

990 Erneuerung der Verfügung zur Vertilgung der Sperlinge 1791

991 Klage des Anbauers Marx Lahann in Großenaspe gegen den Kätner Marx Stender wegen eines abgegebenen Landstücks 1791

992 Umwandlung der Festehufe des Claus Suhren in Ehndorf in eine Freihufe 1792

993 Landtausch des Jochim Schümann in Neumünster 1793

994 Landabtretung des Grobschmieds Vester Lüders in Neumünster an den dortigen Einwohner Hans Rixen 1793

995 Landzulage für den Bondenhufner Claus Griep in Großenaspe 1794

996 Gehöft Warmsdorf: Befugnis zum Abbruch von Gebäuden und Abgabenfreiheit der Landstücke sowie Kaufvereinbarung zwischen dem Kätner Hinrich Wittorff in Padenstedt und dem Kornhändler Hans Hinselmann in Neumünster über Ländereien 1789-1793

997 Einrichtung einer Viertelhufenstelle durch den Bauervogt Marx Hennings in Großenaspe 1794

998 Umwandlung von Viehtränken in Neumünster zu öffentlichen Fischteichen und deren Verheuerung 1795

999 Klage des Hufners Johann Schröder in Großenaspe und des Erbpächters Johann Schleef in Brokenlande gegen den Hufner Claus Loose in Großenaspe wegen Einfriedung einer Koppel 1795

1000 Wasserlauf des Hauptgrabens zwischen der Dienstwiese des Hausvogts und der Halloher Wiese 1795

1074 Überlassung von Buschplätzen an den Halbhufner Hinrich Todt in Boostedt [1795]

1001 Wiesentausch zwischen den Hufnern Hans Bargob in Neumünster und Gerhard Bracker in Tungendorf 1795-1796

1003 Verkauf einer Wiese in Arpsdorf durch den Hufner Paul Wittorff in Wittorf 1796

1004 Landtausch zwischen dem Hufner Jochim Voss und dem Halbhufner Hinrich Grefe in Latendorf 1796

1005 Landausweisung an den Dreiviertelhufner Martin Ehlers in Tungendorf und Verkauf der Ehlerschen Stelle an Namens Burmeister aus der klösterlich Preetzer Probstei 1796-1799

1006 Abgabenermäßigung für eine im Setzungsregister Padenstedt aufgeführte Wiese des Hufners Hinrich Pingel in Wittorf 1796

1007 Landverkauf und -kauf des Kaufmanns und Drittelhufners Johann Carl Wiese in Neumünster 1796

1008 Landverkauf und Landzulage des Kätners Hinrich Schümann in Brachenfeld 1796-1797

1010 Wohnhausbau des Schusters Christian Rümke in Neumünster am Brachenfelder Landweg (1725-) 1797

1011 Landüberlassung des Hufners Marquard Sorgenfrey in Neumünster an den Knecht Hans Stender zum Hausbau 1797

1012 Wiesentausch zwischen der Besitzerin des Meierhofs Brammer Abel Hedwig Hellmers und dem Dingvogt Jochim Langmack in Bönebüttel 1797

1013 Landüberlassung an den Katenbewohner Hans Voss in Bönebüttel 1797

1015 Verkauf von Hofraum des Hutmachers Johann Hinrich Carstens in Neumünster an den Weißgerber Claus Loose 1797-1798

1017 Überlassung der Diekau an Hufner in Gadeland und Landvergütung für den dortigen Hufner Carsten Voss 1798-1806

1018 Verkauf einer Wiese in Padenstedt durch den Schulmeister Hans Hennings in Wittorf an Timm Wulff in Neumünster 1798-1805

1019 Unterstützung oder Abgabenerlass sowie Bauplatz des Bondenhufners Carsten Stenbock in Großenaspe 1798-1805

1020 Eigenmächtiger Landtausch der Kätner Marx und Johann Griep in Großenaspe (1794-) 1797-1799

1021 Landtausch zwischen dem Hufner Johann Lahann in Großenaspe und dem Halbhufner Claus Voss in Bimöhlen 1798

1022 Landzulage aus der Gemeinheit in Boostedt für den Dreiviertelhufner Hinrich Kühl in Gadeland 1798

1023 Verheuerung von Landstücken aus der Dorfweide in Boostedt 1798-1799

1024 Ausweisung einer Moorstrecke auf dem Dosenmoor für die Kätner Hinrich Schümann und Hans Jacob Stoffers in Brachenfeld 1799-1800

1025 Teilung und Verkauf der ehemaligen Marx Delfschen Anbauerstelle durch Hans Hinrich Burmeister in Tungendorf 1799

1026 Abtretung von Gartenland des Maurermeisters Christian Friedrich Breede in Neumünster an den dortigen Knopfmacher Jochim Detlev Schmeer 1799

1027 Trennung der Abschiedskate von der Wohnstelle des Weißgerbers Hans Hinrich Jungmann in Neumünster 1799

1028 Mitteilung der Karte zum Flecken Neumünster und eines Auszugs aus dem Vermessungsprotokoll zur Hufe des Marx Stender an den Amtsschreiber Ovens in Neumünster 1799

1029 Hausbau des Schusteramtsmeisters Johann Christian Seegen in Neumünster 1799

1030 Landtausch zwischen den Kätnern Hinrich Stührwoldt und Johann Christian Osbahr in Großenaspe 1799

1031 Landverkauf des Hufners Claus Schnoor in Neumünster an den dortigen Schmied Hinrich Büchmann und den Knopfmacher Hans Mantel 1799-1804

1032 Hausbau des Insten Asmus Kayser in Neumünster auf einem von Detlev Hamann überlassenen Grundstück 1800

1033 Bewilligung des Henningsmoors in Tungendorf zur Nutzung als Dorfhirtenwiese 1800

1034 Vertrag der Fleckensvorsteher in Neumünster mit dem dortigen Hufner Johann Möller über die Haltung von zwei Rindern 1800

1035 Landzulage an den Insten und Besitzer einer Katenstelle Claus Griese in Tungendorf 1800

1036 Verkauf einer Abschiedswohnung mit Gartenland des Casper Brügge in Neumünster an den dortigen Schuster Claus Hinrich Schmidt 1800

1038 Verkauf der Festehufe des Asmus Priess in Groß Kummerfeld an Marx Bülck sowie Umwandlung der dortigen Festehufen in Bondenhufen 1800-1803

1039 Streitgkeiten zwischen den Hufnern Claus Griep und Johann Schröder in Großenaspe wegen einer Übertrift 1800

1040 Verkauf der Festehufe des Marx Jacks in Groß Kummerfeld als Festegut 1801

1041 Überlassung von Land in Boostedt an Friedrich Petersen am Gadelander Weg bei Neumünster sowie Überlassung einer Heidestrecke in Boostedt für eine Kirchenholzanlage 1801

1042 Landtausch des Hufners Johann Schnoor in Neumünster mit Hinrich Christian Elvers und dem Halbhufner Dietrich von Soosten 1801

1043 Umwandlung der Festehufe des Detlef Hinz und seiner Frau Margaretha geb. Beckmann in Wasbek in eine Bondenhufe sowie deren Landzulage 1801-1803

1044 Landtausch zwischen dem Dingvogt Jochim Langmack in Bönebüttel und dem dortigen Hufner Hinrich Holtorff 1801

1045 Überlassung von Wiesenland an den Drittelhufner Hinrich Wittorff in Padenstedt 1801-1805

1046 Streitigkeiten der Festehufner Hans Göttsche, Hartwig Bracker und Jacob Voss in Wasbek mit dem Bondenbesitzer Marx Brandt in Ehndorf wegen Weichholzfällung 1801-1802

1047 Anweisung eines Bauplatzes an den Büchsenschmied Jacob Lett in Neumünster zur Anlage einer Krügerei 1802

1048 Streitigkeiten zwischen dem Bondenhufner Hans Jarstorff in Boostedt und Margaretha Voss wegen der ehemaligen Tödtschen Festehufe 1802

1049 Überlassung von Wiesenland an die Hufner und Kätner in Gadeland 1802-1803

1050 Landtausch des Erbpächters Claus Kock in Halloh mit dem Hufner Jochim Voss in Latendorf sowie den Kätnern Jasper Schröder, Johann Pingel und Johann Loose in Großenaspe 1802-1803

1051 Landausweisung aus der Gemeinheit in Einfeld an den Leutnant Claus Ludwig Ernst von Hagensen in Tungendorf und den Anbauer Dietrich Hinzelmann in Einfeld 1802-1806

1052 Überlassung von Wiesenland an den Kätner Hinrich Kock in Großenaspe 1802

1053 Wiesentausch zwischen dem Hufner Claus Langmaack in Latendorf und dem Kätner Hans Langmaack in Heidmühlen 1802

1054 Verkauf des wüsten Hausplatzes des Claus Prange in Neumünster an seinen Nachbarn Johann Freese 1802-1805

1055 Einrichtung der Rickschen Schmiede zu einer Wohnung durch den Schmiedemeister Hinrich Grelcke in Neumünster 1803

1056 Überlassung von Land in Groß Kummerfeld an den Insten Johann Peters in Willingrade 1803-1806

1057 Umwandlung der Festehufe des Jochim Todt in Boostedt in eine Eigentumshufe 1803

1058 Anweisung der Plätze zum Torfgraben an die Besitzer der Eigentumshölzungen durch die Hausvogtei 1803

1060 Austausch von Wiesenländereien in Großenaspe 1803-1804

1061 Landtausch zwischen dem Halbhufner Hinrich Wittorff und dem Kätner Hinrich Wittorff in Padenstedt 1803-1804

1062 Landüberlassung an den Zimmermann Asmus Dietrich Schlüter in Neumünster 1804-1805

1063 Landüberlassung an den Kätner Claus Loop in Bönebüttel 1804

1064 Unterstützung des Festehufners Gerdt Lindemann in Braak aus herrschaftlicher Kasse für den Bau von Gebäuden sowie Umwandlung der Festequalität des Hinrich Henings in Braak 1804-1807

1065 Projektierter Ankauf des Dorfes Boostedt durch Johann Adolph Valentin Steinmetz aus Hamburg und dessen Kauf von Hufen in Boostedt 1805

1066 Überlassung von Eichenbauholz an den Festehufner Joachim Blöcker in Bönebüttel 1805-1806

1067 Landüberlassung an den Halbhufner Hinrich Todt in Rönnerkrug 1805

1068 Landverkauf des Hufners Casper Hinrich Tödt im Kleinflecken Neumünster an den Bäcker Johann Friedrich Ehmsen 1805

1069 Landverkauf des Schusters Claus Kahl in Neumünster an den Amtsboten Carl Friedrich Seegen 1805

1070 Aufhebung der Festeeigenschaft der Hufen des Joachim Griep und des Joachim Wolff in Boostedt 1805

1071 Moorlandüberlassung an den Kätner Hans Voss in Bönebüttel 1805-1806

1072 Überlassung von Land aus der Gemeinheit in Latendorf an die Kätner Hinrich Griep, Marx Haamann und Casper Loose in Heidmühlen 1800-1801

3587 Festehufen in Braak 1801

1073 Umwandlung der Festehufe des Christian Nehlsen in Groß Kummerfeld in eine Bondenhufe (1805) 1806

## Mühlen

1080 Inventar der Mühle in Heidmühlen 1731

1075 Anstellung eines zweiten Wägers bei der Kornmühle in Neumünster 1782

1076 Reinigung der Mühlenau und des Mühlenteichs in Neumünster, Anlage einer Graupenwindmühle in Neumünster und Anlage eines Lohganges in der Wassermühle in Wittorf 1796-1805

1077 Holzausweisung für den Müller in Heidmühlen 1797

1078 Verpflichtung der Zwangsgäste der Mühle in Neumünster zum Anfahren von Lehm und Feldsteinen zum Mühlenunterhalt sowie Lehmgraben in Brachenfeld für die Mühle in Wittorf 1797-1801

1079 Bau einer Walkmühle auf herrschaftlichem Grund in Gadeland durch das Tuchmacheramt in Neumünster [1795]

# Pacht

1081 Pachtkontrakte: Meierhof Brokenlande mit Schäferei Halloh, herrschaftliche Hufe in Gadeland, musikalische Aufwartung im Amt Neumünster 1731, 1763, 1765

1082 Erbpachtskontrakte: Mühlen in Neumünster, Wittorf und Heidmühlen (1738, 1759) 1765

1083 Meierhof Brammer 1768-1800

1084 Zergliederung und Vererbpachtung des Meierhofs Brokenlande und der Schäferei Halloh 1766-1768

Darin: gedruckte Verkaufsbedingungen

1085 Verkauf der dritten Erbpachtsparzelle des Erbpächters Hans Rumohr in Brokenlande 1769

1086 Verkauf der Erbpachtsparzelle des Jochim Pingel in Brokenlande an Reeder Hesebeck in Bimöhlen 1770

1087 Verlegung des Schlagbaums bei der Erbpachtstelle des Jürgen von Siem in Brokenlande und dessen Landtausch 1773

1088 Befreiung des Erbpächters Jürgen von Siem in Brokenlande von der Unterhaltung der Einfriedung der herrschaftlichen Hölzung 1778

1089 Entschädigung des Erbpächters der Schäferei Halloh Hans Heeschen für die Mitweide in Großenaspe [1773]

Enthält nur Aktendeckblatt. Die Akten befinden sich in Abt. 8.3 Nr. 1119.

1090 Bestätigung der Kaufbriefe des Hinrich Griep in Boostedt, des Hans Busch in Boostedt, des Hinrich Todt in Rönnerkrug und des Franz Bracker in Kleinkummerfeld über die Erbpachtstelle des Claus Voss in Brokenlande 1781-1782

1091 Bestätigung des Kaufbriefs des Kätners Claus Langmack in Heidmühlen über Erbpachtsländereien in Bokenlande des Hans Sachau in Boostedt 1787

1092 Bestätigung des Besitzes des Meierhofs Brammer für die Witwe Catharina Selcken als Universalerbin des Oberförsters Franck 1782

1093 Genehmigung der Kaufbriefe des Johann Schleef über die aus der Cordemannschen Konkursmasse erworbenen Erbpachtsländereien in Brokenlande sowie Verkauf dieser Stelle (Augustenhof) an Johann Christian Arnemann in Hamburg 1791-1805

1094 Genehmigung des Kaufvertrages zwischen dem Kätner Hinrich Schnoor in Gadeland und Marx Harders in Bönebüttel über eine Wiese der vierzehnten Erbpachtsparzelle in Brokenlande 1792

1095 Überlassungsvertrag oder Erbvergleich zwischen den Erben des Erbpächters Jochim Blunck in Brokenlande (1794) 1795, 1806-1813

1096 Vereinbarung des Erbpächters Hinrich Lahann in Brokenlande mit den Vormündern seines Halbbruders über eine Parzelle 1799

1097 Amtmannswiese in Neumünster 1800-1803

1098 Erbpachtskontrakt des Hufners Marx Harders und des Halbhufners Marx Riepen in Groß Kummerfeld mit Hans Rixen in Neumünster 1800

1099 Bauholzlieferung für die Mühle in Heidmühlen und deren Rückkauf auf herrschaftliche Rechnung 1800-1805

1100 Verkauf von Erbpachtsland in Brokenlande des Hufners Hans Riepen in Groß Kummerfeld an den Hufner Marx Brüggen in Husberg 1803

## Privilegien

1101 Bau der sogenannten Kieler Brücke in Neumünster sowie Befreiung der Amtsuntertanen von den beim Bau zu leistenden Hand- und Spanndiensten 1782-1784

1102 Aufrechterhaltung der Erbpachtsgerechtigkeit des Mühlenerbpächters Detlev Hudemann in Neumünster 1792-1794

1103 Lastenfreiheit des Postmeisters Goldbeck in Neumünster (1765, 1774) 1796

1104 Erhöhung des Fuhrlohns für die Rollfuhrleute in Neumünster wegen Teuerung 1796

1105 Bestätigung der Privilegien des Hofes Warmsdorf für Detlev Hinrich Hinselmann in Neumünster (1798) 1799

1106 Bestätigung des Privilegs des Arend Jacob Rohde in Neumünster zum Wein- und Branntweinausschank (1800) 1801

1107 Verpflichtung der Fuhrleute in Neumünster zur Einkehr in der sogenannten Zollhufe in Ulzburg 1803

## Rechnungswesen

1108 Rechnungsangelegenheiten des Fleckens Neumünster 1766-1802
Enthält u. a.: Revision der Fleckensrechnungen; Bestallung des Rechnungsführers Hans Jürgen Rothe; Führung der Fleckensrechnungen

1109 Befreiung von Eingesessenen in Neumünster von Fleckenslasten oder Anlagen sowie Einquartierungslast und Hofdienste des Besitzers der Zeugfabrik in Neumünster Christoph Hinzdorff 1777-1788

1110 Rechnungsangelegenheiten des Fleckens Neumünster 1781-1793

1111 Änderung der Beitragsart zu den Amtanlagen und Aufhebung der Gemeinschaft der Amtsdörfer mit der Fleckensarmenkasse in Neumünster sowie Beitrag der Insten zur Amtsanlage 1793-1797

1112 Aufnahme von Kapitalien in Neumünster zur Bestreitung der Kommuneausgaben 1793-1794

1113 Aufnahme der Landmaße des Hufners Jochim Beckmann in Ehndorf in den Setzungsregistern der Dorfschaften Ehndorf und Wasbek 1796

1114 Aufnahme eines Kapitals in Neumünster zur Bestreitung der Ausgaben 1797

# Setzung

1115 Proportionalberechnungen und Setzungsregister: Brachenfeld und Bönebüttel im Amt Neumünster sowie Voorde, Molfsee und Mielkendorf im Amt Bordesholm 1771-1772

1116 Befreiung der Brüder Claus und Detlef Wittorf in Husberg vom Kanon auf ihre Wiese in Bönebüttel (1749) 1773

1117 Setzung und Landverteilung: Großenaspe 1773-1776

1118 Setzung und Landverteilung: Brachenfeld und Bönebüttel 1769-1778, 1818
Enthält u. a.: Verteilungsprotokoll (Additamenta zum Vermessungsprotokoll); Dienstreglement für Brachenfeld; Vermessungsregister für die Hufenländereien in Brachenfeld, 1818
Enthält auch: Verzeichnis der Abgaben der Amtsuntertanen

1119 Setzung und Landverteilung: Großenaspe 1768-1805
Enthält u. a.: Verteilungsprotokoll (Additamentum zum Vermessungsprotokoll)

3552 Setzung: Gadeland 1770-1798
Enthält u. a.: Vermessungsprotokoll

1120 Setzung und Landverteilung: Wasbek 1781-1805

1121 Setzung und Landverteilung: Padenstedt 1789-1796
Enthält u. a.: Verteilungsprotokoll (Additamentum zum Vermessungsprotokoll); Dienstreglement

1122 Setzung und Landverteilung: Wittorf 1786-1795
Enthält u. a.: Vermessungsprotokoll; Dienstreglement
Darin: Karte zu den jenseits der Schwalau gelegenen Wiesen der Dorfschaft Wittorf, 1793

1123 Setzung und Landrteilung: Heidmühlen 1781-1790
Enthält u. a.: Vermessungsprotokoll

1124 Setzung und Landverteilung: Kleinkummerfeld 1788-1793
Enthält u. a.: Vermessungsprotokoll

1125 Setzung und Landverteilung: Husberg 1789-1807
Enthält u. a.: Dienstreglement

1126 Setzung und Landverteilung: Groß Kummerfeld 1786-1793
Enthält u. a.: Verteilungsprotokoll (Additamentum zum Vermessungsprotokoll); Dienstreglement

1127 Setzung und Landverteilung: Latendorf (1613, 1738-) 1786-1790

1128 Setzung und Landverteilung: Braak 1789-1794
Enthält u. a.: Verteilungsprotokoll (Additamentum zum Vermessungsprotokoll)

1129 Setzung und Landverteilung: Tungendorf 1789-1794

1130 Setzung und Landverteilung: Ehndorf 1789-1795
Enthält u. a.: Verteilungsprotokoll (Additamentum zum Vermessungsprotokoll)

1131 Setzung und Landverteilung: Arpsdorf 1789-1794
Enthält u. a.: Verteilungsprotokoll (Additamentum zum Vermessungsprotokoll); Dienstreglement

## Landesvisitation

1132 Beantwortung der Fragen der Generallandesvisitationskommission und Rückreise der Kommission (1731-) 1766
Enthält u. a.: Verzeichnis der nach dem Schuld- und Pfandprotokoll auf dem Flecken Neumünster haftenden Schulden (Auflistung der einzelnen Bewohner)

1133 Verfügungen nach dem Protokoll der Generallandesvisitationskommission 1771

## Wege

1134 Weg des Anbauers Marx Lahann in Großenaspe 1786

1135 Verbesserung und Einrichtung von Kirchenwegen und Brücken anlässlich einer Umpfarrung von Neumünster nach Großenaspe 1786

1136 Beschwerde der Dorfschaften Groß Kummerfeld, Kleinkummerfeld und Willingrade über die Umlegung der Heerstraße Neumünster-Lübeck bei Gadeland 1790

1137 Aufhebung eines Wegs durch das Gehölz in Bönebüttel zur Vermeidung eines Schleichhandels und zur Schonung der Hölzung 1791

1138 Anlage eines Wegs für den Anbauer Friedrich Petersen von seiner Stelle Rotenhorst nach Brachenfeld 1802

1139 Beschwerde des Erbpächters Jürgen von Siem in Brokenlande wegen der Sperrung des dortigen Wegs für die Frachtfuhrleute (1759-) 1804

1140 Bau einer Steinbrücke in Gadeland 1804-1805

# AMT TREMSBÜTTEL

## Archiv

1141 Einsendung des Amtsregistranten, Zustand des Archivs sowie Sicherheit der herrschaftlichen und deponierten Gelder 1766-1772

1142 Archivregistrant 1766

## Bedienungen

1143 Einkünfte und Gebühren des Amtmanns, des Amtsschreibers und des Hausvogts 1766-1773

1144 Übernahme der Amtmannfunktion in Tremsbüttel während der Vakanz durch den Amtmann von Bergfeld in Trittau 1767

1145 Vergütung des Hausvogts Kayser für die Protokollführung sowie Protokollführung durch den Privatsekretär des Amtmanns 1768-1772

1146 Besoldung der Bauervögte 1775-1795

1147 Tod des Amtmanns von der Kettenburg und Wiederbesetzung der Stelle mit dem Grafen Christian von Stolberg 1777

1148 Reisen des Amtmanns Graf von Stolberg nach Dänemark 1778-1779

1149 Klagen der Eingesessenen und Erbpächter in Lasbek gegen den Amtsschreiber wegen Kaufbriefgebühren und Flachslieferungen 1781-1783

1150 Verkauf der Weidekoppel des Holzvogts Schwiecker in Tremsbüttel 1781

1151 Veränderungen mit Beamtenstellen 1788-1800

Enthält u. a.: Aufteilung der Amtsschreibergeschäfte auf den Amtmann und den Hausvogt; Tausch und Kauf von Amtmannsländereien; Entlassung des Amtmanns Graf von Stolberg und Verbindung der Stelle mit der Amtmannsbedienung der Ämter Reinbek und Trittau

1152 Verbindung der Amtsboten- mit den Amtspförtnergeschäften (1802) 1803

## Kreditwesen

1153 Einführung eines neuen Schuld- und Pfandprotokolls 1769

## Dienste und Abgaben

1154 Dienstreglement: Vorburg 1768

1155 Dienstreglement: Bargteheide, Fischbek und Hammoor 1772

1156 Herabsetzung der Lasten in Hammoor und Fischbek 1772

1157 Dienstreglement: Tönningstedt 1773

3553 Dienstreglement: Klein Hansdorf, Tönningstedt, Neurahlstedt, Itzstedt, Hammoor, Fischbek, Delingsdorf und Bargteheide 1772-1780

1158 Verminderung der Gefälle in Vorburg 1775

1159 Befreiung der Dorfschaften Hammoor, Delingsdorf, Klein Hansdorf, Bargteheide, Fischbek, Tönningstedt und Itzstedt von den Hand- und Spanndiensten beim Bau herrschaftlicher Gebäude sowie Heranziehung der Dorfschaft Neurahlstedt und sämtlicher Bauervögte zu den sonstigen Diensten 1780-1782

1160 Dienstreglement: Delingsdorf, Itzstedt, Klein Hansdorf und Neurahlstedt 1779

1161 Anwendung eines Paragrafen der großfürstlichen Polizeiverordnung auf die zu Verbittelsgeld gesetzten und sich bei den Eltern aufhaltenden Kindern 1781-1782

1162 Beitrag der Parzellisten in Lasbek und Tremsbüttel zu einer Vergütung des Amtspförtners für die Ausführung einer Polizeieinrichtung 1786-1787

1163 Entlastung des Halbhufners Jochim Hinrich Blunck in Delingsdorf von Abgaben auf eine Wiese 1792-1796

1164 Befreiung der Eingesessenen von Kriminalkosten 1793-1804

1165 Verteilung der Lasten in Delingsdorf 1793

1166 Hofdienste von Erbpächtern in Mönkenbrook 1793

1167 Beiträge des Gutes Mönkenbrook, des Vorwerks Tremsbüttel, des Gutes Lasbek und des privilegierten Hufenbesitzers Uhrbrook in Bargteheide zu einer außerordentlichen Auflage 1799

1168 Befreiung der Erbpächter Christian Schwiecker und Johann Möller als Stammbesitzer der Güter Tremsbüttel und Lasbek von den Bauervogtsgeschäften 1800-1801

1169 Antrittsgeld der Amtsuntertanen für einen neu eingesetzte Amtmann 1801

1170 Haltung eines Kornvorrats 1801

## Kirche

1171 Abgaben der Beamten und der Erbpächter des Vorwerks Tremsbüttel an den Prediger und Küster in Bargteheide 1773-1774

1172 Bauvorschlag des Landbaumeisters Richter zur Reparatur der Kirche in Bargteheide 1776

1173 Anweisung von Torfmoor an die Predigerwitwe in Bargteheide 1796

1174 Einrichtung eines Beamtenstuhls in der Kirche in Bargteheide auf herrschaftliche Kosten 1802

## Forst- und Holzwesen

1175 Forstbeschreibung 1765

1176 Einfriedung der herrschaftlichen Hölzungen, Besäung und Einfriedung der Stubben-Koppel sowie Ausweisung von den für die Anlage von Reddern schädlichen Eichen 1767-1771

1177 Forstangelegenheiten 1767-1771
Enthält u. a.: Zahlungstermine für den Verkauf von Streuhölzungen auf den Vorwerksländereien; Taxation und Verkauf von Spranghölzungen

1178 Akten der Setzungskommission zu Forstangelegenheiten, eingeliefert in das Direktorialarchhiv [1775]
Enthält nur Aktendeckblatt

1179 Widerrechtlicher Holzverkauf des ehemaligen Bauervogts Offen in Klein Hansdorf 1778

1180 Verfahren mit dem Weichholz auf den an das Gut Ahrensburg abgegebenen Ländereien des Hufners Carsten Wagner und der Kätnerin Osterhoff in Delingsdorf 1779

1181 Überlassung und Wegräumung von Holz in Bargteheide, Vorburg und Fischbek 1783-1791

1182 Einfriedung der Zuschläge Helldahl und Hagedorn sowie Einfriedung von Fußsteigen der Erbpächter im Zuschlag Meyerhau 1782-1788

1183 Verordnungswidrige Urbarmachung von Plätzen in den Buschkoppeln in Bargteheide und Delingsdorf (1793) 1795

1184 Übersendung von der Karte und dem Protokoll über die Dorfschaftshölzungen zur Forstvermessung 1795

1185 Ausweisung von Nutz- und Radeholz an die Amtsuntertanen 1799

1186 Überlassung der Torfmoore in Bargteheide, Fischbek und Vorburg an die Erbpächter der Ländereien des Vorwerks Tremsbüttel 1799

1187 Eigentumsanspruch des Bödeners Hein Buck in Hammoor an Bäumen auf dem Einfriedungswall um den Zuschlag Steinkamphorst 1800

1188 Überlassung eines Torfmoorstücks in Klinken an den Kaufmann Schröder in Karolinenhof 1801

1189 Torfgrabung der Eingesessenen in Itzstedt 1802

1190 Wegräumung des Holzes auf der Buschkoppel des Hufners Hans Jochim Wagner in Klein Hansdorf (1802) 1803

## Grenzen

1191 Grenzbeschreibung 1765

1192 Regulierung der Grenzen der Dorfschaft Bargteheide mit Vorburg und Delingsdorf 1767-1770

1193 Regulierung der Grenze zum Gut Tralau 1772

1194 Grenzregulierung zwischen Neurahlstedt und Stapelfeld sowie zwischen Itzstedt und den Gütern Borstel und Jersbek 1776-1777

1195 Grenzberichtigung und Landüberlassung im Klein Hansdorfer Brook 1777-1805

1196 Grenzregulierung zwischen Klein Hansdorf und den Untergehörigen des Gutes Ahrensburg in Bönningstedt und Timmerhorn 1779-1785

1197 Beschwerde des Erbpächters Jochim Hinrich Hansen in Lasbek gegen den Amtsschreiber Bückner wegen eine Einfriedungsgrabens 1783

Enthält nur das Schreiben des Direktoriums an das Amtshaus mit Berichtanforderung

1198 Beendigung der Grenzregulierung zwischen Itzstedt und dem Gut Jersbek hinsichtlich des Nienwohlder Moores 1806

1199 Trennung des Gutes Mönkenbrook vom Gut Jersbek und Ansetzung Mönkenbrooks zu einer besonderen Pflugzahl 1806

## Häusliche Verfassung

1200 Anbau öder oder wüster Plätze 1767

1201 Veränderung und Umsetzung des Amtspförtnerhauses in Tremsbüttel sowie dessen Landzulage 1767-1768

1202 Konservierung der Amtmannswohnung in Tremsbüttel und Verwaltung der Amtmannsländereien sowie Widersetzlichkeiten von Eingesessenen in Bargteheide gegen den Landmesser Petzold 1768

1203 Bau der Hausvogtswohnung durch den Hausvogt Kayser in Tremsbüttel 1768

1204 Fällung von den für die Kate des Kätners Claus Borgers in Vorburg schädlichen Eichen 1768

1205 Verkauf der Schacht'schen Hufe des Sekretärs Petermann in Bargteheide 1770

1207 Verbesserte Einrichtung der Mistgruben 1767

Enthält nur Empfangsbestätigung des Amtmanns über ein entsprechendes Schreiben

1208 Ökonomisches Protokoll 1766-1767, 1772-1773

1209 Einräumung eines Platzes von der Dorfweide in Bargteheide an den dortigen Chirurgen Hinrich Riesel [1780]

Enthält nur Aktendeckblatt. Die Akten befinden sich in Abt. 8.3 Nr. 1254.

1210 Ausweisung eines Stücks vom Dorfplatz in Bargteheide an den dortigen Insten und Höker Hans Rickborn 1780-1781

1211 Bestätigung einer Landschenkung der Dorfschaft Bargteheide an den dortigen Landausschussmann Hinrich Gercken 1780-1787

## Ländereien

### Erdbuch

1226 Einsendung des Erdbuchs 1766-1769

1227 Vorbemerkung zum Erdbuch 1766
Enthält: Situation des Amtes; Landstücke, herrschaftliche Jagdregalien und Fischereigerechtigkeit; Kirchen

1228 Erdbuch 1765-1766
Enthält: Beschreibung des Amtes, der Dorfschaften und der einzelnen Bauernstellen mit folgenden Angaben: Gebäude, Land-, Wiesen- und Viehbesitz, Wagen und Pflüge, Aussaat, Abgaben, Aufwendungen für Dienste, Getreidekonsum, Restanten, Einschätzung des Geldwertes der Stelle

### Vermessung

3590 Vermessungsprotokolle 1772-1776

1212 Vermessung und Vermessungsprotokoll: Bargteheide 1764-1765

1213 Vermessung: Bargteheide 1765
Enthält: Nachweisung von privaten und Kommuneländereien; geometrischer Grundriss über Kommuneländereien; Auszug aus dem Vermessungsprotokoll

1214 Vermessung der Ländereien des Vorwerks Tremsbüttel durch den Landmesser Petzold und Irrtum bei der Vermessung des Moores in Bargteheide 1766-1767

1313 Vermessungsprotokoll: Vorwerk Tremsbüttel 1767

1314 Vermessungsprotokoll: Tönningstedt 1772

1315 Vermessungsprotokoll: Delingsdorf 1774

1316 Vermessungsprotokoll: Itzstedt 1774

1317 Vermessungsprotokoll: Klein Hansdorf 1774

1318 Vermessungsprotokoll: Neurahlstedt 1775

1319 Vermessungsprotokoll: Klein Hansdorfer und Duvenstedter Weidebruch 1776

1216 Vermessung der Ländereien in Bargteheide durch den Landmesser Petzold 1767-1768

1229 Vermessung von Ländereien in Bargteheide, Fischbek und Hammoor sowie Anlegung von Sielen in Bargteheide 1771-1772

1235 Verteilungsprotokoll (Additamentum zum Vermessungsprotokoll)
Enthält: Tönningstedt; Hammoor; Fischbek (1749-) 1773

1236 Karten und Vermessungsprotokolle 1774-1776
Enthält nur Aktendeckblatt

1237 Vermessung und Vermessungskosten in Delingsdorf 1774

1238 Vermessung der Ländereien in Itzstedt 1774

1240 Vermessung und Vermessungskosten in Neurahlstedt 1775

1271 Berichtigung der Vermessungskosten für die herrschaftlichen Mooranteile in Bargteheide, Fischbek und Vorburg 1788

## Spezielle Landangelegenheiten

1215 Ländereien: Vorburg 1767-1769
Enthält u. a.: Vermessung und Verteilung

1217 Verteilung der Ländereien in Bargteheide 1768-1815
Enthält u. a.: Einteilungsprotokoll des Landmessers Petzold, 1769

1218 Landzulage an den Prediger, den Organisten und das Predigerwitwenhaus in Bargteheide 1769

1219 Überlassung des Herrengeheges an die Dorfschaft Vorburg 1767

1220 Aufmessung und Verteilung der Ländereien in Tönningstedt 1769

1221 Überlassung von Land aus dem reservierten Land in Vorburg an den Erbpächter Christian Schwiecker in Tremsbüttel 1768-1769

1222 Grabenziehung des Erbpächters Jürgen Behns in Tremsbüttel durch den Helldahl 1770

1223 Weideland für die Holzvögte im Amt Tremsbüttel sowie Verbesserung der Schaf- und Schweineweide und Landzulage für Bullen in Bargteheide 1767-1769

1224 Irrungen beim Austausch von Ländereien des Vorwerks Tremsbüttel sowie Tausch einer Wiese des Erbpächters Claus Jürgen Ehlers in Tremsbüttel mit der Pförtnerwiese 1767-1769

1225 Landzulage von der zehnten Erbpachtsparzelle in Tremsbüttel an den dortigen Erbpächter Claus Jürgen Ehlers 1770

1230 Landzulage an den Bödener Claus Ramm in Bargteheide sowie Überlassung von Land im Hagedorn an die Kätner in Vorburg und an den Stammpächter Schwieker in Tremsbüttel 1771

1231 Bezahlung der Vermessungs- und Verteilungskosten in Bargteheide 1771-1772

1232 Speisekoppel des Hans Wagener in Hammoor 1772, 1796

1233 Eckerkoppel in Fischbek 1772, 1802-1803

1234 Vermessung des Brooks bei Klein Hansdorf 1772

3554 Vermessung und Vermessungskosten in Klein Hansdorf und Itzstedt 1774

1239 Grabenziehung des Kätners Peter Stölten in Tönningstedt 1774

1241 Landauslegung in Delingsdorf an den Baron von Schimmelmann
Enthält nur Aktendeckblatt 1777

1242 Schenkung von Wiesenland an den Hausvogt Kayser in Tremsbüttel 1777

1243 Quartier und Gebühren der Landmesser für die Verteilung der Ländereien in Delingsdorf, Klein Hansdorf, Itzstedt und Neurahlstedt 1778

1244 Landausweisung an den Amtsschreiber Büchner in Tremsbüttel 1780

1245 Landausweisungen in Bargteheide und Katenbau des Schulmeisters Bötger in Hammoor 1781-1791

1247 Überlassung der Dorfweide in Bargteheide an die Eingesessenen als Eigentum 1782

1248 Mastbefugnis des Besitzers der ehemals Uhrbrockschen jetzt Ahlerschen Stelle in Bargteheide (1629-) 1782-1783

1249 Gleichsetzung der Kätner Christoph Dabelstein und Johann Hinrich Sparre in Klein Hansdorf mit den Hufnern hinsichtlich der Abgaben und des Anteils am Brook 1782

1250 Landausweisung und Landtausch des Hufners Hans Hinrich Stoffers in Bargteheide 1783

1251 Landüberlassung an den Kleinkätner Anton Ludolph Löding in Bargteheide 1783

1252 Landüberlassung an Jochim Hinrich Buck in Delingsdorf 1783

1253 Überlassung der Dorfweide in Hammoor an die Eingesessenen 1783-1787

1254 Landausweisung in Bargteheide und Landüberlassung an den Insten Jochim Ruge in Delingsdorf 1777-1787

1255 Landüberlassung an den Insten Bendix Schacht und den Kätner Matthias Dwenger in Fischbek 1783-1788, 1802

1256 Landüberlassung an Hans Andreas Sasse in Neurahlstedt 1783-1784

1257 Anlage eines Fisch- oder Aalfangs im Rothweg sowie einer Brücke durch den Besitzer Behn in Hoisbüttel 1783-1786

1258 Holzfällung in einer Buschkoppel durch Claus Jürgen Koopmann in Delingsdorf sowie deren Urbarmachung 1784

1259 Landausweisung an den Schulhalter Johann Steenbeck in Hammoor 1784-1788

1260 Landausweisung und Landverkauf in Bargteheide 1785-1795

1261 Verkauf des adligen Gutes Mönkenbrook 1785-1803
Enthält u. a.: Vermessungsprotokoll, 1787

1262 Überlassung von Wiesen in Erbpacht an den Bauervogt Christoph Wagener in Klein Hansdorf 1786

1263 Befreiung des Bauervogts Jochim Hinrich Drube in Lasbek von der Bebauung seiner Parzelle 1786

1264 Überlassung von Wiesen in Sievershütten und Stuvenborn an die Hufner und Kätner in Tönningstedt 1787

1265 Herrschaftliche Mooranteile in Bargteheide, Vorburg und Fischbek 1787-1805

1266 Streitigkeiten zwischen Tönningstedt und Itzstedt über das Itzstedter Moor 1788-1800

1267 Teilung und Verkauf der Hufenstelle des Claus Jürgen Koopmann in Delingsdorf 1786

1268 Landüberlassung an den Anbauer und Schneider Johann Ahnfeldt in Bargteheide sowie Landzulage für die Katenstelle des Johann Hinrich Ahnfeldt in Bargteheide 1788-1800

1269 Bewilligung von Freijahren zur Urbarmachung von Land in Vorburg 1788

1270 Überlassung der Moorweide in Vorburg an den Bauervogt Samuel Christian Hack 1788

1272 Bauplätze für Johann Schacht und Peter Löden in Bargteheide 1792

1273 Landzulage für die Groß- und Kleinkätner in Itzstedt sowie Landzulage für den Insten Hinrich Mohr in Itzstedt 1792

1274 Erlass der Bauverbindlichkeit für den Parzellenbesitzer Hans Hinrich Sparre in Lasbek 1793

1275 Überlassung von Holzteilen und Urbarmachung von Buschkoppeln in Delingsdorf 1793-1802

1276 Zulegung von Ländereien der Hirtenkate in Hammoor zum dortigen Schuldienst 1796

1277 Ankauf von Land für die Schule in Vorburg und deren Verbindung mit einer Arbeitsanstalt 1796-1802

1278 Überlassung von Heideland in Altrahlstedt und Stapelfeld an die Eingesessenen in Neurahlstedt 1798-1802

1279 Überlassung einer Moorstrecke auf dem Nienwohlder Moor an die Baronin von Dimar als Besitzerin der Stammparzelle in Mönkenbrook 1799-1800

1280 Verkauf der Koppel des Anbauers Peter Ahlers in Bargteheide an den Anbauer Hinrich Dulberg sowie Landüberlassung an den dortigen Anbauer Johann Hinrich Dulberg 1799-1805

1281 Befugnis der Halbhufner in Bargteheide zur Nutzung des Torfmoores und Überlassung von Moorland 1799-1806

1282 Überlassung von Torfmoorland an den Anbauer Hinrich Buck in Delingsdorf 1799-1800

1283 Landüberlassung an den Anbauer Hans Rickborn in Bargteheide 1799-1800

1284 Verkauf einer Scheune mit Grundstück, eines Kohlhofs und von Land durch den Bauervogt Christopher Stoldten in Tönningstedt 1799

1285 Erhebung des Hofes des Amtmanns Graf Christian von Stolberg in Tremsbüttel zu einem Kanzleigut sowie Anlage einer Mühle und Ausübung des Näherrechts und der Jagdgerechtigkeit 1799-1800

1286 Landausweisung für den Insten Claus Arps in Itzstedt 1800

1287 Überlassung von drei reservierten Torfmoorstrecken in Bargteheide, Fischbek und Vorburg 1800

1288 Landzuweisung an den Schulmeister Jacob Rieck in Fischbek 1800-1802

1289 Zulegung eines Moorteils aus den herrschaftlichen Mooren bei der Hirtenkate an die Eingesessenen in Bargteheide 1801-1802

1290 Verkauf der Bullenkoppel in Itzstedt an den dortigen Hufner Hans Wrage 1801

1291 Aneignung eines Landstücks an der Lasbeker Scheide durch den Erbpächter Christian Schwiecker in Tremsbüttel 1802

1292 Verkauf einer Koppel des Erbpächters Jasper Wolgast in Mönkenbrook an Georg Bernhard Reiche in Jersbek 1802

1293 Verkauf der Hirtenkate in Klein Hansdorf an den Insten Hinrich Ahlers 1802

1294 Landüberlassung an den Anbauer Claus Ernst Schacht in Bargteheide 1802-1803

1295 Landüberlassung an den Anbauer Jacob Krohn in Bargteheide 1802-1803

1296 Verkauf der Langloogskoppel des Dreiviertelhufners Christoph Maass in Bargteheide an den dortigen Kätner und Höker Georg Carl Bielefeldt 1802

1297 Überlassung von Land aus der Dänenheide vor Meiendorf an den Insten Hans Hinrich Harders in Lasbek 1802-1804

1298 Untersuchung über eine Tränke des Gutes Ahrensburg im Stubbendiek des Hufners Hans Jürgen Voss in Delingsdorf (1802) 1803

1299 Überlassung eines Landstücks an der Lasbeker Scheide an den Erbpächter Christian Schwiecker in Tremsbüttel 1803-1805

1300 Überlassung eines Landstücks des Bestenteichs an den Erbpächter Hans Gercken in Lasbek 1803

1301 Überlassung der Gemeinweidereste in Fischbek an die Eingesessenen 1803-1807

1302 Befreiung der Erbpächter Carsten Suhl in Mönkenbrook sowie Hinrich Dwenger und Hein Gercken in Fischbek von der Bauverbindlichkeit hinsichtlich der gekauften zur Stammparzelle gehörigen Gutsländereien 1803-1805

Enthält auch: Verkauf der Hagedornkoppel des Kleinkätners Jochim Offen, Vorburg

1303 Landüberlassungen an den Halbhufner Carsten Rickborn in Bargteheide 1803-1805

1304 Landüberlassungen an den Bauervogt Claus Hinrich Steinmatz, den Anbauer Hans Jacob Will und den Bödener Hinrich Krohn in Bargteheide 1803-1804

1305 Ausfuhr der Steine auf der Koppel des Bödeners Franz Ahlers in Hammoor nach Hamburg 1804

1306 Eintragung der Katenstelle des verstorbenen Hinrich Stockhusen in Klein Hansdorf in das Erdbuch sowie deren Gleichstellung bei Verteilung des dortigen Brooks 1804

1307 Trennung von Holzvogtsländereien durch die Brüder Friedrich und Hinrich Ramm in Bargteheide sowie Verkauf eines Teils an den Bödener Hinrich Ramm 1804

1308 Landüberlassung an die Anbauer Eggert Krohn und Claus Eggert Schacht in Bargteheide 1804-1805

1309 Überlassung von Land aus der Gemeinheit in Stapelfeld an die Dorfschaft Neurahlstedt 1805-1806

1310 Wegräumung von Eichen und Buchen auf der Koppel des Halbhufners Jochim Hinrich Buck in Delingsdorf sowie Überlassung von Landmaßen und Rückzahlung seiner zuviel gezahlter Abgaben 1805-1806

1311 Überlassung von Landstücken und Moorteilen an den Anbauer Georg Jochim Carl Bielefeldt in Bargteheide 1806

1312 Auslegung von Moorstücken für die Organisten und Schullehrer in Bargteheide 1808

## Mühlen

1320 Bedingungen für den Verkauf oder die Verpachtung der Wassermühle des Gutes Lasbek 1776-1777

1321 Bau einer Brücke über den Mühlenbach auf dem Mühlenkamp in Tremsbüttel 1783

1322 Anlage von zwei Rädern durch den Erbpächter der Kornmühle in Lasbek 1783

1323 Anfahren von Mühlensteinen für die Mühle in Lasbek durch die Untertanen 1785

1324 Kaufvertrag zwischen der Witwe Anna Magdalena Kreeckern und dem Müller Gabriel Theodor Brockmann über die Kornmühle in Lasbek sowie Grenzberichtigung des Bestenteichs und der herrschaftlichen Hölzung durch einen Wasserpass 1794-1795

1325 Kornmühle und Windmühle in Lasbek 1797-1805

1326 Fischerei in den Teichen der Mühle in Lasbek 1800

1327 Reinigung und Durchstechung des Abflusskanals unterhalb der Mühle in Lasbek 1804-1806

# Pacht

1328 Pachtverträge 1758-1767

Enthält: Verpachtung des Domskuhlenteichs an die Dorfschaft Fischbek; Verpachtung der musikalischen Aufwartung im Amt an den Holzvogt Ramm; Hökerei des Halbhufners Pehmüller in Hammoor

1329 Ausgesetzte Erbpachtsverteilung des Gutes Lasbek 1767

1330 Vererbpachtung des Vorwerks Tremsbüttel 1766-1776

Darin: Verkaufsbedingungen; „Staats- und Gelehrte Zeitung des Hamburgischen unpartheyischen Correspondenten“ vom 1.-14. August 1767; „Altonaer Merkur“ vom 7., 14. und 25. August 1767; „Der Reichs-Post-Reiter“ vom 4., 12. und 25. August 1767

1331 Bestätigung der Erbpachtverträge bei Verkauf von Parzellen des Vorwerks Tremsbüttel 1771-1783

1332 Beschwerde des Erbpächters Christian Schwiecker in Tremsbüttel wegen seiner Quittungsgebühren (1771) 1772-1773

1333 Verpachtung und Verkauf des Gutes Lasbek 1776

Darin: Verkauf- und Verpachtungsbedingungen

1334 Beschwerde des Erbpächters Christian Schwiecker in Tremsbüttel wegen der Wasserleitung auf den Ländereien des Vorwerks Tremsbüttel 1776

1335 Auseinandersetzung zwischen Erbpächtern in Lasbek wegen verkaufter und vertauschter Ländereien sowie Setzung eines Wassergrabens beim dortigen Mühlenteich 1778

1336 Verkauf der Bauervogtstelle in Klein Hansdorf an den Erbsassen in Hoisbüttel und Handelsmann in Altona Johann Hinrich Behn 1779-1780

1337 Mitteilung einer Versicherungsakte über die Befreiung von Lasten an die Eingesessenen in Lasbek 1780

1338 Einsendung von Kaufverträgen über Vorwerksländereien in Tremsbüttel 1780

1339 Verpachtung der Hökerei auf dem Hoffeld in Lasbek an den dortigen Kleinkätner Arps Hinrich Dörling 1781-1782

1340 Bestätigung des Kaufvertrages zwischen dem Kleinkätner Jürgen Striecker in Fischbek und dem Erbpächter Hinrich Striecker über Erbpachtsland im Domskuhlenteich 1783-1784

1341 Bestätigung des Kaufbriefs über die von Peter Löden an Jochim Hinrich Söhrmann und Claus Friedrich Drube zu überlassenden Erbpachtsländereien in Tremsbüttel 1783

1342 Bestätigung der Kaufverträge zwischen dem Erbpächter Hans Friedrich Bestmann, dem Insten Claus Hinrich Gercken und Hans Gercken über Erbpachtsländereien in Tremsbüttel 1783

1343 Bestätigung der Kaufverträge zwischen Hinrich Dwenger und Hans Vagt sowie zwischen Hans Hinrich Schacht und Franz Witten über Erbpachtsländereien in Tremsbüttel 1784

1344 Bestätigung des Kaufvertrages zwischen dem Erbpächter Hans Hinrich Poelsen und dem Erbpächter Jürgen Behn über Erbpachtsländereien in Tremsbüttel 1785

1345 Bestätigung von vier Kaufverträgen über Erbpachtsländereien in Tremsbüttel 1787

1346 Bestätigung eines Kaufbriefs zwischen dem Erbpächter Jochim Friedrich Schwiecker und dem Erbpächter Erdmann Ludwig Gleissendorff über Erbpachtsland in Trembüttel 1787

1347 Bestätigung von Kaufbriefen zwischen Franz Witten, dem Amtmann Graf von Stolberg und Claus Friedrich Drube über Erbpachtsländereien inTremsbüttel 1787

1348 Bestätigung eines Kaufvertrages zwischen Timm Hamann auf dem Radeland in Tremsbüttel und Hans Hinrich Schacht im Rehbrook über eine Wiese im Großenteich 1787-1788

1349 Bestätigung von Kaufverträgen über Erbpachtsländereien 1788

Enthält: Erbpächter Hans Hinrich Ahlers, Domskuhlenteich, und der Inste Johann Bendix Schacht; Kätner Jacob Gercken, Fischbek, und die Witwe Anna Margaretha Offen, Domskuhlenteich; Hufner Hans Dwenger, Fischbek

1350 Bestätigung der Kaufverträge zwischen Claus Fahrenkrog und Jochim Friedrich Fahrenkrog sowie zwischen Claus Möller und Jacob Gercken über Erbpachtsländereien in Tremsbüttel 1788

1351 Bestätigung von Kaufverträgen über Erbpachtstellen in Mönkenbrook 1788-1792

1352 Bestätigung eines Kaufvertrages zwischen Jochim Hinrich Dwenger und Hinrich Dwenger in Fischbek über eine Erbpachtstelle im Domskuhlenteich 1789

1353 Bestätigung von Kaufverträgen des Altenteilmanns Hinrich Wilms in Vorburg mit Johann Hinrich Mehl sowie des Amtmanns Graf von Stolberg mit dem Erbpächter Timm Hamann und mit dem Erbpächter Jochim Hinrich Söhrmann über Erbpachtsländereien in Tremsbüttel 1790

1354 Bestätigung des Kaufvertrages zwischen Jürgen Gercken und dem Hufner Hans Gercken über Erbpachtsland in Tremsbüttel 1791

1355 Bestätigung eines Kaufvertrages zwischen Claus Hinrich Bestmann und Detlev Krohn in Mönkenbrook über Wiesenland 1791

1356 Bestätigung von Kaufverträgen über Erbpachtsland in Tremsbüttel und Mönkenbrook 1791

1357 Bestätigung des Kaufvertrages zwischen dem Erbpächter Peter Wolgast in Mönkenbrook und Claus Friedrich Westphal in Rümpel über eine Erbpachtstelle in Mönkenbrook 1792

1358 Bestätigung von Kaufverträgen zwischen Hans Gercken, Hans Filter, Claus Fahrenkrog, Jochim Friedrich Fahrenkrog und Johann Hinrich Schacht über Erbpachtsländereien in Tremsbüttel 1792

1359 Bestätigung von fünf Kaufverträgen über Erbpachtsländereien in Tremsbüttel und Mönkenbrook 1794

1360 Bestätigung von sechs Kaufverträgen über Erbpachtsländereien in Tremsbüttel 1794

1361 Bestätigung von Kaufverträgen über Erbpachtsländereien in Mönkenbrook 1794-1804

1362 Bestätigung des Kaufvertrages zwischen dem Erbpächter Jacob Offen in Mönkenbrook und Carl Gotthard Jochim Kähler aus dem Gut Groß Steinrade über eine Kate mit Kohlhof 1795

1363 Bestätigung von Kaufverträgen über die Kraftsche Erbpachtstelle in Mönkenbrook 1795-1804

1364 Bestätigung von drei Kaufverträgen über Erbpachtsländereien in Tremsbüttel und Mönkenbrook 1796-1797

1365 Bestätigung von Kaufverträgen zwischen dem Kätner Hans Hinrich Ahlers in Fischbek und dem dortigen Bödener Berend Ahlers sowie zwischen Claus Hinrich Eggers und Johann Hinrich Kröger in Bargteheide über Erbpachtsländereien in Tremsbüttel 1798

1366 Bestätigung von Kaufverträgen zwischen dem Erbpächter Hinrich Gercken und Hans Mess in Mönkenbrook sowie zwischen dem Erbpächter Jürgen Nicolaus Marsfeldt und Hinrich Ahlers in Mönkenbrook über dortiges Erbpachtsland 1798

1367 Bestätigung von drei Kaufverträgen über Erbpachtsländereien in Mönkenbrook 1798

1368 Bestätigung des Kaufvertrages zwischen dem Erbpächter Hans Hinrich Ahlers in Fischbek und Jochim Schwartz über Erbpachtsland im Domskuhlenteich in Tremsbüttel 1798

1369 Bestätigung des Kaufvertrages zwischen dem Erbpächter Hinrich Tönsen und Claus Hinrich Appel in Mönkenbrook über Erbpachtsland in Mönkenbrook 1798

1370 Bestätigung der Kaufverträge des Amtmanns Graf von Stolberg mit dem Bödener Johann Hinrich Wagener in Vorburg und mit dem Erbpächter Hans Nicolaus Krohn über Erbpachtsländereien in Tremsbüttel 1798

1371 Bestätigung des Kaufvertrages zwischen dem Altenteilsmann Jochim Friedrich Schwicker in Vorburg und dem Amtssschreiber Martens in Tremsbüttel über Erbpachtsland in Tremsbüttel 1799

1372 Bestätigung von vier Kaufverträgen über Erbpachtsländereien in Mönkebrook 1799-1800

1373 Bestätigung des Kaufvertrages zwischen der Witwe des Bödeners Christian Schwiecker in Vorburg und dem Erbpächter Hinrich Griem über Erbpachtsländereien in Tremsbüttel 1799

1374 Bestätigung des Kaufvertrages zwischen dem Amtmann Graf von Stolberg und dem Erbpächter Claus Hinrich Gercken über ein Erbpachtsstück in Tremsbüttel 1800

1375 Bestätigung des Kaufvertrages zwischen dem Erbpächter Hans Mess in Mönkenbrook und dem Insten Marx Wrage in Fischbek über Erbpachtsland in Mönkenbrook 1800

1376 Vereinbarung zwischen den Erben des Erbpächters Jochim Hinrich Niemeyer in Mönkenbrook über dessen Erbpachtstelle (1799) 1800-1801

1377 Bestätigung von sieben Kaufverträgen über Erbpachtsländereien in Tremsbüttel 1800

1378 Bestätigung des Kaufvertrages zwischen dem Kätner Jochim Schwarck in Fischbek und dessen Schwiegervater Hans Hinrich Ahlers in Elmenhorst über Erbpachtsländereien im Domskuhlenteich in Tremsbüttel 1800-1801

1379 Verkauf des Erbpachthofs des Amtmanns Graf von Stolberg in Tremsbüttel an den Kaufmann Johann Diederich Schröder aus Hamburg und den Rittmeister Ernst Engel Hartwig von Ehrenstein 1801-1805

1380 Bestätigung von sieben Kaufverträgen über Erbpachtsländereien in Mönkebrook 1801

1381 Bestätigung des Kaufvertrages zwischen dem Erbpächter Claus Witt in Tremsbüttel und Johann Diederich Schröder über dessen Erbpachtstelle 1801

1382 Bestätigung des Kaufvertrages zwischen Hans Christoph Steffen in Mönkenbrook und Johann Jochim Diederich Cordts in Klein Wesenberg über ein Kate und Koppel in Mönkenbrook 1801

1383 Bestätigung der Kaufverträge zwischen Hans Friedrich Grellstorff, Hans Hinrich Ahlers, Jasper Wolgast in Elmenhorst, Georg Bernhard Reiche in Jersbek und Hinrich Griem aus dem Gut Jersbek über Mönkenbrooker Erbpachtstellen in Elmenhorst 1802, 1808

1384 Bestätigung des Kaufvertrages zwischen Hans Dose in Mönkenbrook und Claus Reimers in Wulfsfelde über eine Erbpachtstelle 1803

1385 Bestätigung des Kaufvertrages zwischen Berend Ahlers und Johann Hinrich Ahlers in Fischbek über Erbpachtsländereien in Tremsbüttel 1803

1386 Bestätigung des Kaufvertrages zwischen dem Erbpächter Claus Hinrich Filter in Mönkenbrook und Hans Jacob Grothusen in Bargteheide über die Koopstegskoppel 1804

1387 Bestätigung der Kaufverträge des Claus Hinrich Filter in Mönkenbrook mit Hans Jacob Grothusen, Claus Hinrich Rehders und Claus Strycker in Fischbek über Erbpachtsländereien in Mönkenbrook 1805

1388 Bestätigung des Kaufvertrages zwischen Hans Dittmann und Johann Hinrich Dabelstein über Erbpachtsländereien in Tremsbüttel 1805

## Privilegien

1389 Beibehaltung der Privilegien des Kätners Joachim Friedrich Schwiecker und des Bauervogts Hinrich Timm in Vorburg (1741-) 1772-1773

1390 Anlage einer Schmiede bei der Ahlerschen Stelle des Grobschmieds Hans Christoph Dreckmann in Bargteheide und Abnahme der Schmiedegerechtigkeit des Hinrich Dwenger in Bargteheide 1784, 1792

1391 Bericht über Gesuche um Privilegienbestätigungen, vornehmlich Krügerei (1795) 1799

1392 Krügerei des Kätners Hein Bohlen in Neurahlstedt 1804

## Rechnungswesen

1393 Einsendung des Hebungsregisters 1771

1394 Notat über die Amtsrechnung Tremsbüttel für 1801 wegen Berechnung des Kanons von der zur siebten Parzelle in Tremsbüttel gehörenden Flachswiese 1803

## Setzung

1395 Setzung: Vorburg 1768-1787
Enthält u. a.: Dienstreglement; Verteilungsprotokoll (Einteilungsprotokoll)

1396 Setzung: Fischbek, Hammoor und Bargteheide 1771
Enthält u. a.: Setzungsregister; Verzeichnis über die Verteilung der Ländereien in Fischbek

1397 Proportionalberechnung für Tönningstedt 1773

1398 Setzungsregister für Tönningstedt 1773

1399 Setzung: Fischbek, Hammoor und Bargteheide (1749-) 1768-1785
Enthält u. a.: Verteilungsprotokolle (Einteilungsregister); Dienstreglements; Verzeichnis über die Verteilung der Ländereien in Hammoor

1400 Setzung: Tönningstedt, Delingsdorf, Itzstedt und Klein Hansdorf (1743-) 1769-1814
Enthält u. a.: Verteilungsprotokolle (Additamenta zu den Vermessungsprotokollen); Dienstreglements

1401 Setzung: Neurahlstedt 1776-1779, 1827
Enthält u. a.: Verteilungsprotokoll (Additamentum zum Vermessungsprotokoll); Vermessungsregister über die Gemeinheitsländereien, 1827; Dienstreglement

## Landesvisitation

1402 Beilagen zum Protokoll über die Generallandesvisitation in den Ämtern Trittau, Reinbek und Tremsbüttel 1768

1403 Verfügungen nach dem Protokoll der Generallandesvisitationskommission 1772-1773

## Wege

1404 Beschwerde des Kaufmanns Syling in Hamburg über die Schmälerung eines ihm zugehörigen Redders im Amt Tremsbüttel 1773

1405 Beschwerde des Generalpostamtes über eine Veränderung der Poststraße bei Delingsdorf 1779

1406 Weg durch den Zuschlag Rehbrook in Tremsbüttel nach dem zur Mühle in Lasbek gehörenden Bestenteich und Grenze des Bestenteichs (1767) 1783-1792

Enthält u. a.: Protokoll über Hofländereien, Wiesen, Hözungen und Teiche in Lasbek, 1767
Darin: Karte des Bestenteichs

1407 Reparatur einer Brücke auf dem Weg zur Erbpachtstelle des Christian Schwiecker in Tremsbüttel 1784

1408 Einriss des Dammes beim Rönnbaumsteich und Unbefahrbarkeit des Kirchenwegs von Hammoor nach Bargteheide durch Schneewasser 1792-1793

1409 Wegestreitigkeiten der Grünengraser und Gerkenfelder Erbpächter des niedergelegten Vorwerks Tremsbüttel 1787-1788

1410 Instandsetzung einer Brücke über den Mühlenbach nach den Ländereien des Erbpächters Christian Schwiecker in Tremsbüttel 1799

1411 Erlass der Hand- und Spanndienste der Amtsuntertanen für die Pflasterung einer Poststraßenstrecke und einen Brückenbau bei Delingsdorf 1799-1800

1412 Beschwerden von Erbpächtern in Lasbek über den Holztransport aus dem Zuschlag Helldahl in Tremsbüttel 1804

1413 Unterhalt der über das Mönkenbrooker Feld führenden Strecke der Landstraße nach Oldesloe 1804

# AMT TRITTAU

## Archiv

1414 Archivregistrant und seine Einsendung sowie Empfang der im Amtsarchiv in Reinbek liegenden und zu Trittau gehörigen Akten 1766-1775

## Bedienungen

1415 Einkünfte und Gebühren des Amtmanns, des Amtsschreibers und des Hausvogts 1766-1773

1416 Bestallung eines zweiten Amtsvogts 1768

1417 Verbesserung der Holzvogtstelle in Rohlfshagen 1771

1418 Forstbedienungen und ihre Regulierung 1773

1419 Landzulagen an den Amtsschreiber Paustian und den Hausvogt in Trittau 1775-1776

1420 Besoldung der Bauervögte in Rümpel und Neritz 1776

1421 Verbesserung des Gehalts des Vogts und Erbpächters Jochim Willhöft in Todendorf 1790

1422 Bewilligung eines Dienstrocks und eines Paares Stiefel für die beiden Amtsvögte aus königlicher Kasse 1803

1423 Vergütung des Bauervogts Dassau in Witzhave 1801

## Kreditwesen

1424 Einführung eines neuen Schuld- und Pfandprotokolls 1769

## Dienste und Abgaben

1425 Dienstregister für Rümpel und Neritz sowie Ermäßigung von Dienstgeldern für die von Hamburg wieder eingelösten Untertanen der Ämter Reinbek und Trittau 1768-1770

1426 Verminderung des Kanons von den Buschkoppeln der Hufner in Rümpel 1772

1427 Dienstreglement: Bramfeld 1773-1774

1428 Dienstreglement: Hoisdorf und Oetjendorf 1775-1776

1432 Dienstreglement: Eichede, Mollhagen, Sprenge und Lütjensee 1776

1433 Dienstreglement: Alsterdorf 1777-1778

1436 Dienstreglement: Grönwohld und Trittau 1778

1463 Dienstreglement: Alsterdorf, Bramfeld, Kronshorst, Meiendorf, Rausdorf, Sievershütten und Witzhave 1773-1789

1465 Dienstreglement: Sprenge, Neritz, Mollhagen, Lütjensee, Großensee, Eichede und Bergstedt 1770-1788

3555 Dienstreglement: Grönwohld, Hoisdorf, Nahe, Oetjendorf, Oldenfelde, Sasel und Altrahlstedt 1775-1787

3556 Dienstreglement: Steilshoop, Stuvenborn und Trittau 1778-1787

1464 Dienstreglement: Bredenbekshorst und Grande 1787-1788

1429 Abgabenbefreiung des Kätners Hans Christier in Siekerberg für seine Schmiede 1776

1430 Befreiung der Insten in Eichede, Mollhagen, Sprenge und Lütjensee von den Dorfabgaben und vom Dienstgeld 1777

1431 Befreiung des Erbpächters Jochim Eggert Knaack in Todendorf vom Beitrag für die Lasten der Dorfschaft Mollhagen und Wegräumung des Sprangholzes auf seinen Ländereien in Mollhagen 1777-1779

1434 Befreiung des Bauervogts Eggert Hartwig Stahmer in Eichede von Hand- und Spanndiensten sowie Aufrechterhaltung des Dienstreglements in Eichede 1778, 1794

1435 Hofdienste der Eingesessenen in Grönwohld und Trittau für den Erbpächter des Vorwerks Trittau 1778

1437 Ansetzung der Kätner und Bödener in Trittau zu Briefreisen 1780

1438 Befreiung des Halbhufners Hinrich Scharnbarg in Lütjensee von einer Abgabe an den Prediger in Trittau 1781-1784

1439 Befreiung der Kätner in Eichede, Mollhagen, Oetjendorf, Hoisdorf und Lütjensee von Beiträgen zur Wegeverbesserung 1783

1440 Abgabenfreiheit des Bauervogts Eggers in Meiendorf für seine Schäferkate und Landzulage für Hans David Meyer für die Schäferkate 1785

1441 Geldansetzung der Naturallieferungen von den Eingesessenen der Ämter Reinbek und Trittau an das Domkapitel in Hamburg 1787-1805

1442 Befreiung der Erbpächter in Papendorf von Jagddiensten 1787

1443 Befreiung der Erbpächter in Todendorf vom Armengeld und Hebammengeld 1787

1444 Kirchenauflage und Bauervogtspflichten in Oldenfelde 1788

1445 Befreiung des hamburgischen Schleusenmeisters Hinrich Timmerhorn bei Sasel vom Kanon für seinen Kohlhof mit Hausgrund 1789

1446 Befreiung der Kätner in Bergstedt von der Katengrundheuer 1789

1447 Dienstpflicht der Dorfschaften Sasel und Bergstedt für die Mühle in Rodenbek (1740, 1784) 1789-1790

1448 Heranziehung der Kätner und Anbauer in Sievershütten zu rückständigen Dorfanlagen 1791-1792
Enthält u. a.: Verzeichnis des Beitrags der Kätner und Bödener zu den Dorfanlagen in den Dörfern des Amtes Trittau

1449 Dienste, Abgaben und Landzulagen in Witzhave 1791-1796

1450 Befreiung des Bauervogts Hans Friedrich Christier in Grönwohld von der Dorfanlage und den herrschaftlichen Fuhren 1795

1451 Freiheit der Bauervögte in Sprenge, Grönwohld, Sievershütten, Stuvenborn, Bredenbekshorst, Nahe und Großensee von herrschaftlichen Fuhren, Dorfanlagen und Diensten 1795-1796

1452 Erntedienste der Insten in Witzhave für den Erbpächter Franz Samuel Meyer in Trittau 1796-1797

1453 Befreiung von der Grundheuer und Abgabenminderung für die Kätner und Bödener in Bergstedt 1796

1454 Befreiung der Erbpächter in Todendorf, Rohlfshagen, Tremsbüttel und Lasbek von der 1799 angeordneten außerordentlichen Abgabe (1799) 1800

1455 Heranziehung der Hufner in Mollhagen, Eichede, Neritz, Rümpel, Sievershütten, Stuvenborn und Bredenbekshorst zu den Hand- und Spanndiensten für den Mühlenbau in Oldesloe 1800

1456 Befreiung des Erbpächters Franz Meyer auf dem Vorwerk Trittau von den Beiträgen zu den Kriminalkosten, zum Armengeld und zum Hebammengeld 1800

1457 Vereinbarung des Erbpächters des Vorwerks Trittau Franz Meyer mit den Eingesessenen in Grönwohld und Köthel über Dienstgeld 1802-1803

1458 Haltung eines Kornvorrats 1801

1459 Vergütung der Fuhren von Eingesessenen der Ämter Reinbek und Trittau zum Bau der Landwehr 1801

1460 Beitrag des Bauervogts Balthasar Heuer in Lütjensee zu den Dorfanlagen und Fuhren 1801

1461 Dienstleistung des Hufners Claus Witten in Eichede 1802

1462 Hand- und Spanndienste für den Brückenbau bei Altrahlstedt 1803

# Kirche

1466 Landbeilage für die Schulkate in Bramfeld 1773-1774

1467 Schaden an zur Kirche in Eichede gehörenden Papenwiese durch einen Scheidegraben 1775

1468 Landverkauf der Schulmeister Johann Peter Eckholt in Hoisdorf und Johann Carl Duncker in Lütjensee 1776-1778

1469 Anweisung der zum Pastorat in Trittau gehörenden Witwen- und Küsterweidekoppel 1777

1470 Landzulage für den Organisten und Küster Seelhorst in Trittau 1777

1471 Dienste der Halbhufner in Eichede für die Kirche und das Pastorat 1777-1779

1472 Verkauf von Land aus den Kätnerländereien des Schulmeisters Johann Peter Eckholt in Hoisdorf an den dortigen Kätner Claus Martens 1780-1782

1473 Dienstpflicht der Schoerschen Katenstelle in Eichede an das Pastorat 1780

1474 Bitte der Kirchenvisitatoren der Kirche in Altrahlstedt um baldige Verteilung der dortigen Dorfländereien 1780

1475 Wegräumung des herrschaftlichen Holzes in den Einfriedungsgräben des Pastoratslandes in Trittau 1780-1781

1476 Beschwerde der Kirchenjuraten in Eichede wegen eines Eingriffs des Hufners Hans Hinrich Naefken in Kirchenland 1788

1477 Bauten an der Kirchhofsmauer in Eichede 1794

# Forst- und Holzwesen

1478 Forstbeschreibung 1765

1479 Verpflanzung der Weich- und Harthölzung 1766-1767

1480 Holz-, Torf- und Kohlendeputat für das Domkapitel in Hamburg 1768-1772

1481 Wiederherstellung der alten Tannen- und Eckerkoppel in Bramfeld 1773

1482 Forstangelegenheiten 1772-1774
Bemerkung: Akten der Setzungskommission

1483 Gesuch des Hufners Claus Griem in Hoisdorf um ein Verbot für die dortigen Kleinkätner zur Ausradung der Weichhölzung in der großen Rieh 1774

1484 Buschland für den Hufner Claus Zingelmann in Hoisdorf 1774-1777

1485 Wasserableitung und Holztaxation in Oetjendorf und Hoisdorf sowie Verfügungen hinsichtlich der Landverteilung in Hoisdorf 1775-1777

1486 Weichholz für den Zweidrittelhufner Peter Möller in Hoisdorf 1775

1488 Holzüberlassung des Kätners Peter Schwarck in Hoisdorf 1776

1489 Einfriedung von Holzzuschlägen in Lütjensee 1777-1778

1490 Einfriedung von Holzzuschlägen in Sprenge 1777-1778

1491 Holzzuschlag in Hoisdorf 1777

1492 Holzüberlassung an den Hufner Hinrich Stapelfeldt in Sprenge 1777-1779

1493 Hartholz auf dem Land des Erbpächters des Mühlenwerks bei Grönwohld Rudolph Amsinck aus Hamburg 1778-1780

1494 Weichhölzungen 1778-1806
Enthält u. a.: Abstellung und Vermeidung von Unordnungen bei den herrschaftlichen Holzzuschlägen und Buschkoppeln; Nutzung und Verteilung der Weichhölzung in den herrschaftlichen Holzzuschlägen; Verkauf von Weichhölzung

1495 Antrag des Schatzmeisters Graf von Schimmelmann zur Überlassung der zum Amt Trittau gehörenden und an das Gut Ahrensburg grenzenden Hölzung Ochsenkoppel 1779

1496 Untersagte Fällung des Weichholzes in Hoisdorf 1779-1780

1497 Weichhölzung und Buschkoppeln der Halb- und Viertelhufner in Trittau 1780

1498 Befreiung der Eingesessenen in Hoisdorf und Lütjensee von der Unterhaltung der Holzzuschläge 1780

1499 Streitigkeiten der Dorfschaft Sprenge mit dem dortigen Hufner Hans Wilhöft wegen angemaßten Weichholzes 1780-1786

1500 Beibehaltung und Wegräumung von Weichholz in Hoisdorf, Sprenge und Trittau 1781-1783

Enthält nur Aktendeckblatt und Aktenverzeichnis. Akten befinden sich in Abt. 8.3 Nr. 1494

1501 Beamtenfuhren und Verfahren bei Holzverkäufen 1781

1502 Einfriedung des Holzzuschlags in Rohlfshagen und die dortige Haltung von Kühen durch den Erbpächter Erdmann Krampe (1776) 1781

1503 Weiden von Schafen und Schweinen in den uneingefriedeten Hölzungen der Dorfschaften Lütjensee und Grönwohld 1784

1504 Freie Verfügung der Dorfschaft Bramfeld über ihr Torfmoor 1784

1505 Unterhaltung der Gehegeeinfriedungen 1785-1787

1506 Überlassung oder Verkauf des Sprangholzes in Witzhave 1785

1507 Verkauf von Eichen der Hufner Hans Sanmann und Hans Krogmann in Oldenfelde 1786-1787

1508 Vergrößerung der Tannenkoppel auf der Granderheide [1785]

Enthält nur Aktendeckblatt

1509 Befreiung der Eingesessenen in Trittau von der Unterhaltung der Gehegeeinfriedungen oder der Scheiden an der lauenburgischen Grenze 1787-1789

1510 Wegführung aus dem Holzzuschlag auf dem Bestenfeld in Rohlfshagen 1787-1789

1511 Befreiung der Kätner und Brinkkätner in Altrahlstedt vom Unterhalt der Einfriedungen der herrschaftlichen Hölzungen 1788

1512 Forstangelegenheiten des Besitzers der ehemaligen Holzvogtkate Hinrich Friedrich Burmeister in Rohlfshagen 1788-1796

1513 Beschwerde des Hegereiters Usinger über den Bauervogt Franz Hinrich Scharnbarg in Sprenge wegen einer Wegesperrung beim Holzzuschlag Neukoppel 1788

1514 Fristgewährung für die Witwe des Hufners Eggert Eggers in Rausdorf zur Zahlung der Sprangholzgelder 1788-1789

1515 Nutzung eines Fußsteiges im Holzzuschlag Ochsenkoppel durch Eingesessene in Oetjendorf und Erbpächter in Todendorf 1788-1789

1516 Ersetzung von Kosten der Amtsuntertanen für die Unterhaltung der Gehegeeinfriedungen durch die Verkaufserlöse für Knickbusch 1789

1517 Erlass einer Holzbrüche für den Halbhufner Hans Hinrich Möller in Lütjensee und Einteilung der Holzörter zur Aufsicht sowie Haftung für Holzentwendungen aus der Gemeinweide in Grönwohld 1792-1794

1518 Beginn der Vermessung der königlichen Hölzungen sowie Übersendung von Karten und Vermessungsprotokollen 1794-1796

1519 Ungehindertes Plaggenhausen der Erbpächter in Papendorf und Brücheerlass für den dortigen Erbpächter Ahlers (1790) 1796

1520 Erlass der Mastgelder der Dorfschaft Hoisdorf für 1797 1798

1521 Überlassung von Land aus der Dänenheide bei Bramfeld an Bürger aus Hamburg 1799-1801

1522 Nutzung der Weichhölzung in der Hahnheide durch die Dorfschaften Trittau, Hoisdorf und Sprenge 1797-1799

1523 Übertretung der Weidebefugnisse in der Hahnheide sowie dortiges Weiderecht der Dorfschaften Trittau, Hamfelde und Köthel 1799

1524 Holzbrüche und Landmaße des Halbhufners Hinrich Scharnbarg in Lütjensee 1799-1803

1525 Erlass einer Holzbrüche des Hufners Claus Möller in Hoisdorf sowie Anweisung einer Grenze zwischen seinem urbaren Land und Buschland in der Oberteichswiese 1800

1526 Auseinandersetzung der Forstbediensteten hinsichtlich der Dienstwohnungen und Dienstländereien 1801-1803

1527 Überlassung von Wiesenwachs im Holzzuschlag Heinholz an den Schulhalter Mansfeldt in Hoisdorf 1801

1528 Überlassung von Moorteilen an Insten und Anbauer in Nahe zum Torfstich 1801-1804

1529 Erhöhung der Brüche für den Verkauf von Torf aus königlichen Mooren sowie Anlage von Wegebäumen und Anstellung von Baumwärtern 1801

1530 Torfgrabung des Hufners Jasper Köster und des Kätners Hans Hinrich Kummerfeldt in Großensee auf ihren Wiesen 1802

1531 Unterhaltung der an die Koppeln von Eingesessenen grenzenden Gehegeeinfriedungen und Anlage von Stichgräben innerhalb des Walls 1802

1532 Vergrößerung des Zuschlags in Grande sowie Beibehaltung der Schafweide und des Torfstichs der Dorfschaft Rausdorf 1802-1805

1533 Torfstich des Predigers Carl Friedrich Hasselmann in Altrahlstedt auf dem herrschaftlichen Moor in Trittau 1802

1534 Befreiung der Dorfschaft Bramfeld von einer Holzbrüche und der Aufsicht über eine Eichenkoppel 1802

1535 Befreiung der Dorfschaften Hamfelde, Trittau, Köthel, Grönwohld, Lütjensee, Hoisdorf, Oetjendorf, Sprenge, Mollhagen, Eichede, Witzhave und Papendorf von der Aufsicht über das landesherrliche Hartholz, der Bezahlung entwendeten Holzes und der Leistung des Reinigungseides 1803-1805

1536 Überlasssung eines Moorteils an die Brüder Joseph und Anton Fischer in Hoisdorf im Verhältnis zu anderen Kätner 1805

1537 Abgang von Schlagbäumen in den uneingefriedeten Hölzungen 1804

1538 Wegräumung von Holz aus Buschkoppeln der Witwe Anna Maria Witten in Eichede 1804

1539 Verwandlung der Buschkoppel des Claus Burmeister in Hoisdorf in Ackerland (1804) 1805

1540 Erlass von Forstbrüchen für Eingesessene in Lütjensee [1795]

## Grenzen

1541 Grenzbeschreibung 1765

1542 Grenzregulierungen zwischen Neritz und dem Gut Borstel sowie zwischen dem Erbpachtsstück Papendorf und dem Gut Ahrensburg 1768-1772

1543 Grenze zwischen Sasel und dem Gut Wellingsbüttel sowie Grenzrezess zwischen den Ämtern Trittau und Steinhorst wegen der Dörfer Schiphorst und Eichede 1772-1773

1544 Regulierte Grenzstreitigkeiten der Dorfschaft Bramfeld mit Farmsen, Klein Borstel und Barmbek sowie zwischen Alsterdorf und Barmbek 1773

1545 Grenzregulierung zwischen den Ämtern Trittau und Steinhorst wegen der Dorfschaften Grönwohld, Trittau und Linau 1773

1546 Beschwerde von Eingesessenen in Alsterdorf wegen der Grenze zu Barmbek und Winterhude sowie wegen der Verteilung der Ländereien 1774-1775

1547 Grenzberichtigungen in den Ämtern Trittau und Reinbek sowie Grenzziehungsprotokoll des Amtes Trittau 1774-1776

1548 Grenzstreitigkeit des Erbpächters Hein Harms in Rohlfshagen mit der Dorfschaft Rümpel 1776

1549 Landüberlassung an den Kätner Peter Löding in Rümpel anlässlich einer Grenzberichtigung mit der Stadt Oldesloe 1776

1550 Streitigkeiten zwischen Alsterdorf und Winterhude wegen eines Scheidegrabens 1777

1551 Zusendung von Karten an Kapitän von Almer für die Erstellung einer Grenzkarte 1782-1783

1552 Grenzirrungen zwischen dem Gut Wandsbek und der Dorfschaft Altrahlstedt 1783-1791

1553 Gesuch der Bödener Hans Kröger, Gottfried Wittenberg und Marx Hinrich Lütjen in Rümpel wegen eines Ortes an der Oldesloer Grenze und anderer Angelegenheiten 1783

1554 Bereitschaft des Gutes Wellingsbüttel zur Grenzregulierung mit Bramfeld [1785], 1806
Enthält nur Aktendeckblatt und ein Schreiben zum Aktenversand

1555 Grenzberichtigung zwischen den trittauischen Dörfern Sasel, Meiendorf und Bergstedt und dem hamburgischen Dorf Volksdorf
Enthält auch: Aktenversand, 1829 1798-1801 (1829)

1556 Grenzregulierung zwischen Hamburg und Hoisdorf 1803

1557 Grenzregulierung zwischen Sasel und Poppenbüttel 1805

## Häusliche Verfassung

1558 Anbau öder oder wüster Plätze 1767
Enthält nur Empfangsbestätigung des Amtmanns über ein entsprechendes Schreiben

1560 Verbesserte Einrichtung der Mistgruben 1767
Enthält nur Empfangsbestätigung des Amtmanns über ein entsprechendes Schreiben

1561 Ökonomisches Protokoll 1766-1773

1562 Ort der Examinierung der Hebamme 1768

1563 Katen in der Hahnheide (1707-) 1770

1564 Wegräumung der Hirtenkate bei der Kate des Claus Kahns in Sprenge und Anweisung einer Hauskoppel an denselben 1775

1565 Landanweisung an den Insten Johann Höltig in Köthel für einen Katenbau 1776

1566 Befreiung der Dörfer Eichede, Sprenge, Mollhagen, Hoisdorf, Oetjendorf und Lütjensee von den Kostenbeiträgen zur Hebamme und zur Erhaltung der Kavalleriepferde 1778

1567 Vorbeugung des Wegziehens grundbesitzloser Leute aus den Ämtern Reinbek und Trittau 1779

1568 Landüberlassung an den Insten Johann Hinrich Luther in Eichede, Katenbau des Bauervogts Eggert Hartwig Stahmer in Eichede, Altenteilskatenbau des Hufners Hinrich Willhöft in Eichede 1780-1782

1569 Befreiung des Kaufmanns Rudolph Amsinck aus Hamburg als Erbpächter der Mühle in Grönwohld von den Beiträgen zu den Kriminal- und Hebammenkosten 1780

1570 Landüberlassung an den Altenteilsmann Peter Nefcken in Eichede für eine Anbauerstelle 1780

1571 Verlegung des Wohnhauses mit Krugwirtschaft des Bauervogts Hans Jacob Heuer in Lütjensee sowie Pflasterung des angrenzenden Wegs 1782-1796

1572 Neuerungen am Vieh- und Pferdstall des Amthauses in Trittau durch dessen Besitzer Dr. Johann Christian Bartels 1797

# Justiz

1573 Rechtsstreitigkeiten in Sprenge und Hoisdorf wegen des Beitrags zu Bau und Unterhalt der Schulkaten 1788-1790

1574 Streitigkeiten zwischen dem Bauervogt Paul Lienau in Rümpel und dem Erbpächter Hans Schacht in Rohlfshagen wegen eines Wasserlaufs 1791-1792

# Ländereien

## Erdbuch

1575 Einsendung des Erdbuches sowie Anfertigung eines Hausregisters
Enthält nur Aktendeckblatt [1765]

1576 Erdbuch 1765
Enthält: Beschreibung des Amtes, der Dorfschaften und der einzelnen Bauernstellen mit folgenden Angaben: Gebäude, Land-, Wiesen- und Viehbesitz, Wagen und Pflüge, Aussaat, Abgaben, Aufwendungen für Dienste, Getreidekonsum, Restanten, Einschätzung des Geldwertes der Stelle

## Vermessung

3589 Vermessungsprotokolle 1771-1776

1577 Gut Todendorf: Vermessung, Karte und Einteilungsprotokoll des Landmessers Petzold 1767-1771
Enthält auch: Rechnung über die Anfertigung einer Karte des Dorfes Neritz

1578 Vermessung und Verteilung der Dorfländereien im Amt Trittau sowie Vermessung und Verteilung der Ländereien in Bramfeld 1768-1773

1583 Vermessung: Lütjensee, Sprenge, Mollhagen, Oetjendorf und Hoisdorf 1771
Enthält auch: Landeinteilung in Hoisdorf

3557 Karten und Vermessungsprotokolle [1771]
Enthält nur Aktendeckblatt und Aktenverzeichnis

1584 Vermessungsprotokoll: Lütjensee 1771

1585 Vermessungsprotokoll: Hoisdorf 1771

1586 Vermessungsprotokoll: Oetjendorf 1771

1587 Vermessungsprotokoll: Bramfeld 1772

1588 Vermessungsprotokoll: Trittau mit Amts- und Vorwerksländereien 1772

1589 Vermessungsprotokoll: Mollhagen 1772

1590 Vermessungsprotokoll: Eichede 1773

1591 Vermessungsprotokoll: Grönwohld 1773

1592 Vermessungsprotokoll: Alsterdorf 1774

1593 Vermessungsprotokoll: Sprenge 1772

1594 Vermessungsprotokoll: Nahe 1776

1595 Vermessungsprotokoll: Sievershütten 1776

1596 Vermessungsprotokoll: Stuvenborn und Bredenbekshorst 1776

1597 Vermessungsprotokoll: Hamfelde 1777

1598 Vermessungsprotokoll: Steilshoop 1778

1599 Vermessungsprotokoll: Großensee 1779

1600 Vermessungsprotokoll: Rausdorf 1779

1601 Vermessungsprotokoll: Altrahlstedt 1781

1604 Vermessung und Vermessungskosten in den Ämtern Trittau, Reinbek und Tremsbüttel 1774

1624 Vermessung und Vermessungskosten in Stuvenborn, Sievershütten, Bredenbekshorst und Nahe 1776

1638 Vermessung und Vermessungskosten in Hamfelde, Köthel und Steilshoop 1777-1778

1655 Kosten für Vermessung und Reinzeichnung der Karten für die Dorfschaften Großensee, Rausdorf und Siek (Amt Reinbek) 1780

## Spezielle Landangelegenheiten

1579 Bessere Kultivierung und Einfriedung der Ländereien und Wiesen in Rümpel und Neritz 1770

1580 Überlassung von Moorland an die Erben des Mühlenpächters Hans Hinrich Holst in Trittau und an den Zehnpfenningsbediensteten Carl August Möller aus Hamburg für sein Krughaus auf der Trittauer Heide 1768-1782

1581 Inanspruchnahme der Weidekoppel durch die Kätner in Rümpel sowie Austausch und Urbarmachung der Buschteile der dortigen Hufner 1771-1782

1582 Viehhaltung des Viertelhufners Gerd Hillbrand in Rümpel und Landzulage für die Schmiedekate des Jochim Hinrich Först in der Förstenkate 1771-1773

1602 Eigenmächtiger Landaustausch und bessere Landnutzung in Bramfeld 1773

1603 Einteilungsregister der Dorfschaften Neritz und Rümpel (1741-1742, 1765) 1770

1605 Landverteilung: Eichede, Mollhagen und Alsterdorf 1774-1775

1606 Konzession des Hufners Hans Jochim Timmermann senior in Hoisdorf zum Verkauf einer privilegierten Koppel 1774

1607 Landzulage der Hufner Hans Jochim Timmermann junior, Hans Jochim Timmermann senior und Hans Hinsch in Hoisdorf für die Stelle des Jochim Möller 1775

1608 Streitigkeiten zwischen dem Holzvogt Bonn und dem Halbhufner Hinrich Zingelmannn bei der Landverteilung in Lütjensee wegen einer Koppel 1775

1609 Landbeilage und Landverkauf in Hoisdorf sowie Landzulage zur Haltung eines Dorfbullen 1775

1610 Landzulage für die Pfarrei des Pastors Lentz in Eichede 1775

1611 Geldzulage statt Land für den Küster Johann Hinrich Nohr in Eichede 1775

1612 Gleichsetzung von Sechstelhufnern mit Viertelhufnern bei der Landverteilung in Mollhagen 1775

1613 Buschlandzulage für den Kätner Hinrich Peemöller in Sprenge und den Bauervogt Claus Witten in Oetjendorf 1775

1614 Landverteilung in Lütjensee und Verteilung des Bullenkamp unter den dortigen Viertelhufnern 1775

1615 Landzulagen in Lütjensee 1775

1616 Landzulagen an den Halbhufner Hans Hinrich Schwarck und an Johann Schwarck in Hoisdorf 1775-1782

1617 Zulage einer Kuhweide oder Erlass von Dienstgeld für die Insten in Hoisdorf 1775-1776

1618 Landhandel zwischen dem Hufner Hans Hinsch in Hoisdorf und dem Kätner Thies Bartels in Oetjendorf 1775-1776

1619 Landbeilage für den Holzvogt Bonn als Kätner in Lütjensee 1775-1777

1620 Kostenrechnungen über die Landverteilungsgebühren für die Dorfschaften Hoisdorf, Eichede, Oetjendorf, Mollhagen und Lütjensee 1775-1776

1621 Landzulage für den Bauervogt Eggert Hartwig Stahmer in Eichede und Urbarmachung der Hälfte seiner Buschkoppel 1775

1622 Gemeinweide, Viehverheuerung und Schutzgeld der Einlieger in Eichede 1776-1778
Enthält auch: Landzulagen für den Baumwärter Johann Hinrich Dabelstein, Siekerberg; Landzulage für den Krüger und Baumwärter bei der Papiermühle in Grönwohld Johann Jacob Reimers

1623 Landzulage an den Halbhufner Hinrich Scharnbarg in Lütjensee 1776

1625 Landbeilage für den Schuster und Insten Johann Jürgen Gottfried Hinrichsen in Stuvenborn zum Katenbau 1776

1626 Landzulage für den Erbpächter der Kornmühle in Trittau Christian Friedrich Hieronymus Brodersen als künftigen Bauervogt in Hamfelde 1776

1627 Kauf der Bullenkoppel und Verkauf des Riegelstiegs durch den Hufner Claus Möller in Hoisdorf 1776-1777

1628 Schafweidegerechtigkeit der Erben des Vorwerkserbpächters Jacob Cornelius Meyer in Trittau 1776-1778
Enthtält nur Aktendeckblatt. Akte befindet sich in Abt. 8.3 Nr. 2064.

1629 Gebühren für die Landverteilung in Sprenge 1776

1630 Buschlandzulage für den Hufner Hinrich Stapelfeldt in Sprenge 1776-1779

1631 Landzulagen an den Halbhufner Hans Hinrich Griem in Lütjensee als Entschädigung für die Verpflegung von vier elternlosen Kindern 1777

1632 Überlassung des Platzes Riezen in Rümpel 1777

1633 Landmesserquartier und Landverteilungsgebühren in Trittau und Grönwohld 1777

1634 Gesuch des Erbpächters der Kornmühle und der Teiche in Trittau Hans Hinrich Holst um eine Verfügung wegen der Fischheller und der dahin führenden Wege 1777

1635 Landanweisung für Johann Andreas Steege in Sprenge 1777-1781

1636 Landzulagen in Lütjensee 1777-1778

1637 Landanweisungen an Eingesessene in Trittau, Lütjensee und Hoisdorf 1777-1778

1639 Landausweisung an den Hufner Hans Jürgen Martens in Sprenge und Mooranweisung an den Kätner Franz Hinrich Scharnberg auf der Trittauerheide 1777
Enthält auch: Landausweisung an den Halbhufner Hinrich Zingelmann, Lütjensee; Abgabenzahlung und Landzulage des Halbhufners Hans Scharnbarg, Sprenge

1640 Rechnung von den Landverteilungsgebühren in Grönwohld 1777-1778

1641 Landüberlassung an den Zweidrittelhufner Peter Möller in Hoisdorf 1778

1642 Land- und Wiesenwachsüberlassung an die Kätner Hans Jürgen Stapelfeldt und Franz Jürgen Heydtmann in der Hahnheide 1777-1778

1643 Viehtränke und Landzulage des Kätners Hans Hinrich Scharnberg auf der Trittauer Horst 1777-1778

1644 Urbarmachung einer Buschkoppel des Hufenbesitzers Anton Friedrich Krafft in Eichede 1778-1779

1645 Landüberlassung an den Mühlenerbpächter Hans Hinrich Holst in Trittau 1778-1779

1646 Verteilungsgebühren der Dorfschaft Trittau und des Kaufmanns Amsinck aus Hamburg für Ländereien auf dem Feld in Lütjensee 1778

1647 Urbarmachung von Buschkoppeln und Holzfällung durch Voll- und Halbhufner in Eichede 1778-1779

1648 Urbarmachung von Buschkoppeln des Drittelhufners Claus Burmeister sowie der Kätner Eggert Westphal und Hans Hinrich Meyer in Mollhagen 1778-1780

1649 Landüberlassungen 1779-1780
Enthält: Schulmeister Johann Hinrich Siemers, Grönwohld; Schuster Peter Möller, Nahe; Hinrich Schacht, Neritz; Inste Sievert Steenbock, Nahe

1650 Überlassung von Land in Stapelfeld an Claus Kratzmann in Höltigbaum (Oldenfelde) [1780]
Enthält nur Aktendeckblatt

1651 Landzulage und Katenbau der Insten Claus Schipmann und Jochim Hinsch in Hoisdorf 1779-1783

1652 Verkauf der Hirtenkatenstelle, Landzulage und Urbarmachung von Buschkoppeln in Grönwohld 1780-1784

1653 Landverkauf des Erbpächters Anton Friedrich Krafft in Eichede an den Pastor Lentz sowie Verkauf des Wohnhauses mit Landstück der Bödenerstelle des Claus Hinrich Pohlsen in Eichede durch den Kleinkätner Thies Göben 1780-1781, 1802

1654 Viehweide des zum Gut Wandsbek gehörigen Müllers Johann Adolph Brauer in Altrahlstedt [1780]
Enthält nur Aktendeckblatt. Akte befindet sich in Abt. 8.3 Nr. 3561.

1656 Landüberlassung an den Kätner Hans Jacob Wölcke in Papendorf
Enthält nur Aktendeckblatt. Akte befindet sich in Abt. 8.3 Nr. 2079. [1780]

1657 Überlassung der in der Hölzung Karnapp beim Stenserteich in Trittau gelegenen Beckerwiese 1779-1781

1658 Überlassung von Wiesenland an Kätner in Trittau 1780

1659 Beschwerden von Eingesessenen in Sprenge gegen den Hufner Hans Wilhöft wegen Beihilfe zur Landeinfriedung sowie Fuhrweg und Gartenland der dorigen Hirtenkate 1780

1660 Landausweisung aus dem Billbrook an die Halbhufner in Trittau 1780

1661 Landzulage des Insten Claus Friedrich Ehrhorn in Hoisdorf für eine Anbauerstelle 1780-1782

1662 Landzulage und Katenbau des Halbhufners Hans Hinrich Heuer in Lütjensee sowie Befreiung des dortigen Halbhufners Hans Hinrich Möller von der Grundheuer für die abgebrochene Kate 1780-1790

1663 Landüberlassung an den Kätner und Schmied Jürgen Ellerbrock in Bramfeld 1780

1664 Überlassung eines Teils der Ochsenkoppel an den Erbpächter in Todendorf und Baumwärter in Sprengerkate Jasper Pöhlsen 1780

1665 Überlassung des Oberteichsbrooks in Hoisdorf 1780-1791

1666 Anweisung von Schafweiden der Witwe Meyer als Erbpächterin des Vorwerks Trittau auf die Felder in Trittau, Grönwohld und Lütjensee 1781

1667 Wiesen- und Heidelandüberlassung an Franz Hinrich Scharnbarg in Trittau 1781

1668 Umstrittene Einfriedungsstrecke in Sprenge zwischen den Vormündern der Rugischen Kinder und dem Hufner Hans Wilhöft 1781

1669 Aufteilung der Koppel Rockshorst in Neritz 1781

1670 Landüberlassungen in Trittau, Stuvenborn, Lütjensee und Mollhagen 1782-1790

1671 Landüberlassung aus einem Zuschlag an Hans Hinrich Timmermann in Hoisdorf 1782

1672 Heidelandüberlassung an den Bauervogt Timmermann in Bramfeld und Landverteilung in Stuvenborn 1782

1673 Urbarmachung von Buschland in Eichede 1782-1783

1674 Landüberlassung sowie Krügerei- und Hökereifreiheit des Insten Paul Homann in Rümpel 1782, 1791-1792

Enthält auch: Landüberlassung an die Hufner Hinrich Gercken und Hinrich Relling, Rümpel

1675 Landüberlassung an den Kätner Claus Peemöller in Lütjensee 1782-1783

1676 Beibehaltung der Schafweide der Dorfschaft Hamfelde in der Hahnheider Hölzung 1782-1783

1677 Einfriedung einer Wiese des Halbhufners Samuel Dühring in Trittau 1782

1678 Kaufvertrag des Jasper Wulff aus Hutzfeld mit den Erbpächtern Hans Hinrich Bartels und Zacharias Kosen in Rohlfshagen 1782

1679 Landüberlassung an den Kätner C. Lembcke in Grönwohld 1782

1680 Verkauf eines Landstücks des Erbpächters Thies Wilcken in Rohlfshagen an Detlef Reimers in Todendorf 1782

1681 Katenbau des Claus Kratzmann in Höltigbaum (Oldenfelde) [1782]
Enthält nur Aktendeckblatt

1682 Landüberlassung an die Kätner in Eichede 1783

1683 Überlassung von Wiesenland an den Schulmeister Johann Schäffer in Rümpel 1783

1684 Vorstellung der Kirchenjuraten in Altrahlstedt wegen des Landstücks Koppelhagen in Oldenfelde 1783
Enthält nur Aktendeckblatt

1685 Unveränderte Zubehörungen der Bauervogtei des Hinrich Soltau in Altrahlstedt 1783

1686 Mastvergünstigung für das sogenannte Schneidelschwein in den neu gesetzten Dorfschaften (1754) 1783, 1789-1790

1687 Gleichsetzung der Hufen des Hinrich Dabelstein und der Kinder des Hans Hohmann in Rümpel mit den anderen Hufen 1783

1688 Überlassung und Einfriedung der Gemeinweide in Eichede 1783-1784

1689 Weidegerechtigkeit in Trittau 1783-1785

1690 Überlassung von Gemeinheitsland in Sasel an den Insten Christoph Steffens in Poppenbüttel 1783-1784

1691 Verkauf der Hirtenkate in Grönwohld an den dortigen Zimmermann Berenbeck 1783

1692 Kaufvertrag zwischen dem Erbpächter Jürgen Hinrich Martens in Todendorf und Jochim Hinrich Burmeister in Lasbek über ein Erbpachtsstück des Gutes Todendorf 1783

1693 Landüberlassungen an die Insten Balthasar Heuer und Jochim Balthasar Kreecker in Lütjensee sowie an die Insten Johann Jacob Griem und Peter Möller in Sprenge 1783-1785, 1793

1694 Land- und Holzüberlassung an Claus Hinrich Dassau auf der Trittauer Vorburg 1783-1785

1695 Beibehaltung der Schaf- und Schweineweide in den uneingefriedeten Hölzungen in Köthel 1783

1696 Kaufvertrag zwischen dem Erbpächter Jürgen Peemöller in Oetjendorf und Johann Friedrich Böttger in Hammoor über Ländereien des Gutes Todendorf 1783

1697 Torfstich des Pastors Hasselmann in Altrahlstedt 1783

1698 Überlassung der Gemeinweide in Mollhagen 1783

1699 Urbarmachung von Katenland des Kaufmanns Rudoph Amsinck aus Hamburg und dessen Torfstich in Grönwohld 1783, 1790

1700 Torfstich in Nahe 1783-1784

1701 Verkauf der Kate und Katenländereien des Schulmeisters Johann Stege in Sprenge (1776) 1783-1785

1702 Überlassung von Land aus dem Billbrook an Franz Hinrich Scharnbarg im Zollhaus auf der Trittauerheide 1783-1785

1703 Überlassung des von Franz Hinrich Scharnbarg auf dem Zollhaus auf der Trittauerheide erbetenen Landes an Franz Jürgen Heitmann in Trittau 1783

1704 Überlassung von Land aus dem Billbrook an den Hufner Bartram Manshardt in Köthel 1784

1705 Katenbau des Bauervogts Hinrich Soltau in Altrahlstedt 1784

1706 Landausweisung an den anhalt-dessauischen Erziehungsrat Kampe als Besitzer des Amtshauses in Trittau 1784

1707 Vermessung der gekauften und verkauften Ländereien der Erbpächter Jochim Hinrich Burmeister und Johann Hinrich Griem in Todendorf 1785

1708 Landüberlassung an den künftigen Halbhufner Hans Jochim Kröger in Lütjensee 1785

1709 Reinigung eines Bachs im Zuschlag Rägen in Todendorf auf herrschaftliche Kosten 1785

1710 Verkauf des Buschlandes des Kätners Matthias Peemöller in Oetjendorf 1785

1711 Land- und Holzüberlassung an den Halbhufner Jochim Hinrich Zingelmann in Lütjensee sowie Verteilung der dortigen Gemeinheit 1785-1787

1712 Urbarmachung des Buschlandes des Schulmeisters in Sprenge 1785

1713 Landüberlassung an den Müller Friedrich Maas in Altrahlstedt 1785

1714 Landüberlassung an den Bödener Hans Scharnbarg in Trittau 1785-1787

1715 Landüberlassungen in Sprenge 1785-1806

1716 Landzulage für die Viertelhufe des Altenteilsmanns Hans Jürgen Niemeyer in Lütjensee 1786

1717 Überlassung von Land aus der Gemeinheit in Trittau an den Holzvogt Johann Peter Hack im Hahnheider Beritt 1786

1718 Landüberlassung an den Nachrichter Georg Philipp Wilhelm Hennings in Hamburg als Besitzer einer Viertelhufe in Trittau 1786

1719 Moor- und Heidelandüberlassung an den Bödener Christoph Scharnbarg in Trittau 1787

1720 Verkauf der Hirtenkate in Rausdorf [1787]
Enthält nur Aktendeckblatt. Akten befinden sich in Abt. 8.3 Nr. 2070.

1721 Landzulage für den Bödener Christoph Jacob Gatermann in Grönwohld 1786-1787

1722 Landzulage für den Kätner Hans Hinrich Zingelmann in Sprenge 1787-1789

1723 Überlassung der Hellenkoppel an den Dreiviertelhufner Johann Hack in Neritz 1787

1724 Befreiung der Eingesessenen in Trittau von der Unterhaltung der Gehegeeinfriedungen oder der Scheiden an der lauenburgischen Grenze 1787-1789
Enthält nur Aktendeckblatt. Akte befindet sich in Abt. 8.3 Nr. 1509.

1725 Landüberlassung an die Halbhufner Hinrich Scharnbarg, Hans Hinrich Griem und Claus Meins in Lütjensee 1787-1789

1726 Landüberlassung an den Dreiviertelhufner Jürgen Dassau in Meiendorf 1787-1788

1727 Landüberlassung an Hans Jochim Hinrich Lude und Dr. Johann Christian Bartels in Trittau 1787-1788

1728 Landüberlassungen an Viertelhufner und Bödener in Trittau 1788

1729 Erlass der Kaufgelder des Bauervogts Hermann Brinckmann in Altrahlstedt für die Landzulage der ihm zugehörigen Zollkate in Farmsen 1788

1730 Buschkoppel der Stelle der Kinder des Claus Zingelmann in Hoisdorf 1788-1789

1731 Landausweisung für die Insten Hans Steenbock und Jochim Steenbock in Nahe 1788

1732 Landverkauf des Hufners Claus Jochim Griem in Hoisdorf 1788

1733 Erlaubnis zum Torfstich in Grönwohld 1788-1789

1734 Torfstich in Hoisdorf und Grönwohld 1788-1789

1735 Verkauf einer halben Hufe des Bauervogts Eggert Eggers in Meiendorf 1788-1789

1736 Grenzregulierung zwischen Lütjensee und Grönwohld auf dem Rieps 1788, 1793

1737 Landüberlassung an den Hufner Hans Hinsch in Hoisdorf 1788

1738 Genehmigung des Kaufhandels zwischen dem Insten Hein Zingelmann in Hoisdorf und der Dorfschaft wegen der Bollenkoppel 1788

1739 Verkauf der Hirtenkatenländereien in Oldenfelde an Claus Hinrich Stapelfeldt 1788

1740 Kauf des Bullenlandes in Meiendorf durch den Dreiviertelhufner Jochim Mecklenburg 1788

1741 Urbarmachung von Buschländereien des Kätners Jasper Pöhlsen in Sprenge 1788

Enthält nur Aktendeckblatt. Akte befindet sich in Abt. 8.3 Nr. 1715.

1742 Landausweisung für den Kätner Hinrich Wagener in Altrahlstedt 1789-1790

1743 Ausweisung von Gemeinheitsland in Ohe (Amt Reinbek) an die Halbhufner in Kronshorst 1789

1744 Landausweisung an den Organisten Peter Hinrich Hempel in Trittau 1789

1745 Beilegung eines Redders zur Schulkate in Grönwohld 1789

1746 Überlassung von Lehmland in Trittau an den Kätner Dierck Martens in Hamfelde und den Bödener Hans Jürgen Stapelfeldt in Trittau 1789

1747 Überlassung des Landstücks Schedelbusch in Rausdorf an den Halbhufner Hans Kröger in Kronshorst und den Hufner Peter Griem in Rausdorf 1789-1790

1748 Torfstich und Aufteilung des Torfmoors in Nahe 1789-1791

1749 Weidenutzung der Ländereien und des Redders des Halbhufners Franz Meiners in Eichede 1789

1750 Landausweisung für den Kätner und Rademacher Hans Wrage in Nahe 1789

1751 Landausweisung an den Hufner Detlev Langmack in Sievershütten 1789

1752 Landüberlassung an den Bauervogt Jochim Barthold Peemöller in Hoisdorf 1789

1753 Landzulage aus der Hahnheide an den Hausvogt Hansen und den Bödener Johann Claus Meins in Trittau sowie Abfindung des Amtsschreibers Clausen in Trittau für seine Weidegerechtigkeit in der Hahnheide 1790-1793, 1803

1754 Überlassung eines an der Grenze zu Hüttblek gelegenen Landstücks in Sievershütten an Eingesessene und Beilage eines Landstücks in Sievershütten zum Schuldienst in Hüttblek (1788) 1789-1793

1755 Landüberlassung an den Bauervogt Hans Hinsch in Rausdorf 1789-1790

1756 Verkauf eines Landstücks im Fickhorsterberg und einer halben Hufen durch den Hufner Claus Jürgen Griem in Hoisdorf 1789-1794

1757 Zuschreibung der Kate des Mühlenarbeiters Nicolaus Scharnberg in Grönwohld an den Mühlenerbpächter Rudolph Amsinck 1790

1758 Überlassung von Land aus der Hahnheider Hölzung an den Dreiviertelhufner Johann Detlev Griem in Grönwohld und den Halbhufner Christoph Hinrich Mahns in Trittau 1790-1796

1759 Zuteilung der Landstücke Langenbrooksmoor und Krambeeren an den Hufner Jochim Hinrich Möller in Großensee 1790

1760 Freijahre der Halbhufner Jochim Ahrens und Anton Thielsen in Bredenbekshorst für unurbare Ländereien 1790-1792

1761 Überlassung des Heidekamps in Witzhave an die Kinder des Hufners Claus Knaack 1790-1791

1762 Landüberlassungen an den Halbhufner Jochim Hinrich Zingelmann in Lütjensee 1790-1794

1763 Landüberlassung an den Bauervogt Jeronimus Dassau in Witzhave 1790

1764 Überlassung von Moorland aus dem Sieker Moor an den Kätner Claus Sanmann in Siekerberg, Abgrabung des Sieker Moors und Anfertigung einer Karte der Dorfschaft Großensee 1790-1804

1765 Landüberlassung an den Halbhufner Claus Hinrich Kummerfeld in Großensee 1787-1788

1766 Überlassung von Land in Bergstedt und Sasel an den Mühlenerbpächter Hans Jochim Timmerhorn, Claus Hinrich Brugmann in Rodenbek, den Schleusenmeister Hinrich Timmermann in der Burg bei Sasel und den Organisten Schnack in Bergstedt 1789-1790

1767 Landüberlassungen und Verteilung der Gemeinweide in Bramfeld 1791-1797

1768 Landzulage an den Halbhufner Jochim Lueff Kröger in Großensee 1791-1796

1769 Landverkauf des Hufners Claus Hinrich Wilhöfft in Eichede 1791

1770 Torfmoor für die Insten in Nahe 1791-1792

1771 Landüberlassung an den Kätner Johann Peter Kröger in Großensee 1792

1772 Landtausch zwischen der Hufnerwitwe Catharina Margaretha Meyern und dem Schulmeister Hinrich Rehders in Sievershütten 1792

1773 Überlassung von Heideland aus der Gemeinweide in Altrahlstedt an den Mühlenmeister Christian Stolt auf der zum Gut Wandsbek gehörenden Pulvermühle oder Verteilung des Landstücks unter die dortigen Hufner und Halbhufner 1792-1794

1774 Entschädigung des Erbpächters Hein Harms in Rohlfshagen wegen des Landbesitzes des Hufners Hans Helms in Rümpel 1787

1775 Erlaubnis zum Abtransport der Feldsteine von den Äckern in Bergstedt 1788

1776 Grabung des Schmelzmeister Georg Andreas Friedrich auf der Kupfermühle in Hamfelde nach Bergwerksprodukten bei den Bergen in der Hahnheide 1791

1777 Landüberlassung an Hufner in Oldenfelde 1793

1778 Freijahre der Kätner in Nahe für die Urbarmachung wüster Ländereien 1791-1793

1779 Abgabenerlass der Hufner und Halbhufner in Nahe für die Urbarmachung von Ländereien 1792

1780 Landüberlassung aus der Fischerhörn an den Kätner Claus Jochim Griem in Trittau 1793

1781 Anstich und Verteilung des Fuhlenwiesenmoores in Trittau 1794-1800

1782 Landüberlassung aus der Hahnheide an Hans Christoph Rohlfs in Grönwohld 1795-1797

1783 Landüberlassungen an den Insten Johann Hinrich Lemcke in Grönwohld 1793-1797

1784 Landüberlassungen aus der Gemeinweide in Trittau an den Scharfrichter Georg Philipp Wilhelm Hennings aus Hamburg 1793-1801

1785 Wegräumung des Holzes auf der Bullenkoppel in Trittau oder Landausweisung aus der Gemeinweide 1793-1795

1786 Landüberlassung an den Bauervogt Hans Friedrich Christier in Grönwohld 1793

1787 Erlaubnis zum Abtransport der Feldsteine von den Ländereien in Hoisdorf 1794

1788 Ausweisung von Bauplätzen und Landüberlassungen in Bramfeld 1793-1802

1789 Landmesser für die Aufteilung der Torfmoore in Lütjensee und Ausweisung von Moorland aus dem Fitzmoor am Großensee an den Besitzer der Kupfermühle bei Grönwohld Rudolph Amsinck (1793) 1794

1790 Landüberlassung an den Insten Hinrich Wieckhorst in Sasel 1794-1797

1791 Landtausch der Hufner Friedrich Drews, Hans Hinrich Stoffers, Hinrich Relling und Hinrich Buck in Rümpel 1794-1799

1792 Alleinige Nutzung des Kahlenredders in Mollhagen durch den Bauervogt Hans Nicolaus Hack und Übersendung der Vermessungskarten der Amtsdörfer an das Amtshaus in Trittau 1795-1797

1793 Zulage einer Moorstrecke an die Insten in Lütjensee 1795-1796

1794 Landüberlassungen für die Witwe Plambeck in Nahe 1795-1799

1795 Ausweisung von Moorland in Großensee und Grande an die Eingesessenen in Rausdorf 1795-1799

1796 Verkauf von Wiesenland an den hessen-kasselischen Agenten Jacob von Döhren als Besitzer einer Bödenerstelle in Trittau 1795-1796

1797 Koppelverkauf des Hufners Eggert Andreas Pantelmann in Trittau 1795-1796

1948 Landverkauf des Pächters des Vorwerks Trittau Franz Meyer an den Kaufmann Friedrich Lutkens in Hamburg [1795]

1798 Landüberlassung an den Schulmeister Johann Hinrich Siemers in Grönwohld 1796-1797

1799 Landüberlassung an den Insten Anton Hertzig in Trittau 1796-1797

1800 Abmessung des Altenteilstücks des Altenteilsmanns Hinrich Wilhöfft in Eichede 1796

1801 Landtausch zwischen dem Bauervogt Baltzer Heuer und Jacob Heuer in Lütjensee 1796

1802 Ausfuhr von Feldsteinen in Großensee, Rausdorf und Witzhave 1796-1799

1803 Landüberlassung an den Hufner Hans Behrmann in Bramfeld 1796-1797

1804 Landüberlassungen in Bramfeld, Stuvenborn, Sievershütten und Nahe 1796-1800

1805 Einsendung der Karten von Rausdorf und Sprenge an das Amtshaus in Trittau 1796

1806 Landüberlassung des Bödeners Hans Hinrich Lembcke in Grönwohld an den Kaufmann Johann Dietrich Luis aus Hamburg als Besitzer einer Kupferermühle in Grönwohld 1796-1799

1807 Landüberlassungen in Kronshorst und Vergrößerung der Bittersloher Holzkoppel bei Ohe 1796-1803

1808 Einsendung der Karte von Oldenfelde an das Amtshaus in Trittau zur Nachmessung der zur Bauervogtei gehörigen Heidekoppel in der Kronsheide 1796

1809 Landüberlassungen an den Besitzer der Hökereikate Detlef Hinrich Kähler in Bergstedt 1796-1802

1810 Landüberlassung an den Kätner Hans Casper Wrage in Nahe und Ausweisung eines Wegs über das Landstück für die Witwe Steenbock 1796-1797

1811 Landverkauf von der Bollmoorer Katenstelle in Lütjensee des Bödeners Eggert Christier in Grönwohld an den Mauerergesellen Jochim Hinrich Punjer 1797-1798

1812 Landüberlassungen an Insten in Nahe 1797-1799

1813 Genehmigung des Landkaufs des Halbhufners Hans Hinrich Knaack in Witzhave 1797

1814 Landüberlassung an die Dorfschaft Bergstedt zur Nutzung als Bullenland 1797-1799

1815 Ausweisung von Bauplätzen zum Katenbau der Insten Hinrich Krohn in Sasel und Hans Hinrich Brügmann in Bergstedt 1797-1799

1816 Aufteilung der Nachtkoppel in Oldenfelde 1797-1799

1817 Landüberlassung an den Hufner Hans von Elm in Bramfeld zur Vergrößerung seines Gartens 1797-1798

1818 Landbeilage für den Hufner Claus Knaack in Witzhave 1797-1798

1819 Landausweisung für die Dorfschaft Witzhave zum Bau einer Hirtenkate 1797

1820 Landüberlassung an den Hufner Hans Behrmann in Bramfeld 1797-1798

1821 Landüberlassung an den Insten Hans Hinrich Stender in Sasel 1797-1799

1822 Landüberlassungen an den Hufner Hein Ellerbrock und den Anbauer Johann Jürgen Maack in Sasel 1798-1805

1823 Eigenmächtige Landaneignung von Eingesessenen in Rausdorf und Kronshorst 1797-1798

1824 Landüberlassungen in Nahe 1798-1805

1825 Landüberlassung an den Hufner und Krugwirt Claus Knaack in Witzhave und Verteilung der dortigen Gemeinweide 1797-1798

1826 Überlassung von Moorland aus dem Trittauer Wohltmoor an den Kaufmann Daniel Poppe aus Hamburg als Besitzer der Kupfermühlen in Hamfelde und Rausdorf 1797-1798

1827 Überlassung von Moorland auf der Gemeinweide in Lütjensee an den Bauervogt Franz Hinrich Scharnbarg in Sprenge oder an die Eingesessenen in Lütjensee 1797-1798

1828 Landüberlassung an den Anbauer Jochim Schmuck in Nahe und Landtausch mit dem dortigen Hufner Jochim Danger 1797-1800

1829 Landtausch zwischen der Katen- und Halbhufenstelle des Hans Zingelmann in Hoisdorf sowie dessen Landtausch mit dem dortigen Kätner Gätje 1797-1798

1830 Verkauf der in Stuvenborn gelegenen Wiese Dreihüttblek des Hufners Franz Dreyer in Sievershütten an den Hufner Hinrich Steenbock in Stuvenborn 1798

1831 Aufteilung des Wahrenberger Torfmoors in Großensee 1798

1832 Landtausch und Grenzveränderung zwischen dem Halbhufner Johann Meins in Barghorst und dem Hufner Friedrich Wilhöfft in Eichede 1798-1800

1833 Landüberlassung an den Altenteilsmann Johann Hinrich Schoer in Eichede 1799-1800

1834 Verkauf eines Bauplatzes mit Kohlhof durch den Kätner Tim Wrage in Nahe 1798

1835 Landtausch zwischen dem Halbhufner Hans Möller und dem Viertelhufner Hans Jochim Martens in Lütjensee 1798

1836 Landüberlassung an den Kätner Claus Möller in Nahe 1798-1799

1837 Zulegung der Hälfte der Koppel Neuenkamp in Lütjensee zur Stelle des dortigen Kätners Claus Peemöller und dessen Koppelteilung mit dem Besitzer der Dwerkate Claus Griem 1798-1799

1838 Landzulage und Landtausch des Bauervogts Eggert Stahmer in Eichede 1798-1799

1839 Landüberlassung an den Kätner Hans Casper Wrage in Nahe 1798-1799

1840 Landüberlassung an den Insten Johann Wrage und den Anbauer Hans Jochim Fedder in Nahe 1798-1810

1841 Bau einer Altenteilskate und Beibehaltung der Altenteilswohnung des Hufners Jasper Köster in Großensee 1798

1842 Heidelandüberlassung an den Insten Hans Jochim Klostermann in Sasel 1798-1799

1843 Landüberlassung an den Insten Hans Langmack in Sievershütten 1798-1799

1844 Landtausch zwischen den Kätnern Hinrich Stapelfeldt und Hans Hinrich Bröcker in Sprenge 1798-1799

1845 Nutzung eines Hauses und Kohlhofs des Hufners Claus Burmeister in Hoisdorf als Altenteilkate sowie Notat der Amtsrechnung Trittau über eine Abgabe des Jochim Hinrich Knaack in Hoisdorf für eine Landmaße 1798-1803

1846 Katenabbruch und Katentausch des Halbhufners Claus Zingelmann in Sprenge 1799-1800

1847 Landüberlassungen an den Insten Franz Hinrich Zellhorn in Großensee 1799-1806

1848 Verkauf eines Landstücks in Lütjensee durch den Bödener Eggert Christier in Grönwohld an den Zimmergesellen Claus Röper 1799-1800

1849 Landüberlassung an Johann Michael Meisner in Meiendorf 1799

1850 Verkauf der Ackerländereien der Halbhufe des Hufners Claus Knaack in Witzhave an die dortigen Halbhufner Marx Selck und Hans Jochim Knaack 1799-1800

1851 Erteilung einer Resolution an den Kätner Hans David Meyer in Meiendorf wegen Landüberlassung 1799

1852 Heidelandüberlassung an den Erbmühlenpächter Hans Hinrich Holst in Trittau 1799-1800

1853 Landüberlassung an Claus Ehlers in Bramfeld 1799-1802

1854 Landüberlassung an die Insten Jochim Dabelstein und Hans Jochim Fedder in Nahe 1799-1800

1855 Landüberlassung an den Kätner und Schmied Johann Jochim Hinrich Schwabel in Bergstedt zum Bau eier Altenteilkate 1799-1802

1856 Anweisung eines Bauplatzes für den Insten und Schuster Hans Hinrich Röper in Grönwohld 1799-1800

1857 Überlassung von Land aus der Gemeinweide in Großensee an den Insten Hans Hinrich Harders in Ahrensfelde 1799-1801

1858 Landtausch zwischen den Hufnern Hinrich Friedrich Wilhöft und Claus Witten in Eichede 1799-1800

1859 Landüberlassung an den Kätner Asmus Rehders in Nahe 1799, 1805, 1810

1860 Landüberlassung an den Insten Jochim Pöhls in Eichede 1799-1800

1861 Nutzung einer Altenteilkate des Dreiviertelhufners Johann Detlev Griem in Grönwohld als Wohnkate 1799-1800

1862 Land- und Holzüberlassung an den Kaufmann Daniel Poppe aus Hamburg als Besitzer der Kupfermühle in Hamfelde 1799-1800

1863 Moorlandüberlassung an den Bauervogt Hinrich Pohlmann in Nahe 1799-1805

1864 Heidelandüberlassung an den Kätner Johann Eggert Kock in Sasel 1800

1865 Verkauf der Hausstelle mit Kohlhof des Kätners Hans Gercken in Hoisdorf an den Schuster Hein Jacob Zellhorn in Lütjensee 1800

1866 Landüberlassung an die Insten Jochim Naefken, Peter Naefken und Jochim Pöhls in Eichede 1800-1808

1867 Mitteilung einer Karte der Dorfschaft Mollhagen an Erbpächter in Todendorf zur Bestimmung der Größe eines Wasserlaufs 1800

1868 Landbeilage für die Bauervogtswitwe Catharina Magdalena Christier und den Bauervogt Christier in Grönwohld 1800-1808

1869 Landbeilage für die Kätner in Großensee 1800

1870 Landüberlassung an den Anbauer Jochim Zellhorn in Stuvenborn 1800-1805

1871 Landbeilage für den Bödener Jochim Hinrich Lembcke in Grönwohld 1800-1805

1872 Verkauf einer Koppel des Posthalters und Bauervogts Christian Friedrich Hieronimus Brodersen in Hamfelde an den Besitzer der dortigen Kupfermühle Daniel Poppe 1800-1801

1873 Landkauf und -verkauf des Altenteilsmanns Johann Michael Meisner in Meiendorf 1800-1802

1874 Landüberlassung an den Kätner Johann Gottlieb Pust in Oetjendorf 1800

1875 Landüberlassung an Hans Jochim Hüttmann in Nahe 1800-1805

1876 Landüberlassung an den Kätner Hans Hinrich Wilhoefft in Eichede und Verteilung der Holzweide unter die dortigen Kleinkätner 1800-1805

1877 Landüberlassung an den Müller Friedrich Hinsch in Altrahlstedt 1800-1806

1878 Landausweisung für den Insten Hans Peter Langhein in Bergstedt 1800-1802

1879 Anweisung eines Bauplatzes an den Halbhufner Johann Hinrich Zingelmann in Großensee 1800-1802

1880 Land- und Holzüberlassung an den Kaufmann Daniel Poppe aus Hamburg als Besitzer der Kupfermühle in Hamfelde 1800-1801

1881 Ausweisung von Gemeinheitsland in Sasel an den Einwohner Hans Jochim Kock in Lemsahl 1800-1809

1882 Landüberlassung an den Erbpächter Johann Peter Haack in Grönwohld 1801-1805

1883 Landüberlassung an die Halbhufenr Marx Selck und Hans Jochim Knaack in Witzhave 1801

1884 Landüberlassung an den Kätner und Schulmeister Hans Hermann von Elmen in Bramfeld 1801

1885 Landüberlassung an den Kätner und Schmied Hans Hinrich Teegen in Neritz 1801

1886 Landzusicherung für den Halbhufner Hans Claus Rosenau in Lütjensee 1801

1887 Landüberlassung an den Anbauer Eggert Plambeck in Nahe 1801-1811

1888 Landüberlassung an den Schulhalter Rudolph Hinrich Beckmann in Rausdorf 1801

1889 Landüberlassung an Hans Hinrich Scharnbarg in Trittau 1801

1890 Landausweisung für den Schulmeister Peter Thiesen in Mollhagen 1801

1891 Aufteilung der Hufen des Hinrich Petersen in Eichede 1801

1892 Heidelandüberlassung an den Gärtner J. L. Gäbel in Altrahlstedt 1801

1893 Landüberlassung an den Heuerling Johann Joachim Lütgens in Witzhave 1801-1803

1894 Landverkauf des Thomas Jürgen Kühl in Altrahlstedt an den Müller Stollt 1801

1895 Brückenbau vor dem Amtshof in Trittau und beim Dassauer Haus (1801) 1802-1803

1896 Landüberlassung an den Kätner Jochim Jarms in Sasel 1802

1897 Landüberlassung an den Insten Johann Joachim Lütjens in Witzhave 1802

1898 Landkauf und -verkauf des Kätners Hans Hinrich Gartz in Rausdorf 1802

1899 Landbeilage für die Dienstländereien des Holzvogts Usinger in Hamfelde 1802

1900 Landtausch zwischen dem Halbhufner Johann Hinrich Möller in Altrahlstedt und dem dortigen Mühlenpächter Hans Hinrich Hinsch 1802-1805

1901 Landüberlassung an den Heuerling Hermann von Elm in Bramfeld 1802

3558 Landüberlassung an den Anbauer Peter Krogmann in Bramfeld 1802

1902 Landüberlassungen an Eingesessene in Bramfeld 1802

1903 Landüberlassung an den Anbauer Rehders in Bramfeld 1802

1904 Eigenmächtige Einnahme von Landmaßen in Witzhave 1803

1905 Verkauf von Ländereien der Hirtenkate in Lütjensee an Eggert Timmermann und Johann Jochim Scheel (1802) 1803

1906 Landüberlassung an den Kätner Hans Christens in Sasel 1803-1805

1907 Landüberlassung an den Insten und Schuhmacher Levin Christoph Lampe in Mollhagen 1803

1908 Überlassung von Gemeinheitsland in Oldenfelde an den Kätner Claus Kratzmann in Höltigbaum und dessen Landverkauf an den Bauervogt Eggert Eggers in Oldenfelde 1803-1811

1909 Landausweisung zum Katenbau für den Bauervogt Ohle in Steilshoop 1803-1804

1910 Gesuch des Erbpächters Jochim Hinrich Hümpel in Papendorf zur Aufteilung und Einkoppelung der dortigen Feldmark sowie wegen seiner Weidegerechtigkeit 1803

1911 Landausweisung für den Insten Jochim Witte in Bergstedt 1803-1804

1912 Landverkauf und -ersatz des Bödeners Hans Jochim Steffens in Grönwohld 1803

1913 Landüberlassung an den Insten Hans Jacob Mecklenburg in Meiendorf 1803-1806

1914 Verlegung der Dorfschaft Hoisbüttel zum Amt Tremsbüttel 1803-1805

1915 Verweigerte Überfahrt für den Prediger in Eichede über die Buschkoppel des Kätners Hinrich Stapelfeldt in Sprenge 1803

1916 Landüberlassung an den Kätner Carsten Lange in Bramfeld 1803-1806

1917 Überlassung von Gemeinheitsland in Bramfeld an den Zimmergesellen Hans Faasch in Volksdorf 1803-1805

1918 Landüberlassung an den Insten Claus Schacht in Nahe 1803-1805

1919 Verkauf einer Wiese in Stuvenborn durch den Hufner Casper Henning in Sievershütten an den Katenbesitzer Johann Wollgast in Stuvenborn 1804-1805

1920 Überlassung von Land auf dem Bökelsberg an den Insten Hans Joachim Friedrich Seemann in Großensee 1804-1805

1921 Landüberlassung an den Hufenbesitzer Johann Christian Arnemann in Sasel für den Bau von Wohnungen 1804-1805

1922 Abtrennung und Verkauf einer Koppel des Dreiviertelhufners Peter David Krogmann in Meiendorf an den Tischlergesellen Hans Mecklenburg 1804

1923 Überlassung eines Landstücks bei den Lehmkuhlen an den Insten Joachim Finder in Sasel 1804

1924 Überlassung von Land in Meiendorf an den Tagelöhner und Insten Christian Gaack in Hoisdorf 1804-1805

1925 Verkauf einer Kate mit Land des Bauervogts Jochim Barthold Peemöller in Hoisdorf an den Leinwandhändler Joseph Fischer 1804

1926 Landüberlassung an den Bauervogt Eggert Eggers in Oldenfelde und Verteilung der dortigen Kronsheide unter die Eingesessenen 1804-1811

1927 Bauplatz und Gartenland in Sasel für den verabschiedeten Dragoner Hans Christoph Kammann 1804-1805

1928 Streitigkeiten zwischen den Altenteilsmännern Hans Hinrich Schmüser und Willhöft in Todendorf wegen eines eingenommenen Redders am Lehmkuhl und des ausgerückten Redders des Schulmeisters am Redder 1802-1804

1929 Landüberlassung an den Insten Johann Hinrich Kramp in Bramfeld 1804-1810

1930 Überlassung von Land in Hoisdorf an den Insten Johann Gottfried Peters in Grönwohld zur Anlage einer Schmiede und diesbezügliche Beschwerde des Schmieds Jochim Duvier in Hoisdorf 1804-1805

1931 Überlassung von Land in Bramfeld an Matthias Niedorff in Farmsen 1804-1805

1932 Landtausch zwischen den Kindern des Zweidrittelhufners Jochim Hinrich Niemeyer in Hoisdorf mit dem Kätner Hartwig Christier zum Siekerberg sowie Teilung der Halbhufen des Bauervogts Jochim Barthold Peemöller in Hoisdorf und des Kätners Hartwig Christier 1804-1805

1933 Landüberlassung an den Insten Hans Hein Hinrich Dreff in Altrahlstedt 1805

1934 Landüberlassung an den Insten Hinrich Gercken in Lütjensee 1805

1935 Bauplatz und Gartenland für den Insten Peter Gaden (Gaacken) in Rümpel 1805

1936 Verkauf einer Koppel des Viertelhufners und Kätners Hans Christian Fürst in Hoisdorf an den Kätner Johann Gottlieb Püst in Oetjendorf 1805

1937 Landüberlassung an den Insten Claus Hinrich Geercken in Grönwohld 1805-1808

1938 Landüberlassung an den Bauervogt Hinrich Friedrich Christier in Grönwohld 1805

1939 Landüberlassung an den Anbauer Hans Timmermann in Stuvenborn 1805

1940 Landüberlassung an den Insten Peter Schipmann in Grande 1805

1941 Landüberlassung an den Kätner Johann Detlef Griem in Grönwohld 1805

1942 Landüberlassung an den Kätner Hermann Meyer in Bramfeld 1805-1806

1943 Landausweisung für den Insten Jochim Hinrich Wrage in Nahe 1805

1944 Überlassung des Silbermoors an den Anbauer Jochim Fedder in Nahe 1800-1810

1945 Bitte des Amtshauses in Reinbek um eine Karte der Dorfschaft Oetjendorf 1805

1946 Bauplatz und Gartenland für den Insten Johann Claus Zingelmann in Oetjendorf 1806

1947 Landüberlassung an den Hufner Johann Andreas Buck in Altrahlstedt (1801) 1806

## Mühlen

1949 Verpachtung der großfürstlichen Kornmühle in Oldesloe 1771

1950 Verbot für den Erbmühlenpächter Holst in Trittau zur völligen Stauung des Stenzerteichs [1771]
Enthält nur Aktendeckblatt. Akten befinden sich in Abt. 8.3 Nr. 1670.

1951 Forderung des Schatzmeisters Graf von Schimmelmann nach Reinigung der Wasserläufe bei Stapelfeld, Meiendorf und Oldenfelde zur Vorbeugung des Wassermangels bei der Mühle in Wandsbek 1780

1952 Beschwerde des Pächters der Kornmühle in Oldesloe Christian Friedrich Krecker wegen der Benutzung der adligen Mühlen durch die Einwohner in Oldesloe und wegen des Baus einer Korn-, Malz- und Graupenmühle in Stadtnähe 1783-1784

1953 Forderung des Erbpachtsmüllers Hans Hinrich Hinsch in Altrahlstedt nach Reinigung des Mühlenstroms durch die Besitzer der angrenzenden Ländereien 1797

1954 Behandlung der Zwangsgäste der abgebrannten Mühle in Oldesloe, Streitigkeiten zwischen dem Mühlenpächter David Niemann in Oldesloe und der Travefahrerzunft wegen Fischerei und Aalfangs in der Obertrave, Entschädigung des Mühlenpächters Niemann wegen entgangenen Aalfangs und Nichtausführung eines Scheunenbaus 1799-1804

1955 Stauung der Mühlenteiche der Draht-, Kupfer- und Messingmühle bei Grönwohld 1799-1805

1956 Bestätigung der Privilegien der Korn- und Lohmühle in Rodenbek sowie deren eventueller Ankauf auf herrschaftliche Rechnung (1738-) 1802

## Pacht

1957 Zeit- und Erbpachtskontrakte 1722-1766

1958 Pachtermäßigung für die Pächter von Parzellen im Göllmerteich aus Lütjensee, Fürstenkaten und Siekerberg sowie Anzeige über auslaufende Pachtverträge 1768-1769

1959 Verteilung und Pachtbedingungen des Gutes Rohlfshagen, Vererbpachtung und Ankauf des Vorwerks Trittau sowie Beschwerden von Erbpächtern in Todendorf, Rohlfshagen und Tremsbüttel 1766-1770

1960 Pachtangelegenheiten des Vorwerks Trittau 1774-1775
Enthält u. a.: Verteilung (mit Vermessungsprotokollen)

1961 Im Mai 1775 auslaufende Pachtverträge 1774

1962 Vererbpachtung eines Teils der Göllmwiese 1776

1963 Auslauf von den Pachtverträgen für den Strohteich, das Landstück des Schusters Otto Kock und drei Wiesenstücke in Trittau [1777]
Enthält nur Aktendeckblatt

1964 Aufteilung und Vererbpachtung der Ländereien des Göllmerteichs 1777-1795

Darin: Zergliederungsplan; Verkaufsbedingungen; mehrerer Ausgaben der „Staats- und Gelehrten Zeitung des Hamburgischen unpartheyischen Correspondenten“ vom November 1784

1965 Bestätigung von Erbpacht- und Verkaufsverträgen 1779

Enthält: Hans Hinrich Nupnau, Todendorf, und Jacob Friedrich Möller, Todendorf; Johann Hinrich Vollstedt, Rohlfshagen, und Johann Daniel Willhöft, Klinken; Stuhr, Rohlfshagen, und Jochim Fürböter, Schiphorst; Hans Hinrich Schmüser, Todendorf, und Claus Bestmann, Todendorf

1966 Anlage einer Schenke und Bierbrauerei des Hufners Hinrich Gehrcken in Rümpel (1749) 1779

1967 Bestätigung der Kaufverträge des Erbpächters Hinrich Wieckhorst in Todendorf mit Hans Hinrich Schwiecker in Tremsbüttel und Johann Hinrich Kruse in Pölitz über Ländereien in Todendorf 1780

1968 Bestätigung des Kaufvertrages zwischen dem Erbpächter Johann Daniel Willhöft in Rohlfshagen und Zacharias Kosen in Klinken über Ländereien des Gutes Rohlfshagen 1780

1969 Verkauf der Kupfermühle des Mühlenpächters Hinrich Röhrs in Hamfelde an den Kaufmann Lucas Kellinghusen in Hamburg 1780

1970 Bestätigungen von Kaufbriefen des Erbpächters Jochim Stuhr in Rohlfshagen mit Claus Barckmann in Seefeld, des Erbpächters Hans Kröger in Rohlfshagen mit dem dortigen Erbpächter Peter Marquard Duvier und des Erbpächters Jürgen Behncke in Rohlfshagen mit Zacharias Kosen über Erbpachtsländereien in Rohlfshagen 1781

1971 Bestätigung des Kaufvertrages zwischen dem Erbpächter Johann Friedrich Stadtländer in Todendorf und Berend Bielfeldt aus Pölitz über Erbpachtsländereien in Todendorf 1783

1972 Bestätigung eines Kaufvertrages zwischen den Erben des Erbpächters Daniel Dreckmann in Todendorf und Johann Friedrich Stadtländer über Erbpachtsländereien in Todendorf 1783

1973 Überlassung einer Zeitpachtsparzelle des Göllmerteichs an den Erbpächter und Baumwärter Jasper Pöhlsen in Todendorf in Erbpacht 1783-1784

1974 Bestätigung des Kaufbriefes zwischen dem Erbpächter Hans Hinrich Schwiecker in Todendorf und Hinrich Schacht in Bargteheide über Erbpachtsländereien in Todendorf 1783

1975 Bestätigung des Verkaufs der Stelle des Erbpächter Martens in Todendorf an Franz Adolph Grütz 1783

1976 Bestätigungen der Kaufverträge des Erbpächters Hans Schacht in Rohlfshagen mit dem Hufner Hinrich Buck und dem Bödener Peter Hinrich Löding in Rümpel 1783

1977 Bestätigung des Kaufvertrages zwischen dem Erbpächter Johann Jochim Wöhlers und Hinrich Kruse in Todendorf über dortige Erbpachtsländereien 1783

1978 Pachtangelegenheiten [1784]
Enthält nur Aktendeckblatt

1979 Verkauf der Schlosswiese des Vorwerks Trittau vom Erbpächter Hauern an den Rat Kampe, Verkauf von Erbpachtsländereien in Rohlfshagen von Detlef Reimers an Hinrich Stoffers und Verkauf der Erbpachtstelle des Hein Griem in Papendorf an Hans Hinrich Köster 1784

1980 Bestätigung des Kaufvertrages zwischen dem Erbpächter Jochim Eggert Knaack in Todendorf und Hinrich Martens über Erbpachtsländereien in Todendorf 1784

1981 Bestätigung des Kaufvertrages zwischen dem Erbpächter Christian Kraft in Todendorf und Johann Hinrich Dürff über Erbpachtsland in Todendorf 1784

1982 Bestätigung eines Kaufvertrages zwischen den Kosenschen Vormündern und Claus Hartz in Schlamersdorf über Erbpachtsländereien in Rohlfshagen 1785

1983 Bestätigung der Kaufverträge zwischen den Erbpächtern Johann Friedrich Minck und Hinrich Willhöft sowie zwischen den Erbpächtern Jochim Willhöft und Hinrich Willhöft über Erbpachtsländereien in Todendorf 1785-1789

1984 Bestätigung des Kaufvertrages des Erbpächters Jacob Friedrich Möller in Todendorf mit Johann Christian Ahlers über Erbpachtsland in Todendorf 1785

1985 Bestätigung der Kaufverträge des Erbpächters Johann Jochim Ahlers mit Claus Hinrich Hack in Sprenge und des Erbpächters Claus Möller mit Johann Friedrich Böttger über Erbpachtsländereien in Todendorf 1785

1986 Bestätigung des Kaufvertrages des Erbpächters Christoph Theodor Dreckmann und des Schmieds Hinrich Meyer in Mollhagen über Erbpachtsländereien in Todendorf 1785

1987 Bestätigung der Kaufverträge des Erbpächters Daniel Hinrich Dreckmann mit dem Hufner Franz Hinrich Kruse in Mollhagen, des Erbpächters Franz Hinrich Kruse mit Hans Jochim Naeffken und der Erbpächters Hartwig Seemann mit dem Erbpächter Hans Friedrich Bartels über Erbpachtsländereien in Todendorf 1785-1792

1988 Bestätigung der Kaufverträge zwischen den Kätnern Jürgen Kröger und Hans Hinrich Griem in Oetjendorf über Torfmoorland in Todendorf, zwischen dem Bödener Eggert Christier und dem Zimmermann Samuel Griem in Grönwohld über Vorwerksländereien sowie zwischen dem Erbpächter Jochim Hinrich Bartels in Todendorf und den Vormündern der Kinder des Erbpächters Berend Bielfeldt 1793

1989 Bestätigung des Kaufvertrages zwischen den Kätnern Claus Kahn in Papendorf und Hans Hinrich Niemann in Eichede über Erbpachtsland in Todendorf 1784

1990 Bestätigung des Kaufvertrages zwischen dem Erbpächter Johann Möller und Anthon Jacob Fickbaum in Todendorf über dortige Erbpachtsländereien 1785

1991 Bestätigung von Kaufverträgen über Moorländereien in Todendorf 1786

1992 Bestätigung des Kaufvertrages zwischen dem Kätner Hinrich Hildebrandt in Rümpel und Paul Hansen in Schlamersdorf über Erbpachtsländereien in Rohlfshagen 1786

1993 Bestätigung des Tauschvertrages zwischen dem Erbpächter Hinrich Vondrey in Todendorf und Hans Hinrich Burmeister in Jersbek 1787

1994 Verkauf von Erbpachtswiesenland in Todendorf durch den Krüger und Kätner Hartig Christier in Siekerberg 1787

1995 Bestätigung der Kaufverträge zwischen dem Kätner Hartig Christier in Siekerberg, dem Erbpächter Johann Müller und Hans Hinrich Schmüser in Todendorf über dortige Erbpachtsländereien 1787

1996 Bestätigung eines Kaufvertrages zwischen den Burmeisterschen Erben in Todendorf und dem Erbpächter Anton Friedrich Kraft in Eichede über Torfmoor in Todendorf 1787

1997 Bestätigung von Kaufverträgen des Erbpächters Jochim Eggert Knaack mit Hans Hinrich Bartels sowie des Erbpächters Hans Hinrich Schmüser mit Hein Schacht und mit Claus Bestmann über Erbpachtsländereien in Todendorf 1787

1998 Bestätigung eines Kaufvertrages zwischen dem Erbpächter Jochim Hinrich Bartels in Todendorf und Hinrich Griem in Mollhagen über Erbpachtsländereien in Todendorf 1787

1999 Bestätigung der Kaufverträge des Hans Hinrich Griem mit Claus Friedrich Witten in Oetjendorf, des Hans Hinrich Schmüser in Todendorf mit Christian Schwiecker in Tremsbüttel und des Hartig Christier in Siekerberg mit Jochim Stapelfeldt in Todendorf über Erbpachtsländereien in Todendorf 1787-1788

2000 Bestätigung des Kaufvertrages zwischen den Hufnern Marx Relling und Hans Niemeier in Rümpel über Erbpachtsland in Rohlfshagen 1788

2001 Bestätigung von fünf Kaufverträgen über Erbpachtsländereien in Todendorf und Rohlfshagen 1786

2002 Bestätigung der Kaufverträge des Hufners Eggert Willhöft in Eichede mit dem Bödener Hans Hinrich Meyer in Mollhagen und Peter Möller in Todendorf über Erbpachtsländereien in Todendorf 1789-1793

2003 Bestätigung des Kaufvertrages zwischen dem Erbpächter Franz Adolph Grütz in Todendorf und Johann Hinrich Willhöft in Eichede 1789

2004 Bestätigung der Kaufverträge des Erbpächters Claus Hartz mit den Erbpächtern Hans Hinrich Bartels und Johann Nicolaus Hulsenberg sowie dessen Kaufvertrag mit Carl Christoph Niemeyer über Erbpachtsländereien in Rohlfshagen 1789-1793

2005 Verkauf von Erbpachtsland des Bauervogts Friedrich Hinrich Bestmann in Trittau an den Einlieger und Zimmermeister Samuel Friedrich Meyer 1789-1791

Enthält auch: Verkauf von Erbpachtsland in Grönwohld vom Besitzer der Bauervogtshufe in Trittau Johann Daniel Bestmann an den Brennmeister Scharenberg von der Amsinckschen Mühle

2006 Bestätigung des Kaufvertrages zwischen den Erbpächtern Jasper Wulff und Claus Hinrich Hartz in Rohlfshagen über eine dortige Kate mit Erbpachtsland 1789

2007 Bestätigung des Kaufvertrages zwischen dem Bödener Hans Hinrich Meyer in Mollhagen und dem Erbpächter Hinrich Griem in Todendorf über dortige Erbpachtsländereien 1789

2008 Bestätigung des Kaufvertrages zwischen dem Bauervogt Claus Friedrich Witten und dem Halbhufner Jochim Peemöller in Oetjendorf über Erbpachtsländereien in Todendorf 1789

2009 Bestätigungen der Kaufverträge des Bauervogts Claus Friedrich Witten in Oetjendorf mit dem Erbpächter Hans Filter in Todendorf und des Erbpächters Jochim Willhöft in Todendorf mit Eingesessenen in Eichede über Erbpachtsländereien in Todendorf 1789

2010 Bestätigung des Kaufvertrages zwischen dem Halbhufner Marx Selck in Witzhave und dem Erbpächter Hinrich Willhöft in Todendorf über dortige Erbpachtsländereien 1790

2011 Bestätigung der Kaufverträge des Erbpächters Johann Hinrich Willhöft in Todendorf mit Hans Jacob Kröger in Hammoor, des Erbpächters Johann Möller mit Hinrich Dwenger sowie des Erbpächters Hans Jacob Kröger mit Johann Friedrich Schuster über Erbpachtsländereien in Todendorf 1790-1794

2012 Bestätigung des Kaufvertrages zwischen dem Erbpächter Hinrich Bestmann und Hans Claus Clasen über Erbpachtsländereien in Todendorf 1790

2013 Bestätigung des Kaufvertrages zwischen dem Erbpächter Hinrich Dwenger und Johann Friedrich Studt in Todendorf über dortige Erbpachtsländereien 1790-1791

2014 Bestätigung der Kaufverträge des Erbpächters Johann Friedrich Göben in Todendorf mit dem ehemaligen Schulmeister Friedrich Hagelstein und des Erbpächters Hinrich Schacht in Todendorf mit Johann Friedrich Krull über dortige Erbpachtsländereien 1792

2015 Bestätigung des Kaufvertrages zwischen den Erben des Erbpächters Jasper Wieckhorst in Todendorf und dem Insten Jasper Finbarg in Lütjensee über Erbpachtsland in Todendorf mit Kirchenstand und über eine Begräbnisstelle in Eichede 1793

2016 Erbpachtsvertrag des Hufners Hans Hinrich Buck in Rümpel über aus dem Nachlass des dortigen Kätners Marx Hinrich Lüttje gekauftes Erbpachtsland in Rohlfshagen 1794-1795

2017 Bestätigung des Kaufvertrages des Erbpächters Jochim Stapelfeldt in Todendorf über dortiges Erbpachtsland des Kätners Hans Friedrich Gaartz in Siek 1795

2018 Bestätigung der Erbpachtsverträge des Friedrich Koopmann in Ahrensfelde mit der Witwe des Erbpächters David Pieper und mit dem Erbpächter Christian Kraft in Todendorf über Vorwerksländereien 1795

2019 Bestätigung des Kaufvertrages zwischen dem Erbpächter Franz Hinrich Kruse in Todendorf und Jochim Hinrich Scharnbarg in Sprenge über Erbpachtsländereien in Todendorf 1795

2020 Bestätigung des Kaufvertrages zwischen der Witwe Catharina Elisabeth Kosen in Todendorf und Johann Christian Schröder in Rethwisch (Amt Rethwisch) über Erbpachtsländereien in Rolhfshagen 1795

2021 Bestätigung des Kaufvertrages zwischen dem Erbpächter Peter Möller und Jochim Hinrich Tiedemann in Todendorf über dortige Erbpachtsländereien 1795

2022 Bestätigung des Kaufvertrages zwischen Hans Jürgen Martens in Mollhagen und dem Erbpächter Jacob Blöse in Todendorf über dortige Erbpachtsländereien 1795

2023 Bestätigung des Kaufvertrages zwischen dem Kätner Matthias Peemöller in Oetjendorf und dem dortigen Halbhufner Jürgen Peemöller über Erbpachtsländereien in Todendorf 1795

2024 Bestätigung des Kaufvertrages zwischen dem Hufner Eggert Hinrich Knaack in Lasbek und dem dortigen Erbpächter Hans Nicolaus Knaack über eine Kate mit Erbpachtsland in Todendorf 1796

2025 Bestätigung des Kaufvertrages zwischen dem Erbpächter Hinrich Dwenger und Johann Friedrich Schuster in Todendorf über Wiesenland in Todendorf 1796

2026 Bestätigung der Kaufverträge des Erbpächters Johann Hinrich Gercken mit Eggert Nicolaus Knaack in Todendorf und des Erbpächters Hinrich Dwenger mit Hans Hinrich Schmüser über Erbpachtsländereien in Todendorf 1796

2027 Bestätigung der Kaufverträge des Erbpächters Hans Hinrich Schmüser in Todendorf mit Johann Friedrich Schuster und Hans Jacob Kröger in Todendorf über dortige Erbpachtsländereien 1796

2028 Ausübung des herrschaftlichen Näherkaufsrechts auf die Vorwerksländereien des Franz Samuel Meyer in Trittau 1796-1808

Enthält auch: Überlassung von Teichen; Hausvogtei; Holzvogt in Witzhave; geplante Vereinigung der Ämter Reinbek, Trittau und Tremsbüttel; Landüberlassungen

2029 Bestätigung der Kaufverträge des Erbpächters Johann Friedrich Studt mit Hans Jochim Friedrich Otto und Jürgen Johnsen in Todendorf sowie des Erbpächters Claus Hinrich Hack mit Johann Hinrich Ahlers in Todendorf über dortige Erbpachtsländereien 1796

2030 Bestätigung des Kaufvertrages zwischen Anton Friedrich Kraft in Eichede und dem dortigen Hufner Eggert Willhöft über Torfmoorland in Todendorf sowie Weiterverkauf der Stelle 1797-1806

2031 Bestätigung des Kaufvertrages zwischen dem Erbpächter Hans Hinrich Schmüser in Todendorf und dem Halbhufner Claus Friedrich Appel in Eichede über Torfmoorland in Todendorf 1797

2032 Bestätigung des Kaufvertrages zwischen den Erbpächtern Hinrich Griem und Hans Friedrich Ahlers in Todendorf über dortige Erbpachtsländereien 1797

2033 Bestätigung des Kaufvertrages zwischen dem Erbpächter Jochim Hinrich Christopher Tiedemann in Todendorf und Johann Hinrich Unrath in Hammoor über Erbpachtsländereein in Todendorf 1797

2034 Bestätigung der Kaufverträge des Jochim Hinrich Stapelfeldt in Todendorf mit den dortigen Erbpächtern Hans Friedrich Ahlers, Wilhelm Hinrich Martens und Hans Wilhelm Knaack über dortige Erbpachtsländereien 1798-1804

2035 Bestätigung des Kaufvertrages zwischen den Erbpächtern Jochim Hinrich Scharnberg und Jochim Hinrich Christopher Tiedemann in Todendorf über dortiges Erbpachtsland 1798

2036 Bestätigung des Kaufvertrages zwischen dem Erbpächter Jochim Stapelfeldt in Todendorf und Peter Schacht in Vollmacht dessen Stiefsohnes Gabriel Buck über Torfmoor 1798

2037 Bestätigung des Kaufvertrages zwischen den Erbpächtern Hans Friedrich Ahlers und Johann Hinrich Unrath in Todendorf über dortiges Erbpachtsland 1798

2038 Bestätigung des Kaufvertrages zwischen der Dorfschaft Siek und dem Erbpächter Hinrich Dwenger in Todendorf über dortiges Torfmoorland 1798-1799

2039 Bestätigung der Kaufverträge des Erbpächters Jacob Bloise in Todendorf mit dem Insten Hans Niemeyer in Mollhagen und des Erbpächters Hinrich Dwenger in Todendorf mit Georg Carl Jochim Bielefeldt über Erbpachtsländereien in Todendorf 1799

2040 Bestätigung des Kaufvertrages zwischen dem Erbpächter Hinrich Griem in Tremsbüttel und dem Hufner Hans Jürgen Martens in Eichede über Torfmoorland in Todendorf 1799

2041 Bestätigung des Kaufvertrages zwischen Hinrich Buck und Gottlieb Friedrich Meyer in Rümpel über Erbpachtsländereien in Rohlfshagen 1799

2042 Bestätigung des Kaufvertrages zwischen dem Erbpächter Detlef Reimers in Rohlfshagen und Johann Homann in Rümpel über Erbpachtsland in Rohlfshagen 1800

2043 Bestätigung des Kaufvertrages zwischen dem Erbpächter Jochim Hinrich Bartels in Todendorf und Jochim Hinrich Berodt über Erbpachtsland in Todendorf 1800-1801

2044 Bestätigung des Kaufvertrages zwischen den Erbpächtern Eggert Nicolaus Knaack und Johann Friedrich Krull in Todendorf über dortiges Erbpachtsland 1801

2045 Bestätigung des Kaufvertrages zwischen den Erbpächtern Carl Christoph Niemeyer in Mollhagen und Claus Hinrich Hartz über Erbpachtsländereien in Rohlfshagen 1801

2046 Bestätigung des Kaufvertrages zwischen dem Erbpächter Johann Homann in Rohlfshagen und Johann Lüht aus Kneeden über Erbpachtsland in Rohlfshagen 1802

2047 Bestätigung des Kaufvertrages zwischen den Erbpächtern Johann Hinrich Appel und Jochim Wilhelm Martens in Todendorf über dortiges Erbpachtsland 1803

2048 Bestätigung des Kaufvertrages zwischen dem Kätner Peter Hinrich Meyer in Mollhagen und dem Insten Jochim Kröger in Schönberg über Moorland in Todendorf 1803

2049 Bestätigung des Kaufvertrages zwischen Gottlieb Friedrich Meyer in Rümpel und Hans Hinrich Reimers aus Schackendorf über Erbpachtsländereien in Rohlfshagen 1803

2050 Bestätigung des Kaufvertrages zwischen Marten Martins und Johann Hinrich David Lippe im sogenannten Papierholz über eine Koppel des Vorwerks Trittau 1803

2051 Bestätigung des Kaufvertrages zwischen den Erbpächtern Jürgen Johnsen und Jochim Wilhelm Martens über Erbpachtsländereien in Todendorf 1803

## Privilegien

2052 Aufrechterhaltung der Privilegien des Bauervogts Hans Niclaus Haack in Mollhagen 1775

2053 Veränderung der Aufsicht über den Schlagbaum in Hamfelde [1775]
Enthält nur Aktendeckblatt. Akte befindet sich in Abt. 8.3 Nr. 2069.

2054 Anlage einer Schmiede und Hökerei des Bauervogts Christian Friedrich Hieronymus Brodersen in Hamfelde 1784

2055 Gesuch des Schmieds Friedrich Burmeister in Bramfeld zur Bestimmung des Schmiedezwangs in der Dorfschaft 1791

2056 Privileg des Detlef Hinrich Kähler in Bergstedt zur alleinigen Hökerei 1793

2057 Beschwerde des Schmieds Johann Jochim Hinrich Schwabel in Bergstedt wegen der dortigen Anlage einer Schmiede durch den Hufner Claus Hinrich Stender aus Sasel 1795

## Rechnungswesen

2058 Jagdfouragegelder sowie Agioberechnung der Krugheuer in Bramfeld und Neritz 1778

## Setzung

2059 Setzung und Landverteilung: Rümpel und Neritz 1768-1771

2060 Proportionalberechnung für Bramfeld 1773

2061 Setzungsregister: Bramfeld 1773

2062 Setzung und Landverteilung: Rümpel, Neritz und Bramfeld (1730-) 1741-1789
Enthält u. a.: Einteilungsregister für Rümpel, 1741; Dienstreglements; Setzungsregister; Verteilungsprotokolle (Additamenta zum Vermessungprotokoll) für Rümpel und Bramfeld

2063 Setzung und Landverteilung: Oetjendorf und Hoisdorf (1681-) 1772-1783
Enthält u. a.: Dienstreglements; Verteilungsprotokolle (Additamenta zu den Vermessungsprotokollen)

3559 Setzung und Landverteilung: Mollhagen, Sprenge und Lütjensee 1772-1787
Enthält u. a.: Dienstreglements; Verteilungsprotokolle (Additamenta zum Vermessungsprotokoll)

2064 Setzung und Landverteilung: Trittau (1765) 1773-1785
Enthält u. a.: Dienstreglement; Verteilungsprotokoll (Additamentum zum Vermessungsprotokoll)

3560 Setzung und Landverteilung: Grönwohld und Eichede (1668-) 1772-1786
Enthält u. a.: Dienstreglements; Verteilungsprotokolle (Additamenta zu den Vermessungsprotokollen)

3561 Setzung und Landverteilung: Altrahlstedt 1771-1784
Enthält u. a.: Dienstreglement; Verteilungsprotokoll (Additamentum zum Vermessungsprotokoll)

2065 Setzung und Landverteilung: Alsterdorf 1774-1777
Enthält u. a.: Dienstreglement

2066 Setzung und Landverteilung: Köthel 1780-1794

2067 Setzung und Landverteilung: Großensee 1778-1786
Enthält u. a.: Verteilungsprotokoll (Additamentum zum Vermessungsprotokoll)

2068 Setzung und Landverteilung: Oldenfelde (1740) 1779-1787
Enthält u. a.: Vermessungsprotokoll; Dienstreglement; Verteilungsprotokoll (Additamentum zum Vermesssungsprotokoll)

2069 Setzung und Landverteilung: Hamfelde (1752) 1779-1795

2070 Setzung und Landverteilung: Rausdorf 1780-1787
Enthält u. a.: Dienstreglement; Verteilungsprotokoll (Additamentum zum Vermessungsprotokoll)

2071 Setzung und Landverteilung: Steilshoop 1781-1786
Enthält u. a.: Dienstreglement

2072 Setzung und Landverteilung: Bergstedt (1738) 1781-1795
Enthält u. a.: Vermessungsprotokoll; Dienstreglement; Verteilungsprotokoll (Additamentum zum Vermessungsprotokoll)

2073 Setzung und Landverteilung: Meiendorf 1782-1787
Enthält u. a.: Vermessungsprotokoll; Dienstreglement; Verteilungsprotokoll (Additamentum zum Vermessungsprotokoll)

2074 Setzung und Landverteilung: Sievershütten (1665) 1782-1791
Enthält u. a.: Verteilungsprotokoll (Additamentum zum Vermessungsprotokoll)

2075 Setzung und Landverteilung: Sasel 1783-1799
Enthält u. a.: Vermessungsprotokoll; Verteilungsprotokoll (Additamentum zum Vermessungsprotokoll)

2076 Setzung und Landverteilung: Nahe 1784-1788
Enthält u. a.: Dienstreglement; Verteilungsprotokoll (Additamentum zum Vermessungsprotokoll)

2077 Setzung und Landverteilung: Bredenbekshorst 1784-1791
Enthält u. a.: Verteilungsprotokoll (Additamentum zum Vermessungsprotokoll)

2078 Setzung und Landverteilung: Stuvenborn 1784-1788
Enthält u. a.: Dienstreglement; Verteilungsprotokoll (Additamentum zum Vermessungsprotokoll)

2079 Setzung und Landverteilung: Papendorf (1780) 1785-1786

2080 Setzung und Landverteilung: Witzhave 1784-1790
Enthält u. a.: Vermessungsprotokoll; Dienstreglement; Verteilungsprotokoll (Additamentum zum Vermessungsprotokoll)

2081 Setzung und Landverteilung: Grande 1784-1788
Enthält u. a.: Vermessungsprotokoll; Dienstreglement; Verteilungsprotokoll (Additamentum zum Vermessungsprotokoll)

2082 Setzung und Landverteilung: Kronshorst 1784-1789
Enthält u. a.: Vermessungsprotokoll; Dienstreglement; Verteilungsprotokoll (Additamentum zum Vermessungsprotokoll)

## Landesvisitation

2083 Verfügungen nach dem Protokoll der Generallandesvisitationskommission 1772-1773

2084 Generallandesvisitationsprotokoll 1768
Enthält nur Aktendeckblatt und Aktenverzeichnis. Akte befindet sich in Abt. 8.3 Nr. 1402.

## Wege

2085 Anlage eines Schlagbaums 1767

2086 Befreiung der Untertanen von den Kosten für Wegereparaturen und Anlegung von Steindämmen sowie von einer zu zahlenden Abgabe anstelle der Deputatholzlieferung 1768

2087 Verbot der Anlage eines Redders über die Ländereien des Hufners Hans Wilhöft in Sprenge 1776-1777

2088 Unterhalt eines in einen Redder verlegten Wegs durch die Dorfschaften Eichede und Mollhagen 1780

2089 Fußsteig des Hufners Martens in Steilshoop 1786-1787

2090 Beschwerde von Erbpächtern in Todendorf gegen den Holzvogt Gülcke wegen des Verbots zur Nutzung eines Kichenfußsteiges durch den Zuschlag Ockenrade 1786

2091 Weg der Dorfschaft Sprenge über die Koppel des Hufners Hans Hinrich Griem in Lütjensee 1786-1787

2092 Weg über die Ländereien des Hufners Carsten Kramp in Rodenbek für die Viehtrift des Kirchspielvogts Peter Siemers in Bergstedt 1790-1792

2093 Weg des Erbpächters Hein Harms in Rohlfshagen aus dem Zuschlag Bestenfeld 1791-1793

2094 Beibehaltung eines Wegs in Rausdorf 1793-1794

2095 Holzausweisung für den Erbpächter Johann Hinrich Willhöft in Todendorf zur Wegeausbesserung 1797

2096 Mitwirkung der Amtsuntertanen bei der Wegeinstandsetzung 1804
Enthält u. a.: Anschlag über die Kosten der Wegeinstandsetzung

2097 Verpachtung des Wegezolls bei Neritz 1804-1805

2098 Bau eines Siels am Scheidebach zwischen Rümpel und Oldesloe sowie Landabgabe des Hufners Relling in Rümpel für die Erweiterung des Fußsteiges 1804-1805

# AMT REINBEK

## Archiv

2099 Archivregistrant sowie Einrichtung und Ordnung des Archivs 1766-1772

2100 Anfertigung und Einsendung eines Archivregistranten 1774

## Bedienungen

2101 Einkünfte und Gebühren des Amtmanns, des Amtsschreibers und des Hausvogts 1773

2102 Bestellung des Hausvogts Christian August Kirchhoff, Freistellung des Amtmanns von Bredal von seinen Geschäften und Reisen des Amtmanns von Hobe außer Landes 1770-1792

2103 Mitteilung des Amtsantritts des Amtmanns von Hobe 1774

2104 Entlassung des Bauervogts Hans Jacob Ritscher in Schiffbek von seinen Amtsgeschäften 1797

2105 Ernennung des Kammerrats von Lowtzow zum Amtmann für die Ämter Reinbek, Trittau und Tremsbüttel, Veränderung mit dem Amtsarchiv in Reinbek sowie Wegfall von Diensten der Untertanen der Ämter Reinbek und Trittau für den Amtmann 1802-1805

2106 Einstellung von Amtsvorstehern für die Ämter Reinbek, Trittau und Tremsbüttel sowie Bestellung eines vierten Amtsgevollmächtigten für das Amt Trittau 1804-1805

3562 Überlassung der Dienstwohnung und Ländereien des Amtsvogts Nicolas Reimer Otto in Reinbek zu Eigentum 1818

3563 Auslegung einer Dienstkoppel für den Bauervogt Jacob Soltau in Havighorst 1822

## Kreditwesen

2107 Nicht gelöschte Schuld der Bauervogtei in Siek im Schuld- und Pfandprotokoll 1767

2108 Einführung eines Schuld- und Pfandprotokolls 1768

2109 Vorschuss des Johann Wilhelm Uhlmann in Wandsbek für den Zimmermeister Hansen in Havighorst für den Bau herrschaftlicher Gebäude 1788

## Dienste und Abgaben

2110 Verzeichnis der Dienste und Fuhren der Amtsuntertanen 1766

2111 Nachlass von Dienstgeldern für die wieder eingelösten Untertanen in den Ämtern Reinbek und Trittau 1769-1770

2112 Gartendienste der Untertanen für den Amtmann und ihre Abhandlung 1772-1777

2113 Ermäßigung von Dienstgeldern der Dorfschaften Barsbüttel und Jenfeld 1774

2114 Ermäßigung des Dienstgeldes des Bauervogts Hein Soltau in Jenfeld für das Vorwerk Hinschendorf 1774

2115 Ermäßigung von Dienstgeldern des Hufners Eggert Schröder, des Brinksitzers Claus Ludewig und der Witwe Bargstedten in Stellau sowie Dienstgeld des Halbhufners Jochim Buck in Stellau für Hinschendorf 1775-1776

2116 Beschwerde des Erbpächters Johann Friedrich Hinsch in Todendorf wegen der Wachtdienste der Insten 1777

2117 Abgang der Dienstleistungen von Untertanen 1777

2118 Dienstreglement: Kirchsteinbek und Schiffbek mit Schleem 1777-1778

2150 Dienstreglement: Barsbüttel, Boberg, Braak, Glinde, Havighorst, Jenfeld, Kirchsteinbek, Langelohe sowie Lohbrügge mit Sande und Ladenbek 1777-1783

3564 Dienstreglement: Ohe, Öjendorf, Oststeinbek, Schiffbek mit Schleem, Schönningstedt, Siek, Stapelfeld, Stellau, Stemwarde und Willinghusen 1777-1784

2119 Aufhebung oder Veränderung der Setzungslasten einiger Untertanen für Land in Schiffbek und Kirchsteinbek (1724) 1778

2120 Herabsetzung von Setzungslasten in Schiffbek mit Schleem und Kirchsteinbek sowie Einsetzung einer Bonitierungskommission zur Schätzung der dortigen Ländereien 1778-1796

2122 Aufhebung der Setzungslasten des Kätners Friedrich Jacob Lohmann in Unterschleem für die sogenannten Schnäpel Marschländereien 1778-1779

2123 Befreiung des Hans Albert Richter in Horn und des Hans Dreckmann in Lehmbrook von Abgaben auf Marschländereien in Schiffbek 1778

2124 Aufhebung von Setzungslasten des Mühlenbesitzers Jochim Nicolaus Neubauer in Kirchsteinbek für nach Oststeinbek verkauftes Marschland (1735) 1778-1781

2125 Handdienstgelder des Hufners Jacob Westphal und des Viertelhufners Franz Schumacher in Schiffbek (1777) 1779
Enthält u. a.: Dienstreglement für Kirchsteinbek

2126 Hofdienste des Caspar Hinrich Ritscher in Schiffbek 1780

2127 Handdienste der Eingesessenen neu gesetzter Dörfer 1780-1782

2128 Fuhren der privilegierten Untertanen für Mühlenbauholz 1780

2129 Mühlendienste der Bauervögte Caspar Friedrich Siemers in Schiffbek und Jochim Graumann in Kirchsteinbek 1781

2130 Befreiung des Bauervogts und Mühlenbesitzers Siemers in Oststeinbek von Diensten und Anlagen zur Mühle in Reinbek 1783

2131 Handdienste der Kätner in Jenfeld, Barsbüttel, Willinghusen, Oststeinbek, Siek und Schönningstedt 1783

2132 Befreiung der nicht privilegierten Bauervögte in Jenfeld, Lohbrügge, Stemwarde, Havighorst, Stellau, Willinghusen, Schönningstedt, Langelohe und Öjendorf von den Handdiensten 1783

2133 Zahlung alter Abgaben der neu gesetzten Dorfschaften Ohe und Lohbrügge 1783

2134 Befreiung des Bauervogts Hinrich Hinsch in Siek von einer Abgabe für Dienstleistungen für das Vorwerk Hinschendorf 1783

2135 Ansetzung der Hufner Jürgen Meyer und Hinrich Suck in Ohe zu den neuen Setzungsabgaben 1783

2136 Abgabe vom Hirten- und Bullenland in Lohbrügge 1783

2137 Abgabenerlass für die Witwe Hastedten in Ladenbek 1783

2138 Abgabenermäßigung für die Eingesessenen in Stemwarde 1785

2139 Handdienste und Dienstgeldbeiträge der Kätner 1785-1787

2140 Ermäßigung von Abgaben und Lasten in Stellau 1786

2141 Verschonung des Kruges in Braak von Abgaben und Diensten 1786

2142 Umlage der Kriminalkosten in den Dörfern Lohbrügge, Boberg, Kirchsteinbek und Öjendorf nach Tonnenzahl 1788

2143 Krugheuer des Bauervogts Hein Soltau in Jenfeld 1788

2151 Dienste der sich beim Amtshaus in Reinbek befindlichen Untertanen [1790]

2144 Bearbeitung und Anfahrung der Feuerung für den Prediger und die Predigerwitwe in Siek durch die Eingepfarrten 1797

2145 Haltung eines Kornvorrats 1801

2146 Befreiung des Hegereiters Hoffmeister in Reinbek vom Predigergeld (1800) 1802

2147 Befreiung des Erbpächters Johann Wilhelm Schmidt in Hinschendorf von Düngerlieferungen an den Amtmann 1802

2148 Amtmannsantrittsgelder der Eingesessenen der Ämter Reinbek, Trittau und Tremsbüttel (1749, 1754) 1802

2149 Landsteuer für die Ländereien des Gutes Wandsbek, des Meierhofs Meilsdorf, des Hamburger Domstifts und des Hamburger Sankt-Jürgen-Hospitals in Schiffbek, Kirchsteinbek und Braak 1804

## Kirche

2152 Kornlieferungen aus Havighorst an Prediger und Kirchenbedienstete in Kirchsteinbek 1782-1783

## Forst- und Holzwesen

2153 Beschreibung der herrschaftlichen Hölzungen 1766

2154 Verbesserung des Anwachses in der Hölzung in Reinbek, Einfriedung der Hölzung in Bitterslohe und Überlassung der dortigen Weide an die Eingesessenen in Ohe, Eingrabung und Befriedung der Eichen- und Tannenkoppeln im Amt Reinbek 1767-1772

2155 Eckernkoppel in Ohe 1772-1773

2156 Taxation und Wegräumung von Bäumen auf den Parzellen des Erbpächters Hinsch in Hinschendorf sowie Einfriedung der herrschaftlichen Hölzungen in Reinbek 1774

2157 Eckernkoppel in Ohe und Holzausweisung für den Ziegeleipächter Hartwig Harders in Reinbek 1773-1775

2158 Plaggenhauen in Ahrensheide durch den Gastwirt Jahncke in Reinbek 1777-1778

2159 Minderung von Ausgaben zu Nachbesserungen bei den Einfriedungen der herrschaftlichen Hölzungen (1777) 1778-1779

2160 Einfriedung der Großenhege in Glinde und der Rehmen in Barsbüttel zu herrschaftlichen Gehegen 1781-1787, 1796

2161 Buschkoppel in Havighorst 1783-1784

2162 Grabung von Torf für den Verkauf durch die Eingesessenen der Ämter Reinbek, Trittau und Tremsbüttel 1785

2163 Verwendung eines Platzes am Weg von Reinbek zur Ziegelei für die Vergrößerung des Zuschlags Bollwerksreihe 1786

2164 Holzkultur auf den Ländereien in Ohe und Einschluss einer Koppel des Besitzers der Hahnkate Hinrich Ohlen in das Gehege in Bitterslohe (1785) 1786-1796

2165 Auslegung einer Heidestrecke zwischen Glinde, Stemwarde, Ohe sowie Kronshorst, Rausdorf und Witzhave für eine Nadelholzanlage sowie Nichtverwandlung der Dorfschaft Kronshorst in einen Zuschlag 1797-1798

2166 Bessere Nutzung der Torfmoore in den Ämtern Reinbek und Trittau 1798

2167 Holz- und Torfdeputat sowie Jagdgerechtigkeit des Kanzleigutes Silk 1799-1805

2168 Auslegung eines Teils der Gemeinweide in Schönningstedt für ein Gehege 1799

## Grenzen

2169 Grenzbeschreibung 1765

2170 Grenzstreitgkeiten des Amtes Reinbek mit dem Amt Trittau, dem Gut Ahrensburg und dem Gut Wandsbek sowie Streitigkeiten der Dorfschaften Kirchsteinbek und Jenfeld mit Hamburg wegen Weidegerechtigkeit 1768-1774

2171 Grenzbeziehungsprotokolle 1776

2172 Beschwerde der Dorfschaft Havighorst wegen Grenzüberschreitung der Dorfschaft Kirchsteinbek 1776

2173 Aufhebung der wechselseitigen Gemeinweide und Grenzfestlegung der Dorfschaften Boberg, Lohbrügge und Havighorst 1778-1779

2174 Reinigung des Grenzgrabens zum Amt Bergedorf und Landtausch für Grenzregulierungen 1779

2175 Grenzstreitigkeit zwischen dem Gut Wandsbek und Jenfeld 1779-1780

2176 Grenzübertretung von hamburgischen Untertanen als Grenznachbarn der Dorfschaft Schiffbek 1804-1805

2177 Grenzregulierung mit der Stadt Hamburg für die Grenze zwischen Siek und Schmalenbek 1803-1804

## Häusliche Verfassung

2178 Anbau öder oder wüster Plätze 1767

2179 Reparatur und Veränderung der Amtsvogtswohnung in Reinbek 1768

2180 Verbesserte Einrichtung der Mistgruben 1767
Enthält nur Empfangsbestätigung des Amtsschreibers

2181 Ökonomische Protokolle 1766-1774

2182 Häusliche Niederlassung von Leuten in Schiffbek 1772-1773

2183 Anlage einer Schmiede mit Landzulage durch den Bauervogt Hein Soltau in Jenfeld 1779

2184 Landüberlassung an den Bauervogt Caspar Friedrich Siemers in Schiffbek zum Bau eines Wohngebäudes für die Gastwirtschaft 1779

2185 Überlassung eines herrschaftlichen Platzes in Reinbek an den dortigen Bäckergesellen Enegast 1780

2186 Katenbau und Landzulage der Kätner Hein Soltau und Caspar Sager in Barsbüttel 1781-1793

2187 Gebühr des Gastwirts Jahncke in Reinbek für eine Töpferei auf seinem Erbpachtsland 1781

2188 Wohnungsanbau des Amtsvogts Otto in Reinbek 1782

## Justiz

2189 Streitigkeiten der Dorfschaften Großensee und Siek über das Sieker Moor 1767

2190 Streitigkeiten zwischen dem Amtmann von Bredal in Reinbek und der Generalsfrau de Cheusses als Besitzerin des Hofes Silk 1768

2191 Beschwerde des Pensionärs Hintzpeter in Silk gegen den Amtsschreiber Behncke in Reinbek wegen einer Gebührenrechnung 1772

2192 Mitteilung der Karte von Kirchsteinbek zur Beurteilung einer Streitigkeit zwischen den dortigen Hufnern Hieronimus Barghan und Franz Grönwold 1791

## Ländereien

### Erdbuch

2193 Einsendung des Erdbuchs, Anfertigung eines Zusatzes zum Erdbuch und Eintragung wesentlicher Veränderungen bei Stellen in das Erdbuch 1766

2194 Erdbuch 1766

Enthält: Beschreibung des Amtes, der Dorfschaften und der einzelnen Bauernstellen mit folgenden Angaben: Gebäude, Land-, Wiesen- und Viehbesitz, Wagen und Pflüge, Aussaat, Abgaben, Aufwendungen für Dienste, Getreidekonsum, Restanten, Einschätzung des Geldwertes der Stelle

## Vermessung

2393 Vermessungsprotokoll: Kirchsteinbek 1773

2394 Vermessungsprotokoll: Schiffbek 1773

2395 Vermessungsprotokoll: Jenfeld 1773

3592 Vermessungsprotokolle: Kirchsteinbek, Oststeinbek, Glinde und Boberg 1773-1775

2396 Vermessungsprotokoll: Boberg 1774

2397 Vermessungsprotokoll: Glinde 1775

2398 Vermessungsprotokoll: Oststeinbek 1775

2400 Vermessungsprotokoll: Lohbrügge 1776

2401 Vermessungsprotokoll: Schönningstedt 1777

2402 Vermessungsprotokoll: Ohe 1777

2403 Vermessungsprotokoll: Öjendorf 1778

2404 Vermessungsprotokoll: Barsbüttel 1778

2405 Vermessungsprotokoll: Siek 1779

2406 Vermessungsprotokoll: Stemwarde 1780

2407 Vermessungsprotokoll: Langelohe 1780

2197 Vermessung und Landverteilung: Schiffbek, Schleem, Kirchsteinbek, Boberg, Öjendorf, Barsbüttel, Jenfeld und Glinde 1774-1775

2199 Karten und Vermessungsprotokolle 1773-1781
Enthält nur Aktendeckblatt

2205 Vermessung und Vermessungskosten: Lohbrügge und Havighorst 1776

2207 Vermessung und Vermessungskosten: Schönningstedt und Ohe 1777

2211 Vermessung und Vermessungskosten: Öjendorf, Barsbüttel und Siek 1778-1780

2214 Gebühren der Dorfschaften Stemwarde und Langelohe für die Vermessung der Ländereien sowie für die Reinzeichnung der Karten 1781

2215 Quartier und Dorfsabordnungen für die Kapitäne Thiessen und Rasch anlässlich der Vermessung von Dorfschaften im Amt Reinbek sowie von Ländereien in Altrahlstedt im Amt Trittau 1781

## Spezielle Landangelegenheiten

2195 Zuteilung von Heideland in Braak und Anmerkungen der Domänenvisitationskommission zum Vorwerk Hinschendorf (1765) 1766-1770
Enthält u. a.: Protokoll vom Acker- und Wiesenland des Vorwerks Hinschendorf

2196 Gesuch der Generalsfrau de Cheusses als Besitzerin des Hofs Silk um Verteilung der Ländereien in Schönningstedt [1770]
Enthält nur Aktendeckblatt. Akte befindet sich in Abt. 8.3 Nr. 2449.

2198 Landüberlassung an den Bäcker und Brinksitzer Hans Jacob Ritscher in Schiffbek 1773

2200 Kuhweide für die Kätner in Reinbek 1774

2201 Ersatz für das den Kätnern Hans Stormer und Hans Ratje bei Reinbek durch die Vererbpachtung des Vorwerks Hinschendorf entgangene Weiderecht 1774-1776

2202 Landüberlassung an den Töpfer Christian Horstmann in Reinbek 1774-1775

2203 Verlegung der Schiffbeker Riehe von Öjendorf nach Schiffbek, Landzulage des Friedrich Carstens aus Hamburg für seine Kate in Schleem sowie Vermessung und Verteilung der Ländereien in Oststeinbek 1775

2204 Landüberlassung an die Küselsche Kupfer- und Holzmühle in Domhorst 1775

2206 Landverteilungsgebühr und Kosten für Kopierung der Karten der Dorfschaften Schiffbek, Schleem, Kirchsteinbek und Alsterdorf 1777

2208 Beschwerde des Kaufmanns Jacob Schultz aus Hamburg als Besitzer des Schleemer Teichs gegen den Kätner Franz Schumacher und Jacob Möller in Schiffbek wegen eines Scheidegrabens sowie gegen die Zahlung von Grundheuer 1777-1778

2209 Landüberlassung an den Gastwirt und Bäcker Hans Jacob Ritscher in Schiffbek 1778

2210 Bitten von Eingesessenen in Siek um Vermessung und Verteilung der Dorfschaftsländereien 1778

2212 Wasserstauung bei der Mühle in Schleem 1778

2213 Landabtretungen des Kleinkätners Hinrich Möller in Kirchsteinbek an seine Nachbarn Jürgen Poppe und Hermann Schumann 1780-1784

2216 Landausweisung an den Halbhufner Eggert Griem in Jenfeld 1781-1782

2217 Ausweisung von Land aus dem Brennplaggenmoor in Stemwarde an Eingesessene in Schönningstedt 1782

2218 Buschland und Landbeilage des Bauervogts Soltau in Jenfeld sowie Einkoppelung von Land durch dortige Eingesessene 1782

2219 Verkauf von Marschland in Kirchsteinbek durch den Hufner Hinrich Bruhns in Öjendorf an den Bauervogt Franz Erdmann Meyer 1782

2220 Landüberlassungen an den Halbhufner Hans Langhein und den Hufner Hans Hinsch in Jenfeld 1782-1783

2221 Weidelandüberlassung an den Schulmeister Friedrich Christian Stolle in Boberg 1782

2222 Landtausch zwischen dem Bauervogt Jacob Griem in Willinghusen und dem Hufner Jacob Ohlen in Boberg 1782

2223 Landtausch zwischen dem Lizentiaten Lodde in Reinbek und dem Großkätner Diedrich Ohlen in Schönningstedt sowie Verkauf einer Heidekoppel durch Diedrich Ohlen 1782-1794

2224 Landüberlassungen an den Hufner Meyer sowie an die Halbhufner Harm Soltau, Jacob Schierhorn und Eggert Griem in Jenfeld 1783

2225 Landverkauf des Hufners Hinrich Suck in Ohe an die Hufner Hinrich Peter Bruns und Hinrich Krogmann in Boberg 1782-1783

2226 Bau einer Hirtenkate in Havighorst und Katenbau des dortigen Kätners August Peter Wendt 1782

2227 Überlassung der Bittersloher Koppel an die Eingesessenen in Ohe als Weide 1782-1783

2228 Kaufvertrag zwischen dem Erbpächter Hinsch und dem Chirurgen Boldenknecht in Reinbek über eine dortige Erbpachtstelle sowie Verkauf der Ländereien und Landzulage 1782, 1804-1805

2229 Landverkauf und Landzulage des Kätners August Peter Wendt in Havighorst 1783

2230 Beschwerde der Eingesessenen in Lohbrügge und Ohe gegen den Brauereipächter Jahncke wegen der Stubben in ihren Koppeln 1782-1783

2231 Überlassung von Land in Havighorst an Johann Friedrich Fritzler in Boberg 1783

2232 Landentnahme des Schutzjuden Jacob Moses in Sande aus seinen Kätnerländereien zur Anlage eine Begräbnisplatzes 1783

2233 Verkauf der Bullenkoppel in Schönningstedt an den Amtsvogt Otto in Reinbek 1783

2234 Landüberlassung an Kätner in Oststeinbek 1783

2235 Umwandlung der Stelle des Anton Otto Hinsch in Stellau in eine Vollhufe [1783]
Enthält nur Aktendeckblatt. Akte befindet sich in Abt. 8.3 Nr. 2458.

2236 Landtausch des Hans Becker, des Hans Grabau und des Hans Niemeyer in Schönningstedt mit der Generalsfrau de Cheusses in Silk 1783

2237 Landüberlassung an den Halbhufner Johann Peter Siemers in Öjendorf 1783

2238 Landüberlassung an den Bauervogt Hans Friedrich Siemers in Oststeinbek 1783

2239 Aufteilung der Dorfkommunefelder in Öjendorf [1783]
Enthält nur Aktendeckblatt

2240 Forderung der Generalsfrau de Cheusses als Besitzerin des Gutes Silk an die Gemeinweide in Schönningstedt 1783-1784

2241 Setzung der Brinkkätner Claus Ludewig und Hans Bargstedt in Stellau bei der Verteilung als Halbhufner 1783
Enthält nur Aktendeckblatt. Akte befindet sich in Abt. 8.3 Nr. 2458.

2242 Landtausch zwischen dem Kanzleiassessor Lodde und dem Großkätner Hans Jürgen Pahlen in Schönningstedt 1783

2243 Verkauf von Marschland in Kirchsteinbek durch den Hufner Jacob Bruns in Havighorst 1784

2244 Landüberlassungen in Schönningstedt 1784-1785

2245 Landüberlassung an den Halbhufner Christoph Lübbers in Ohe und Landverkauf des dortigen Halbhufners Hermann Christoph Lübbers 1785-1787

2246 Überlassung von Land in Glinde und Willinghusen an den Kätner Hans Christian Schröder in Glinde 1786-1787

2247 Landtausch zwischen dem Großkätner Hans Becker in Schönningstedt und dem Kanzleiassessor Lodde in Reinbek 1785-1786

2248 Landüberlassung an den Kätner Hein Reiss in Barsbüttel 1786

2249 Landtausch und Landverkauf des Hartwig Christier, des Hufners Hans Nuppenau, des Dreiviertelhufners Friedrich Stapelfeldt und des Halbhufners Claus Hinrich Stahmer in Siek 1786-1789

2250 Landüberlassung an den Hufner Andreas Grimm und den Halbhufner Detlev Soltau in Stemwarde 1786

2251 Ablegung eines Fahrwegs für den Kätner Johann Hinrich Schröder in Glinde bei Abmessung des Landes seines Bruders Hans Christian Schröder 1786

2252 Landzulage an Peter Wölcke, den Kätner Johann Christopher Kannigt und den Hufner Hinrich Krogmann in Glinde sowie an den Schulmeister Friedrich Stolle in Boberg 1786-1787

2253 Landüberlassung an den Dreiviertelhufner Peter Krogmann in Willinghusen und Aufteilung der dortigen Buschweide 1786

2254 Landüberlassung an den Kätner Johann Hinrich Schröder in Glinde 1786-1787

2255 Rückgabe der Katenstelle des Kätners Hans Caspar Zingelmann in Langelohe sowie ihre Übertragung an den Küper Jacob Jutzi in Siek und den Kätner Claus Ahlers in Langelohe 1787

2256 Landüberlassung an den Kätner Peter Pahlen in Siek 1787

2257 Überlassung von Land in Schönningstedt für die dortige Kate des Amtsvogts Nicolaus Reimert Otto in Reinbek 1787-1788

2258 Verkauf von Marschland auf der Schiffbeker Wiese des Halbhufners Claus Ahlers in Barsbüttel an den Bauervogt Hans Jacob Ritscher in Schiffbek sowie Grenzbestimmung dieses Landstücks 1787-1788

2259 Verkauf von Marschland auf dem Havighorster Moor durch den Kleinkätner Hinrich Möller in Kirchsteinbek 1788

2260 Landausweisung für den Insten Johann Matthias Flögel in Glinde zum Katenbau 1787-1788

2261 Streitigkeiten zwischen dem Hufner Claus Hinrich Bohlens in Boberg und seinem Feldnachbarn Claus Bohlens wegen eines Moorstücks 1788

2262 Aufteilung der Nachtkoppel in Stellau 1788-1791

2263 Ausweisung von Land aus der Dänenheide an den Kätner Claus Möller in Stapelfeld 1788-1789

2264 Landverkauf des Kleinkätners Hans Bargmann in Schönningstedt an den dortigen Erbpächter und Grobschmied Andreas Stahmer 1789

2265 Landüberlassung an den Kleinkätner Franz Jochim Schmidt in Oststeinbek und Verteilung des sogenannten Glinderberges unter die Kätner in Oststeinbek 1789-1790

2266 Überlassung von Land in Oststeinbek an den Mühlenbesitzer Paul Friedrich Möller in Domhorst 1789-1790

2267 Ausfuhr von Feldsteinen durch Dörfer der Ämter Reinbek und Trittau 1787-1805

2268 Bau einer Schäfer- und Hirtenkate mit Zulage eines Kohlhofs in Kirchsteinbek 1789

2269 Landtausch des Dreiviertelhufners Hans Soltau in Willinghusen 1789

2270 Landüberlassung an den Kätner und Schmied Jochim Hildebrandt in Stapelfeld 1789

2271 Verkauf von Marschländereien in Boberg durch den Kätner Johann Peter Bandahl in Ladenbek und den Hufner Hinrich Krogmann in Glinde an den Käter Hans Christian Helmcke in Boberg 1789-1790

2272 Trennung von in Kirchsteinbek gelegenes Marschland des Hegereiters Hoffmeister in Reinbek von seiner verkauften Halbhufe in Ohe 1790

2273 Landüberlassung an den Altenteilsmann Jochim Hildebrandt in Stapelfeld 1790-1791

2274 Landüberlassungen in Glinde 1790-1795

2275 Landangelegenheiten zwischen Schönningstedt und Silk 1790-1792
Enthält auch: Überlassung von Land in Stemwarde an den Insten Franz Hinrich Bussau, Schönningstedt

2276 Landüberlassungen an die Kätner Hinrich Hildebrandt in Stapelfeld und Claus Ahlers in Langelohe 1790-1791

2277 Landüberlassung an Eggert Eggers in Barsbüttel 1790-1791

2278 Landüberlasssungen an die Kätner Hans Ettler und Hans Christian Lange sowie die Hufner Andreas Griem und Detlef Soltau in Stemwarde 1790-1794

2279 Verkauf eines Landstücks des Hufners Henning Schmidt in Stemwarde an den Halbhufner Hein Kröger in Kronshorst 1790

2280 Überlassung von Moorland in Willinghusen an den Ziegeleipächter Nicolaus Hinrich Harders in Reinbek 1790

2281 Landüberlassung an den Mühlenbesitzer und Bauervogt Hans Friedrich Siemers in Oststeinbek zur Beseitigung des Wassermangels bei seiner Mühle 1790, 1798

2282 Landüberlassung an den Kätner Claus Hinsch in Ladenbek und Überlassung der Gemeinweide in Lohbrügge an die Eingesessenen 1790-1791

2283 Landüberlassung an den Anbauer und Kätner Johann Friedrich Fritzler in Havighorst 1790

2284 Überlassung der Bullenkoppel in Schönningstedt an den Schmied Andreas Stahmer 1790

2285 Landzulage, Bauten und Mühlenpflicht des Lucas Ovens Beets in Altona als Katenbesitzer in Ohe 1790-1794

2286 Überlassung von Land in Lohbrügge an den Kätner Hans Hinrich Ahlers und die Witwe Behns in Sande 1790-1791

2287 Überlassung von Land in Lohbrügge an den Kätner Johann Jacob Thomas Hinzpeter in Sande 1791-1794

2288 Landzulage für den Schulmeister Scheer in Jenfeld zur Vergrößerung seines Kohlhofs 1791

2289 Landzulage für Johann Arndt in Sande 1791

2290 Landzulagen und Verteilung von Dorfländereien in Jenfeld 1791-1794

2291 Verkauf eines Landstücks in Boberg durch den Hufner Hans Hinrich Hinsch in Glinde 1791

2292 Landüberlassung an den Kätner Jacob Wenck in Schönningstedt 1792

2293 Katenbau und Veränderung der Wohnstelle des Bauervogts Schmidt in Barsbüttel 1791

2294 Verkauf einer Katenstelle mit Kohlhof des Kätners Hinrich Bohlens in Oststeinbek an den dortigen Hufner Joachim Wells 1791

2295 Landüberlassung an den Ziegeleipächter Nicolaus Hinrich Harders in Reinbek 1791-1797

2296 Landüberlassung an den Hufner Hinrich Krogmann in Boberg zum Bau einer Altenteilkate 1793

2297 Klage des Erbpächters Nicolaus Hinsch zur Fleischgaffel im Gut Ahrensburg gegen die Eingesessenen in Braak wegen Einfriedung des Braaker Teichs 1793

2298 Mitteilung einer Karte von Kirchsteinbek an das Amt Reinbek zur Entscheidung einer Grenzstreitigkeit zwischen dem Bauervogt Ritscher und dem Müller Meyer 1793

2299 Landüberlassungen an die Halbhufner Claus Dülsen und Johann Jochim Dülsen in Stellau 1793-1798

2300 Beibehaltung der gemeinschaftlichen freien Weide auf den Grasländereien in Kirchsteinbek im Frühjahr und Herbst 1794

2301 Landüberlassung an den Kätner und Schuster Carsten Hinrich Bever und Bau einer Schäferkate in in Braak 1794

2302 Überlassung von Land in Schönningstedt an den Amtschirurgen Bedenknecht in Reinbek 1794-1795

2303 Landüberlassung für den Hufner Johann Hinrich Bohlens in Havighorst und Abgabe der Dorfschaft für die übrige Gemeinweide 1794-1796

2304 Landverkauf des Großkätners Johann Hinrich Klempau in Schönningstedt 1794

2305 Landüberlassungen an die Hebamme Anna Catharina Möller und den Tischler Johan Otto Andreas Möller in Oststeinbek 1794-1799

2306 Landüberlassung an den Insten Hans Jacob Heidtmann in Stemwarde 1794-1797

2307 Mitteilung einer Karte des Vorwerks Hinschendorf an das Amt Reinbek zur Entscheidung einer Streitigkeit des Barons Klingspor und des Erbpächters Peter Soltau mit dem Baumwärter Hans Ratje wegen eines Fußsteiges 1794-1795

2308 Landüberlassung an den Hufner Anton Otto Hinsch in Stellau 1795-1796

2309 Landtausch zwischen den Hufnern Anton Otto Hinsch und Johann Hinrich Lehmkuhl in Stellau 1795

2310 Überlassung der Hölzung Bergholz in Barsbüttel an die dortigen Halbhufner Eggert Soltau und Claus Ahlers 1795-1797

2311 Überlassung von Land in Stemwarde und Ohe an die Dorfschaft Langelohe zum Plaggenhauen 1795

2312 Verkauf von Land des Besitzers der Papiermühle in Ohe Franz Abraham Wohlers an den Kaufmann Dietrich Willinck in Altona 1795

2313 Landüberlassung an den Baron Berend Johann Hastfer in Reinbek
Enthält nur Aktendeckblatt [1795]

2314 Landüberlassung und Landverteilung in Willinghusen 1796-1806

2315 Vergrößerung der Tränke auf einer Koppel des Gastwirts Jochim Christian Jahncke in Reinbek 1796

2316 Ausfuhr von Feldsteinen aus der Dorfschaft Siek nach Hamburg 1796

2317 Landüberlassungen an den Insten Johann Georg Heuer in Stellau 1796

2318 Überlassung von Land in Oststeinbek an den Schmiedemeister Hinrich Casper Husen in Boberg 1796-1797

2319 Mitteilung der Karte der Dorfschaft Schiffbek an das Amt Reinbek zur Beilegung einer Streitigkeit zwischen dem Bauervogt Ritscher in Kirchsteinbek und dem Hufner Westphal in Schiffbek 1796

2320 Landüberlassung an den Setzkätner Claus Hinrich Lodders in Siek 1797

2321 Landüberlassung an den Kätner Hans Hinrich Martens in Ohe 1797-1799

2322 Urbarmachung der Busch- und Weidekoppeln in Barsbüttel 1797

2323 Landüberlassung an den Grafen de Joyense in Ohe 1797-1799

2324 Weiderechte der Dorfschaft Barsbüttel auf der Heide und in der Hölzung Barsbütteler Rehmen 1797

2325 Verkauf eines Landstücks des Hufners Nicolaus Zingelmann in Schiffbek an den dortigen Insten Meyer 1797

2326 Überlassung von Land in Ohe an den Kaufmann Dietrich Willinck in Altona 1797-1799

2327 Privilegien für die Ländereien in Ohe des Kaufmanns Dietrich Willinck in Altona 1797

2328 Landüberlassungen in Kirchsteinbek 1797-1801

2329 Landtausch zwischen den Hufnern Andreas Griem und Detlef Soltau in Stemwarde 1797

2330 Überlassung der Kohlenbargsheide in Kirchsteinbek an den Grafen Jumilhac 1798-1802

2331 Katenbau des Hufners Hans Soltau in Jenfeld 1798

2332 Landüberlassungen an den Brinkkätner Johann Jochim Bruns und den Kätner Hinrich Suck in Kirchsteinbek sowie Verteilung der dortigen Gemeinweide unter den Eingesessenen 1798-1799

2333 Landüberlassungen in Barsbüttel 1798-1806

2334 Landüberlassung an den Böttcher und Brinkkätner Johann Jochim Picker in Kirchsteinbek 1798-1801

2335 Landüberlassung an den Pastor Johnsen in Siek 1798

2336 Verkauf der Kate des Bäckers Albert Lohmeier in Sande 1798

2337 Nutzung des Torfmoors auf der Feldmark Großensee durch die Eingesessenen in Siek 1798-1799

2338 Landüberlassungen an den Insten Hans Hinrich Koops und den Brinkkätner Jochim Buck in Kirchsteinbek 1798-1803

2339 Veränderungen an den Hufenstellen der Baronesse de Saint Marsault in Kirchsteinbek und Aufhebung der Bauverbindlichkeiten auf den dortigen Landstellen des Kaufmanns Georg Andreas Knauer in Hamburg 1798, 1804

2340 Landüberlassungen an den Insten Hans Ratje und den Hufner Claus Hinrich Wöhlcke in Glinde 1798-1799

2341 Landüberlassung an den Hufner Eggert Eggers in Langelohe 1798-1799

2342 Landüberlassungen in Glinde 1798-1804

2343 Überlassung von Land in Schönningstedt an Hinrich Helmers in Siek 1798

2344 Landüberlassungen an die Insten Peter Müller und Jochim Studt sowie den hamburgischen Bürger Rudolph Christian Greve in Schiffbek 1799-1803

2345 Landüberlassung an den Schulmeister in Siek und den Insten Hinrich Friedrich Seemann in Siekerberg 1799-1804

2346 Landbeilage des Kätners Jochim Wittmack in Stellau 1799-1802

2347 Landüberlassung an den Insten Hans Hinrich Ratje und den Bauervogt Siemers in Willinghusen 1799-1801

2348 Landüberlassungen in Oststeinbek 1799-1801

2349 Landüberlassungen an den Brinkkätner Hans Jochim Bruhns und den Insten Hinrich Steffenhagen in Kirchsteinbek sowie Überlassung der dortigen Gemeinweide an die Eingesessenen 1799-1802

2350 Landüberlassungen in Stemwarde 1799-1806, 1821

2351 Landüberlassungen an die Insten Johann Carsten Junge in Glinde und Johann Jochim Bargmann in Boberg 1799-1801

2352 Landverkauf des Hufners Nicolaus Zingelmann in Schiffbek 1799-1800

2353 Landüberlassungen an den Insten Hans Hinrich Suck und den Anbauer Otto Andreas Möller in Oststeinbek 1799-1801

2354 Landüberlassungen an den Insten Hans Zinck und den Kleinkätner Hans Eggert Soltau in Kirchsteinbek 1799-1800

2355 Landüberlassung an den hamburgischen Makler Christoph Dietrich Sandtmann als Besitzer einer Katenstelle in Schiffbek und Versetzung des Kohlhofs des dortigen Kätners Jochim Studt 1799-1807

2356 Landüberlassung an den Kätner Johann Jacob Giese in Glinde 1799-1800

2357 Landüberlassung an den Insten und Webers Hans Stapelfeldt in Siek 1799-1801

2358 Ausweisung von Land aus der Gemeinweide in Schönningstedt als Dienstland der Hegereiterstelle im Amt Reinbek 1799-1803

2359 Landüberlassung an den Kätner Peter Eggert Wöhlcke in Glinde 1799-1801

2360 Landüberlassungen an den Anbauer Johann Jochim Harders und den Braumeister Hans Jacob Reimers in Schönningstedt 1799-1800

2361 Mitteilung der Karte der Dorfschaft Ohe zur Entscheidung einer Grenzstreitigkeit zwischen dem Bauervogt Jahncke und dem Hufner Burmeister 1800

2362 Landabtrennung und Landbeilage des Kätners Hans Christoph Schröder in Glinde 1800-1803

2363 Landüberlassung an den Kätner Hinrich Schmidt in Schönningstedt 1800

2364 Landüberlassungen an den Insten Franz Kagerak und den Grobschmied Johann Jochim Schwartz in Siek 1800-1801

2365 Landüberlassung an den Hufner Hans Jochim Soltau in Boberg und Überlassung von Land aus der dortigen Gemeinweide zur Schweineweide 1800-1801

2366 Landüberlassung an den Gastwirt Christian Hinrich Jahncke in Reinbek 1800

2367 Landüberlassungen in Öjendorf 1800-1803

2368 Überlassung von Land auf dem Schweindeich an die Eingesessenen in Kirchsteinbek 1801

2369 Landüberlassungen an die Hufner Hans Jochim Soltau und Claus Bohlens in der Ohlenburg bei Boberg 1800-1803

2370 Überlassung von Land in Stellau an den Insten Claus Dülsen in Stapelfeld und Überlassung der Gemeinweide in Stellau an die dortigen Eingesessenen 1801

2371 Einfriedung der Ländereien des Amtsschreibers und Hausvogts in Reinbek mit Stein- und Erdwällen 1801-1802

2372 Landausweisung, Bauplatz und Handelsfreiheit für den Krämer Hermann Hinrich Witthack aus Altona im Amt Reinbek 1803-1804

2373 Rücksendung der Vermessungskarte von Schönningstedt durch das Amtshaus in Reinbek 1803

2374 Bitte des Amtshauses in Reinbek um die Karte der Dorfschaft Ohe 1805

2375 Landüberlassungen in Willinghusen 1802-1805

2376 Landüberlassungen und Verteilung des Moorlandes in Glinde 1803-1805

2377 Landüberlassungen in Reinbek 1802-1805

2378 Landzulage für den Insten Hans Jacob Heidtmann und den Schulhalter Friedrich Schliemann in Stemwarde 1805

2379 Landüberlassung an den Schneider und Insten Johann Samuel Schultz in Sande sowie dessen Landschenkung an den dortigen Kätner Johann Jacob Thomas Hinzpeter 1805-1806

2380 Landüberlassungen in Oststeinbek 1801-1806

2381 Nutzung eines Fußsteiges für eine Holzanlage durch den Erbpächter Schmidt in Hinschendorf 1802

2382 Landüberlassung an den Tischler und Insten August Wilhelm Hochheim in Schleem sowie Überlassung von Land in Schiffbek an den Brinkkätner Franz Hermann Willers in Schleem (1798-) 1803-1805

2383 Landüberlassung und Landeinnahme in Siek 1804-1807

2384 Landüberlassungen in Havighorst 1802-1805

2385 Landüberlassungen in Schiffbek 1802-1806

2386 Überlassung von Heideland in Schönningstedt an Johann Trittau in Karolinenhof 1804

2387 Landüberlassungen in Braak 1803-1813

2388 Landüberlassung, Landtausch und Landverkauf in Schönningstedt 1802-1804

2389 Landüberlassung und Landverkauf in Stapelfeld 1802-1804

2390 Landüberlassungen an den Halbhufner Johann Jürgen Burmeister und den Mühlenbesitzer Franz Abraham Wohlers in Ohe 1802-1803

2391 Hausbau und Landzulage des Insten Jürgen Peter Franck in Jenfeld 1802

2392 Landüberlassung an Jochim Christoph Rehders in Langelohe und Überlassung der dortigen Gemeinweide an die Eingesessenen 1801-1805

## Mühlen

2408 Vererbpachtung der Mühlen 1769-1770
Darin: Pachtbedingungen für die drei großfürstlichen Mühlen bei Reinbek

2409 Wasserstauung des Mühlenteichs der Holz-, Pulver- und Papiermühle in Schleem [1779]
Enthält nur Aktendeckblatt. Akte befindet sich in Abt. 8.3 Nr. 2446.

2410 Veränderung des unterschlächtigen Mühlenrades der Kornmühle in Oststeinbek in ein oberschlächtiges Rad 1780

2411 Reparaturen an der Mühle in Reinbek 1785

2412 Streitigkeiten der Mühlenbesitzer Dürkop und Westphal in Steinfurt mit dem Müller Meyer in Kirchsteinbek wegen der Wasserstauhöhe bei der dortigen Mühle 1785

2413 Umwandlung der Kupfer- und Lohmühle in Domhorst in eine Graupen-, Mehl- und Holzmühle 1790

2414 Nutzung des Wassers eines Scheidegrabens durch den Bauervogt und Erbmühlenpächter Hans Friedrich Siemers in Oststeinbek 1791

2415 Anlage einer Windmühle bei der Wassermühle in Schleem 1791

2416 Leimgraben auf der Gemeinweide in Glinde zum Bau und Unterhalt der dortigen Kupfermühle 1796-1797

2417 Befreiung des Papiermüllers Franz Abraham Wohlers in Ohe vom Mühlenzwang (1740) 1805

# Pacht

2418 Zeitpachtverträge 1755-1770
Enthält: Hinschendorf; Braaker Teich; Jagdfreiheit auf Dorfschaftsländereien; Musik; Glaserarbeit

2419 Verpachtung des Vorwerks Hinschendorf sowie Verpachtung der Amtsbrauerei und Branntweinbrennerei 1766-1770
Darin: Pachtbedingungen; Zergliederungsplan zur Verteilung des Vorwerks

2420 Befreiung der Amtsuntertanen vom Zwang der Glaserarbeiten 1767

2421 Verpachtung der Ländereien des Vorwerks Hinschendorf 1772-1779
Darin: Pachtbedingungen; Zergliederungplan für die Verteilung des Vorwerks; Pachtbedingungen für die Ziegelei bei Reinbek

2422 Bestätigung von Kaufverträgen über Erbpachtstellen 1780-1807

2423 Veräußerung der Brauerei und Brennerei samt Erbpachtsland des Vorwerks durch den Erbpächrter Christoph Adolph Lodde in Kirchsteinbek 1788-1789

2424 Verkauf von Erbpachtstellen in Hinschendorf 1794-1805

2425 Viehweiden und Lehmgraben des Erbpächters und Schmieds Andreas Stahmer in Schönningstedt 1797

2426 Landüberlassung an den Erbpächter Johann Wilhelm Schmidt in Hinschendorf 1799

2427 Auslaufen der Pacht über die Bier- und Essigbrauerei sowie die Branntweinbrennerei zu Maitag 1800 1799

2428 Bestätigung des Kaufvertrages zwischen dem Major von Jägerhorn und dem Erbpächter Johann Wilhelm Schmidt in Hinschendorf über ein Haus mit Kohl- und Wiesenhof in der Großkoppel 1801

2429 Landüberlassung an den Erbpächter Johann Wilhelm Schmidt in Hinschendorf 1801

2430 Verkauf des Hofes Silk (1608) 1803-1805

## Privilegien

2431 Erteilung des Privilegs der Untergerichtsbarkeit für den Hof Silk 1767

2432 Schankprivileg und Holzausweisung für den Ziegeleipächter Hartwig Harders in Reinbek 1779-1780

2433 Fischereigerechtigkeit des Hofes Silk (1695-) 1786

2434 Bau einer Schmiede auf der Katenstelle des hamburgischen Kaufmanns Hans Jürgen Dürskop in Kirchsteinbek sowie Verkauf der Gebäude und Beilegung des Landes zu seiner Mühle in Steinfurt 1786, 1803

2435 Bestätigung der Dienst- und Fuhrprivilegien des Gehöfts in Kirchsteinbek des Carl Ludwig Schmidt aus Altona 1791

2436 Bestätigung der Privilegien des Gehöfts des Kammerherrn Adeler in Kirchsteinbek sowie Bestimmung der Dienste und Fuhren 1795

2437 Anlage einer Schmiede und Kate in Willinghusen durch den Schmied Johann David Weidemann aus Glinde 1797-1801

2438 Konzession des Christian Löhr aus Hamburg für eine Gastwirtschaft in Glinde 1802

2439 Privilegien und Übertragung der Bauervogtstelle in Ohe (1774) 1803-1805

2440 Anlage einer Branntweinbrennerei auf dem Hof Mühlenbek 1804

2441 Bestätigung der Privilegien des Burmeisterschen Gehöfts in Kirchsteinbek für Johann Gottfried Kayser in Altona und die Baronin de Saint Marsault 1804-1806

2442 Bestätigung der Privilegien der Kortingschen Hufe in Öjendorf für Adrian Michael von Holten 1805

2443 Verkauf eines Hauses mit Garten des Erbpächters Johann Wilhelm Schmidt in Hinschendorf an Wilhelmine Braun in Trittau 1804

## Rechnungswesen

2444 Abgabenbefreiung des in der Amtsrechnung unter den Kätnern in Siek aufgeführten Leutnants oder Lizentiaten Gronau sowie Nachricht über die Einnahmen von den herrschaftlichen Heuländereien im Amt Reinbek (1733) 1776-1777

## Setzung

2445 Setzung und Landverteilung: Schiffbek mit Schleem (1738-) 1772-1779
Enthält u. a.: Verteilungsprotokoll (Additamentum zum Vermessungsprotokoll); Dienstreglement
Darin: Situationsriss der Holz-, Papier- und Pulvermühle in Schleem

3565 Setzung und Landverteilung: Kirchsteinbek (1695-) 1773-1800
Enthält u. a.: Verteilungsprotokoll (Additamentum zum Vermessungsprotokoll); Dienstreglement
Darin: Situationsriss über das Gelände beim oberen und unteren Deich der Mühle in Steinfurt

3566 Setzung und Landverteilung: Boberg, Öjendorf, Barsbüttel und Jenfeld (1689-) 1765-1791
Enthält u. a.: Verteilungsprotokoll (Additamentum zum Vermessungsprotokoll) für Boberg; Dienstreglements

2446 Setzung und Landverteilung: Jenfeld, Öjendorf; Barsbüttel und Glinde (1695) 1773-1795
Enthält u. a.: Verteilungsprotokolle (Additamenta zu den Vermessungsprotokollen)
Darin: zwei Karten zum Mühlenteich in Schleem

2447 Setzung und Landverteilung: Siek (1695-) 1777-1807
Enthält u. a.: Verteilungsprotokoll (Additamentum zum Vermessungsprotokoll)

2448 Setzung und Landverteilung: Ohe (1729-) 1777-1803
Enthält u. a.: Verteilungsprotokoll (Additamentum zum Vermessungsprotokoll); Dienstreglement
Enthält auch: Setzungsberichte und Dienstreglements der Dorfschaften Siek, Lohbrügge und Glinde

2449 Setzung und Landverteilung: Schönningstedt (1733-) 1773-1811
Enthält u. a.: Verteilungsprotokoll (Additamentum zum Vermessungsprotokoll); Dienstreglement

2450 Setzung und Landverteilung: Stapelfeld 1779-1785
Enthält u. a.: Verteilungsprotokoll (Additamentum zum Vermessungsprotokoll); Dienstreglement; Vermessungsprotokoll

2451 Setzung und Landverteilung: Lohbrügge mit Sande und Ladenbek 1779-1791
Enthält u. a.: Verteilungsprotokoll (Additamentum zum Vermessungsprotokoll)

2452 Setzung und Landverteilung: Oststeinbek 1779-1800
Enthält u. a.: Verteilungsprotokoll (Additamentum zum Vermessungsprotokoll); Dienstreglement
Enthält auch: Bemerkungen zu den Verteilungsplänen der Dorfschaften Oststeinbek, Havighorst, Glinde, Lohbrügge mit Ladenbek und Sande sowie Schönningstedt

2453 Setzung und Landverteilung: Havighorst 1779-1791
Enthält u. a.: Verteilungsprotokoll (Additamentum zum Vermessungsprotokoll); Dienstreglement

2454 Setzung und Landverteilung: Stemwarde 1779-1802
Enthält u. a.: Verteilungsprotokoll (Additamentum zum Vermessungsprotokoll); Dienstreglement

2455 Setzung und Landverteilung: Langelohe 1781-1784
Enthält u. a.: Verteilungsprotokoll (Additamentum zum Vermessungsprotokoll); Dienstreglement

2456 Setzung und Landverteilung: Braak (1640-) 1781-1805
Enthält u. a.: Verteilungsprotokoll (Additamentum zum Vermessungsprotokoll); Dienstreglement; Vermessungsprotokoll

2457 Setzung und Landverteilung: Willinghusen 1781-1805
Enthält u. a.: Verteilungsprotokoll (Additamentum zum Vermessungsprotokoll); Dienstreglement; Vermessungsprotokoll

2458 Setzung und Landverteilung: Stellau 1781-1802
Enthält u. a.: Verteilungsprotokoll (Additamentum zum Vermessungsprotokoll); Dienstreglement; Vermessungsprotokoll

## Landesvisitation

3567 Protokoll der Generallandesvisitation 1768
Enthält nur Aktendeckblatt

2459 Verfügungen nach dem Protokoll der Generallandesvisitationskommission 1772-1773

## Wege

2460 Freie Passage durch das sächsische Tor in Reinbek 1772-1773

2461 Beschwerde des preußischen Ministers im niedersächsischen Kreis von Hecht wegen des Postwegs über den Kirchsteinbeker Kamp 1772-1779

2462 Verlegung eines Wegs zur Scheune des Bäckers Hans Jacob Ritscher in Schiffbek 1776

2463 Wegestreitigkeit des Hufners Jacob Westphal in Schiffbek mit den Bauervögten Ritscher in Kirchsteinbek und Schmidt in Barsbüttel 1799

2464 Aufhebung der Sperre der in den Ämtern Reinbek, Trittau und Tremsbüttel sowie im Gut Mönkenbrook vorhandenen Schlagbäume 1805

2465 Anlage eines Schlagbaums auf dem Weg von Lohbrügge nach Billwerder und dessen Beaufsichtigung 1800

## Ziegelei

2466 Verpachtung der Ziegelei 1769-1778
Darin: gedruckte Pachtbedingungen der Ziegelei und des Vorwerks Hinschendorf

2467 Einebnung von Stellen auf der Feldmark Lohbrügge durch den Ziegelmeister Harders 1776

2468 Überlassung von Land in Lohbrügge an den Ziegeleipächter Hartwig Harders zum privaten Gebrauch 1780

2469 Wiedereinsetzung in den vorigen Stand für den Ziegeleipächter Hartwig Harders hinsichtlich des Vergleichs über das Lehmgraben in Lohbrügge 1784

# AMT CISMAR

## Archiv

2470 Einsendung des Archivregistranten und Empfang von Papieren aus dem Amtsarchiv in Reinbek 1766-1768

2471 Archivregistrant 1766-1769

2472 Fortsetzung und Einsendung des Archivregistranten 1766-1772

## Bedienungen

2473 Einkünfte und Gebühren des Amtmanns, des Amtsschreibers sowie des Hausvogts 1772-1773

2474 Lieferungen von Besen durch das Bödenerlag in Grömitz und von Federkielen durch die Amtshufner an den Amtsschreiber in Cismar
Enthält u. a.: Dienstreglement des Flecken Grömitz 1775

2475 Änderung der Quittungsgebühr des Hebungsbeamten in Cismar für den Verkauf von Vorwerksländereien 1779-1780

2476 Erläuterung der Verkaufsbedingungen für Vorwerksländereien in Cismar und Quittungsgebühren für den Amtsschreiber 1794-1795

2477 Amtmannsgarten und Landstück für den Amtsschreiber in Cismar 1796-1797

2478 Entlassung des Amtmanns von Sievers und Ernennung des Amtmanns von Brockdorff sowie Gebühren des Amtmanns und Amtsschreibers für Trauscheine 1796

2479 Gebühr des Hausvogts Nissen für seine Bemühungen bei der Landaufteilung in Grömitz 1804

## Kommerz

2480 Postreisen der Bödener in Rothenhuse und Lenste von Cismar nach Neustadt 1782-1783

## Kreditwesen

2481 Einführung eines neuen Schuld- und Pfandprotokolls 1768-1769

## Dienste und Abgaben

2482 Beschreibung sämtlicher Dienste und Fuhren der Untertanen 1767

2519 Dienstreglements 1774-1785

2483 Dienste für die Ziehung der Eiswade des Amtmanns 1773

2484 Fuhren bei den Feuerbesichtigungen 1773

2485 Dienstreglement: Grömitz und Rüting 1774

2486 Fuhren und Vorspannpferde für den Landausschuss 1775, 1797

2487 Dienstreglement: Guttau mit Grönwohldshorst, Altratjensdorf, Thomsdorf und Gosdorf 1777-1778

2488 Befreiung des Hufners Hans Schuld in Guttau von einer Abgabe für die Nutzung des Gottscher Sees 1778-1779

2489 Erlass der Schmiederekognitionsgelder für den Schmied Gregorius Nicolaus Siemsen in Guttau (1710) 1779

2490 Weigerung der Untertanen zur Lieferung des Holz- und Torfdeputats für den Jägermeister von Rumohr 1779

2491 Vergütung von Mastgeldern und Abnahme der Konservation der Untertanen für den Pächter Marx Fick in Dahme [1780]
Enthält nur Aktendeckblatt. Akte befindet sich in Abt. 8.3 Nr. 2742.

2492 Dienste der Dorfschaften Suxdorf, Nienhagen, Rüting, Gosdorf, Altratjensdorf, Thomsdorf und Guttau mit Grönwohldshorst für das Vorwerk Cismar 1780

2493 Erhebung der herrschaftlichen Gefälle 1782

2494 Verlängerung der Zahlungsfrist für Abgaben der Parzellisten in Cismar von Martini auf den Umschlagstermin 1782

2495 Abgabenminderung und Holzschenkungen für die Bödenerwitwen Abel Dorothea Hildebrand und Anna Margaretha Schütten sowie den Bödener Detlef Möller in Schlüse 1783

2496 Bitte der Eingesessenen um Änderung der Dienstreglements 1785

2497 Setzung der Bödener in Rothenhuse und im Lensterbek zu Anlagen und Diensten 1787

2498 Abgabensetzung des Kleinkätners Hans Rahlff in Dahme 1787-1788

2499 Abgabenminderung und Vergütung für die Bauervögte 1788, 1798

2500 Abgabenerlass für die zum Amtmannsgarten in Cismar handdienstpflichtigen Eingesessenen in Grube, Dahme und Guttau 1788-1797

2501 Abgabenerlass für die Kleinbödener in Dahme und Kellenhusen 1789

2502 Befreiung von Fuhrdiensten und Einteilung der außerordentlichen Abgaben nach Landmaßen für die Kleinkätner im Kirchspiel Grube 1789

2503 Einsammlungsgebühr des Hufners Johann Höfft in Gosdorf für die Prediger und den Küster in Grube 1791

2504 Gartendienste von der Kleinkätnerstelle des Christoph Conrad Kropp in Grube 1793-1794

2506 Befreiung der Bödener und Insten in Gosdorf, Altratjensdorf, Thomsdorf und Rüting von Dienstgeldern und Abgaben sowie Befreiung der Kleinkätner in Grömitz von den Mistpfahlgeldern 1794-1799

2507 Erlass von Landabgaben des Hegereiters Friedrich Carl Daniel in Guttau 1801

2508 Zahlung und Quittierung der Weidegelder der Eingesessenen in Dahme und Grube auf der Amtsstube in Cismar 1790

2509 Bitte der Hufner um Befreiung oder Einschränkung von Fuhren, Ausweisung von Buschholz und wegen der Instandhaltung der Landstraße 1796-1797

2510 Abstellung von Beschwerden und Unrichtigkeiten wegen der Lasten der Kätner und Bödener in Thomsdorf, Gosdorf, Guttau, Rüting und Altratjensdorf 1796-1799

2511 Befreiung der Hufner sowie Groß- und Kleinkätner in Grube von den Feldarbeiten für den Organisten 1797

2512 Dienstverweigerung der Groß- und Kleinkänter in Grömitz zur Instandsetzung der herrschaftlichen Gehegeeinfriedungen 1797

2513 Belassen eines Kapitals auf der Erbpachtstelle des Johann Hinrich Wachtmann in Dahme 1799

2514 Bezahlung von Eisenzeug für das Gefangenenhaus in Cismar durch die königliche Kasse oder die Untertanen 1801

2515 Verteilung der Amtsanlagen im Amt Cismar und Befreiung des Besitzers des Gehöfts Ruhleben Ludwig Evers vom Beitrag zu den Amtsanlagen (1786) 1801-1802

2516 Befreiung der Bödener in Rothenhuse, Nienhagen, Suxdorf und Lenste von den Handdiensten oder Beteiligung sämtlicher Bödener im Amt an der Beförderung der Amtsposttasche nach Neustadt 1804

2517 Streitigkeiten des Amtschreibers Jürgens in Cismar mit den Hufnern in Lenste, Grömitz, Suxdorf und Nienhagen wegen Holztransportes zur Reparatur des Amtsschreiberhauses 1804-1806

2518 Ansetzung des Erbpachtsmüllers Peter Christian Bendfeldt in Cismar zu den Fouragelieferungen (1805) 1806

## Kirche

2520 Heubedarf des Schulmeisters Georg Finck in Rüting 1773

2521 Landversorgung und Jahrgelder der Schulmeister (1767-) 1778-1780

2522 Kirchenstände und Gottesdienst für die Erbpächter in der Kapelle in Cismar 1781-1787

2523 Besuch der Kirche in Grömitz durch den Erbpächter Claus Hinrich Thewes in Cismar 1783

2524 Kornschatzung der Prediger in Grube von den Erbpachtsländereien in Cismar 1783

## Forst- und Holzwesen

2525 Beschreibung der Forste und Hölzungen 1766

2526 Maßnahmen in den Hölzungen Gruberhagen, Klockenhagen und Großenbrook sowie Bepflanzung der Weiden 1766-1770

2527 Einfriedung der Eckerkoppel bei Rothenhuse und eines dortigen Landstücks 1769-1772

2528 Einfriedung und Besäung eines Platzes im Holzzuschlag Karckbrook 1770

2529 Gruberhagen: Beringung der Schweine, Mast im Holzzuschlag und Anlegung mehrerer Zuschläge 1771-1772

2530 Ahlfahrsbrook bei Dahme [1772]
Enthält nur Aktendeckblatt

2531 Buschmangel 1773

2532 Anweisung von Holz an die Hufner und Käufer der Kühlschen Stelle in Grömitz zur Einfriedung ihrer Ländereien 1773

2533 Extrakte zu den von der Setzungskommission an das Direktorialarchiv eingelieferten Amtsforstangelegenheiten 1773

2534 Befreiung der Eingesessenen von den Mast- oder Giebelschweingeldern sowie Einbrennung der Schweine in Gruberhagen (1771) 1779

2535 Nachrichten über die Größe der Tonnenzahl in den Holzgehegen 1782, 1791

2536 Schadhafte Eichen in der Hölzung in Gruberhagen 1782

2537 Holzausweisung und Fischfuhren der Untertanen für den Amtmann wegen dessen Besitzungen in Körnick 1783

2538 Beschwerde der Eingesessenen wegen des Entzugs der Mast und Weide in Gruberhagen sowie wegen Holz- und Torfdeputaten 1783

2539 Holzdeputat für die Witwe des Hans Hinrich Böckmann in Nienhagen und Erhalt des Holzes auf ihrer Erbpachtshufe 1783-1784

2540 Anlage von Gräben bei Einhegungen der Hölzungen 1784

2541 Torfdeputat aus dem Dahmer Moor für die sogenannten kleinen Leute 1784

2542 Förderung der Einfriedung um den Zuschlag Dahmer Holzkoppel 1786

2543 Beschwerde des Pastors Burchardi in Grube wegen einer Holzbrüche für die Prediger und den Organisten 1786

2544 Holzüberlassung und Mastvergütung für den Erbpachtsmüller und Parzellisten Jürgen Berend Bendfeld in Cismar 1788

2545 Bitte der Parzellisten um Aufhebung der Wildbahn oder starke Einfriedung der Gehege 1786

2546 Eindringen des kleinen Viehs in die Gehege 1797

2547 Holz- und Torfdeputat des ehemaligen Amtmanns von Sievers 1798-1800

2548 Vergütung der Torfstecher für das Stechen des Deputattorfes und Bewilligung eines Torfdeputats für die Torfstecher 1801

## Grenzen

2549 Grenzbeschreibung 1766

2550 Grenzregulierung zwischen der Klockenhagener und Manhagener Hölzung 1767-1772

2551 Regulierung der Grenzen des Neuenteichs der Mühle in Cismar mit dem Gut Manhagen und dem Fideikommissgut Koselau 1781-1782

2552 Streitgkeiten in Grube zwischen dem Hauptpastorat und den Bödenern wegen der Weidegrenzen 1785

2553 Grenzstreitigkeit des Erbpächters Philipp Friedrich Boye in Körnick mit dem Gut Brodau 1789-1790

2554 Regulierung der Grenze des Gruber Sees und Dahmer Sees 1805

2555 Befreiung des Parzellisten Johann Friedrich Fuhrmann in Kolauerhof von der Scheideziehung am Kolauerteich 1791

## Häusliche Verfassung

2556 Ausbau öder oder wüster Plätze 1767

2557 Aufträge der Landesregierung an den Kammerrat Schütt, den Oberinspektor Christensen sowie an die Landkommissare Jahn und Schnepel 1768
Enthält: Bau des Holländerhauses in Cismar; Einkoppelung von Dorfländereien; Einfriedung der Klockenhagener Hölzung; Grenzregulierung zwischen Klockenhagen und Manhagen; Umbau und Erweiterung der Scheune auf dem Hof Dahme

2558 Reparatur bei der sogenannten Unrade an der Ostkante des Dahmer Sees, Reparatur der Scheune auf dem Hof in Dahme und Bau des Holländerhauses auf dem Vorwerk Cismar 1768

2559 Bau der Amtmannswohnung in Cismar und andere Baumaßnahmen auf dem Amtshof 1768-1796
Darin: Grundrisse des Amtshofes sowie Grund- und Profilrisse von Gebäuden

2560 Torfbeilage des Amtsschreibers Gleiss in Cismar 1769

2561 Ausfüllen der Mistpfützen in Grube [1768]
Enthält nur Aktendeckblatt. Akte befindet sich in Abt. 8.3 Nr. 2741.

2562 Ökonomische Protokolle 1766-1774

2563 Verbesserungsvorschläge des Amtmanns von Sievers 1772

2564 Hilfeleistungen der dienstpflichtigen Hufner beim Bau neuer Häuser 1772

2565 Arbeiten der Schmiede für die Amtsuntertanen 1772

2566 Tausch der Gebäude der Suhlschen oder Langbehnschen Hufe in Grömitz mit denen der dortigen Schüttschen Hufe 1773

2567 Verkauf der Holzvogtskate des Holzvogts Reimers bei Kellenhusen 1776-1777

2568 Bestellung einer zweiten Hebamme für das Kirchspiel Grube sowie freie Wohnung und Feuerung für die Hebamme Tacken in Guttau 1785-1786

# Jagd

2569 Hochwild in den Ämtern Cismar und Oldenburg 1766-1767

2570 Unterjagd der Parzellisten in Cismar 1802

# Justiz

2571 Streitigkeiten zwischen den Erbpächtern Johann Hinrich Siemsen und Hans Lamp in Cismar wegen eines gekauften Kuhhauses 1781

2572 Aufhebung eines Bescheids für die Hufner Jürgen Hein und Jochim Klahn in Guttau sowie für Jochim Kühl in Rüting hinsichtlich der Rückgabe der Stellen nach den Setzjahren an ihre Enkel oder Stiefsöhne 1781-1786

2573 Beschwerde des Johann Block in Gosdorf gegen den Amtschreiber Gleiss in Cismar wegen des Verkaufs von Vorwerksland 1788

# Ländereien

## Erdbuch

2576 Einsendung des Erdbuchs und Notierung der Veränderungen 1766-1774

2577 Erdbuch 1765

Enthält: Beschreibung des Amtes, der Dorfschaften und der einzelnen Bauernstellen mit folgenden Angaben: Gebäude, Land-, Wiesen- und Viehbesitz, Wagen und Pflüge, Aussaat, Abgaben, Aufwendungen für Dienste, Getreidekonsum, Restanten

## Vermessung

2697 Vermessungsprotokoll: Gruberhagen 1767

2698 Vermessungsprotokoll: Grömitz 1772

2699 Vermessungsprotokoll: Rüting 1772

3593 Vermessungsprotokolle: Grömitz, Gosdorf, Altratjensdorf, Guttau, Thomsdorf und Rüting 1772-1775

2700 Vermessungsprotokoll: Gosdorf, Altratjensdorf, Guttau und Thomsdorf 1775

2701 Vermessungsprotokoll: Nienhagen und Suxdorf 1779

2702 Vermessungsprotokoll: Vorwerk Cismar 1779

2703 Vermessungsprotokoll: Lenste 1781

2705 Aufstellung des Landmessers Jacobsen über Vermessungsarbeiten 1786

2574 Karte zu den Domanialgütern und Dörfern in den Ämtern Cismar und Oldenburg sowie Vermessung des Domanialgutes Cismar [1766]
Enthält nur Aktendeckblatt

2575 Vermessung der Ländereien der Schreiberhufe in Guttau 1765

2578 Hilfeleistungen für die Landmesser, Vermessung von Gruberhagen mit Instruktion für den Landmesser und Kostenrechnung 1766-1768

2579 Protokoll und Karte zur Vermessung von Gruberhagen 1767
Enthält nur Aktendeckblatt

2582 Vermessung und Einteilung der Vorwerksländereien in Cismar 1771-1772

2588 Verteilungsprotokolle (Additamena zu den Vermessungsprotokollen) für Grömitz und Rüting 1773

2589 Vermessung und Vermessungskosten: Gosdorf, Altratjensdorf, Thomsdorf und Guttau 1775

2654 Bitte des Landmessers Jacobsen um eine Karte, Verteilungsplan und Vermessungsprotokoll für das Vorwerk Cismar 1796
Enthält nur kurze Aufstellung der gewünschten Karten

## Spezielle Landangelegenheiten

2580 Vermehrung der Ackerschläge und Verbesserung des Wiesenwachses in den Ämtern Cismar und Oldenburg sowie Einkoppelung in Dörfern des Amtes Cismar 1766-1768

2581 Weiden und Weiderechte in Gruberhagen 1767-1777
Darin: Karten der Schaf- und Schweineweiden für Grube, Kellenhusen, Dahme, Thomsdorf und Guttau in Gruberhagen

2583 Tausch der zum Amtmannsdienst in Cismar gehörigen Jägerkoppel 1771

2584 Landüberlassung an den Kätner Tönnies Kloppien in Grube 1772

2585 Auslaufen der Pachtzeit und Verteilung der Langbehnschen Hufe in Grömitz 1771-1772
Enthält auch: Weidefreiheit der Großkätner in Grömitz auf der Landwiese

2586 Überlassung einer Holzkoppel zur Pferdegräsung an den Pächter Fick in Dahme [1772]
Enthält nur Aktendeckblatt

2587 Koppeln des Großkätners Claus Hinrich Ehlert in Grömitz 1773

2590 Landüberlassung an den Erbmühlenpächter Jahncke in Grömitz 1775

2591 Landüberlassung an den Schneider Asmus Wulff in Altratjensdorf 1775

2592 Gebühren des Landmessers Peter Claussen für die Landverteilung in Guttau, Thomsdorf, Altratjensdorf und Gosdorf sowie Gebühren des Dessinateurs Klessel für die Kopierung und Reinzeichnung von Karten 1777

2593 Überlassung des Landstücks Hainholz an den Erbmühlenpächter Hans Hinrich Jahncke in Grömitz 1777

2594 Überlassung von zwei herrschaftlichen Landstücken an den Amtmann von Sievers in Cismar 1777

2595 Überlassung von Land am Lensterbek an den Amtspförtner Thomas Block in Cismar zum Katenbau 1777

2596 Landüberlassung an den Weber Christian Fahse in Gosdorf zum Katenbau 1778

2597 Überlassung von Land auf der Altratjensdorfer Trift an Henning Passau in Altratjensdorf und von Land am Lensterbek an Johann Detlev Mues 1778

2598 Landbeilage des Kleinkätners Jochim Hinrich Plath in Grube und Gartendienste von Amtseingesessenen für den Amtmann 1778-1779

2599 Landausweisung für den Arbeitsmann Jochim Weismöller und den Maurergesellen Jochim Hinrich Bebernis in Grube zum Katenbau 1779

2600 Landausweisung für den Arbeitsmann Claus Hinrich Puck in Thomsdorf zum Katenbau 1779

2601 Überlassung von Land in der Schweineweide in Guttau an den Arbeitsmann Hans Langbehn in Gosdorf zum Katenbau 1779

2602 Landausweisung für den Arbeitsmann und Heuerling Vester Klahn in Guttau zum Katenbau 1779

2603 Überlassung von Land in Grönwohldshorst an den Bödener Gregorius Nicolaus Siemsen in Guttau zum Bau einer Altenteilkate [1779]
Enthält nur Aktendeckblatt. Akte befindet sich in Abt. 8.3 Nr. 2717.

2604 Überlassung einer Wiese und Koppel der Suhlschen Ländereien in Grömitz an die Kammerherrsfrau von Sievers durch den Kammerherrn von Brockdorff (1741) 1779-1780

2605 Landüberlassung an den Zimmergesellen Hinrich Hinrichsen in Kellenhusen 1780

2606 Beihilfe und Quartieranweisung des Amtes Cismar für den Landmesser Jacobsen bei Vermessung des Dorfes Lenste, des Meierhofs Körnick und des Brenkenhagener Moors 1781

2607 Überlassung von Land in Thomsdorf an die Arbeitsmänner Claus Will und Hans Jochim Will in Gosdorf sowie Trennung ihrer Ländereien 1782-1783, 1811

2608 Holzüberlassung an die Besitzerin und den Besitzer des Erbpachtshofs Lenste Witwe Freytag und Hans Fricks 1781-1789

2609 Remen auf den Ländereien des Hufners Jochim Klahn in Guttau und Landüberlassung an den Bödener Adolph Friedrich Behncke in Grönwohldshorst 1782

2610 Verteilung des Restes des Lenster Brooks unter die Kleinbödener in Rothenhuse 1782

2611 Katenbau des Tagelöhners Claus Hinrich Puck in Thomsdorf 1783

2612 Landtausch zwischen dem Hufner Claus Langbehn und dem Müller Johann David Dose in Grömitz 1782

2613 Landüberlassung an die Insten Detlef Urban und Hans Jacob Gries in Grube [1782]
Enthält nur Aktendeckblatt.

2614 Landüberlassung an den Großkätner Hans Friedrich Fick in Nienhagen 1783

2615 Beibehaltung eines über Ländereien des Müllers Jürgen Berend Bendfeldt in Cismar führenden Fußsteiges von Lenste zur Schmiede in Rothenhuse 1783

2616 Beschwerde des Kanzleirats Eschen in Eutin wegen des aufgehobenen Brenkenhagener Hofwegs und einer verlegten Landstraße 1783

2617 Tausch von Ländereien der Großkätner Jochim Christopher Knutzen und Anton Rulfes in Grömitz sowie des Marx Westensee und eines Schuldt in Lenste mit Parzellenländereien des Amtmanns von Sievers in Körnick 1783-1792
Enthält auch: Anwendung des Näherrechts bei Verkauf von Erbpachtsländereien des Amtmanns von Sievers in Lenste sowie Tausch dieser Ländereien

2618 Stückweiser Verkauf der Parzelle der Witwe des Parzellenbesitzers Gregorius Nicolaus Siemsen in Cismar 1784

2619 Weide und Holz der Erbpachtstelle Wintershof bei Kellenhusen 1787-1810

2620 Land- und Holzausweisung sowie Befreiung von den Dorfschaftslasten für Jürgen Nicolaus Grünwald senior in Kellenhusen 1784-1785

2621 Regulierung einer Koppel und Verkauf des Erbpachtshofs Ruhleben 1784, 1800-1804

2622 Übertragung der wüsten Selckschen Katenstelle in Schlüse an den Amtsfischer Hinrich Friedrich Kröger in Cismar (1747) 1784

2623 Überlassung von Land am Silberberg in Gruberhagen an Asmus Hein in Altratjensdorf und den Anbauer Claus Hinrich Puck in Thomsdorf 1785-1795

2624 Katenverkauf des Bödeners Claus Landschoff in Guttau 1785

2625 Nachricht an den Oberforstmeister von Warnstedt in Plön über die Vermessung der an die Holkoppel in Dahme grenzenden Parzellenländereien 1785

2626 Landüberlassung an die Instenkätner Jürgen Höfft und Claus Hinrich Puck in Thomsdorf 1785-1786

2627 Genehmigung des Landverkaufs zwischen den Erbpächtern Hinrich Lammers und Marcus Hinrich Lamp in Cismar 1786

2628 Verkauf einer Weide in der Grömitzer Landwiese an die Bewohner der Katenstellen in Schlüse 1786

2629 Landzulage für die Parzellisten des Dahmer Hofmoors Hans Detlev Schwarz, Hans Hinrich Gammelin und Jürgen Tank 1786

2630 Überlassung von Land in Schlüse an den Schmied Andersen in Grömitz 1786

2631 Bebauung von Land aus Gruberhagen durch den Erbmühlenpächter und Kleinkätner Paul Friedrich Poppe in Grube 1786-1787

2632 Landüberlassungen an den Bödener Hans Gruel und den Anbauer Claus Hinrich Puck in Thomsdorf 1787

2633 Bewertung des Besitzes des Anbauers Marx Langbehn in Gruberhagen auf dem Langenrehm bei Guttau als Erbpachtstelle sowie Dienstpflicht und Anlagen der Anbauer in Gruberhagen 1787

2634 Freiweide für den Unterküster und Kuhlengräber Hans Detlef Hamer in Grömitz 1789

2635 Bedenken des Amtsschreibers Gleiss in Cismar zum Verkauf von Land aus Gruberhagen durch den Hegereiter Rost 1787

2636 Landtausch zwischen dem Bödener Thomas Babbe und Johann Hinrich Babbe in Dahme 1787-1788

2637 Landüberlassung an den Einlieger Asmus Ehlert in Grömitz zum Katenbau 1788

2638 Landtausch und Katenbau des Kleinkätners Hinrich Langbehn in Altratjensdorf 1788

2639 Landüberlassung an den Einlieger Claus Möller in Grönwohldshorst zum Katenbau 1788-1795

2640 Landtausch zwischen den Großkätnern Hans Jürgen Junge und Adde Johann Friedrich Blohm in Grube 1787-1788

2641 Landüberlassung an den ehemaligen Bödener Jochim Hensen in Grube 1789-1791

2642 Landtausch zwischen dem Schulmeister Georg Finck und dem Hufner Jochim Siems in Rüting 1789

2643 Freiweide in Grömitz für den Schulmeister Hans Friedrich Wohlert in Schlüse 1791

2644 Katenverkauf des Instenkätners Cai Bahr in Altratjensdorf 1790

2645 Landtausch des Erbpächters Hans Finck in Lenste für den Bau eines Kuhhauses und eines Pferdestalls 1792-1793

2646 Anlage eines Wasserableitungsgrabens aus dem Klostersee in Cismar in die Ostsee 1792-1793

2647 Verheuerung von Weidegerechtigkeit durch den Großkätner Jochim David Gosch in Grömitz 1792

2648 Einsendung der Karten von Dörfern im Amt Cismar und im Amt Neumünster durch den Landmesser Jacobsen 1794
Enthält nur kurze Aufstellung der übersandten Karten

2704 Veränderung der Wohnplätze der Eingesessenen in Schlüse 1794

2649 Eingrabung der verteilten Ländereien im Lensterbrook durch die Interessenten 1795

2650 Überlassung von Land in Guttau an den dortigen Schleifer Detlef Oldenburg und den Bödener Hans Jürgen Block sowie an den Arbeitsmann Jürgen Dau in Gruberhagen 1796-1803

2651 Aufhebung der auf der Stelle des Holzvogts Goldbeck in Grube liegenden Bauverbindlichkeit sowie Landüberlassung an dessen Witwe 1796-1801

2652 Ausstellung von Kaufbriefen über Hufen für Eingesessene in Gosdorf, Dahme, Guttau, Nienhagen und Suxdorf 1796-1798

2653 Überlassung von Land in Dahme an Jürgen Berent Schütt in Kellenhusen 1796

2655 Vermessung und Grenzbestimmung der Wiesenparzellen am Klostersee in Cismar 1797-1805
Darin: Karte von Wiesen am Klostersee

2656 Verkauf von Kätnerstellen des Rittmeisters von Sievers in Grömitz an die Witwe Margaretha Elisabeth Schultz sowie deren Verkauf von Erbpachtsländereien in Lenste und Landtausch mit dem Schmied Scharffenberg 1800-1804

2657 Vorschlag des Hausvogts Nissen in Cismar zur Bestimmung des Maßes für das zu verkaufende Reetschoof 1799

2658 Zahlung von Kaufgeldern des Hufners Martin Schuldt in Guttau 1800

2659 Bauverbindlichkeiten von Parzellisten in Dahme 1800

2660 Verzeichnis der von den dienstpflichtigen Eingesessenen zu unterhaltenden Gehegeeinfriedungen 1800-1809

2661 Landüberlassung und Landverkauf in Gosdorf 1800-1806

2662 Ausstellung von Kaufbriefen über Hufenstellen für Eingesessene in Nienhagen, Lenste, Suxdorf, Grömitz, Rüting und Dahme 1800-1801

2663 Reetgewinnung an der bei Grube liegenden Dienstkoppel des Hausvogts Nissen in Cismar 1799-1800

2664 Erteilung eines Kaufbriefs für Weideland zur gemeinschaftlichen Nutzung an die Hufner in Guttau 1800

2665 Kaufbriefe für die Hufner Claus Langbehn in Grömitz und Jochim Bebensee in Suxdorf für ihre Hufenstellen 1801

2666 Wegestreitigkeit und Landzulage des Kleinkätners Friedrich Hinrich Bruhse in Grube 1801

2667 Landüberlassung an Hans Schuldt in Rothenhuse 1801, 1808

2668 Teilung einer Instenkätnerstelle durch den Hufner Hans Jens in Gosdorf 1801

2669 Weidebefugnis im Redder um die sogenannte Wildkoppel für den Amtsschreiber Jürgens in Cismar 1801

2670 Aufteilung der Brookweide unter Eingesessene in Grube und Dahme 1801-1805

2671 Landverkauf des Erbmühlenpächters Paul Friedrich Popp in Grube an Paul Mund in Grönwohldshorst 1801-1804

2672 Mitteilung von Kaufbriefen über Hufenstellen von Eingesessenen in Altratjensdorf, Grube, Thomsdorf, Gosdorf und Dahme 1801

2673 Mitteilung einer Karte von Altratjensdorf an das Amtshaus in Cismar wegen einer Streitigkeit der Dorfschaft mit den Nachbardörfern 1801

2674 Landüberlassung an den Kleinkätner Jasper Friedrich Rosenkrantz in Thomsdorf 1802

2675 Abbruch einer Instenkate in Schlüse durch den Bödener Jochim Wiese in Kellenhusen 1802

2676 Landtausch des Großkätners Claus Detlev Becker in Grömitz und Verkauf des Landes an Johann Detlef Specht in Grömitz sowie Auseinandersetzung der Abgaben von der dortigen Kühlschen Hufe (1738-) 1802-1804

2677 Landausweisungen an Eingesessene in Thomsdorf 1802-1803
Enthält auch: Überlassung eines Bauplatzes an der Gruber Landstraße an den Glaser und Arbeitsmann August Friedrich Fahl, Dahme

2678 Landüberlassung an den Maurer Hans Hinrich Schmidt in Kellenhusen zum Katenbau 1802-1803

2679 Hausbau des Dienstknechts Hinrich Priess in Grube 1803

2680 Landüberlassung an den Arbeitsmann Claus Christian Graap in Grube zum Katenabu 1803

2681 Landüberlassungen an Eingesessene in Dahme 1803-1806

2682 Landüberlassungen sowie Vorschlag zur Zergliederung der Groß- und Kleinkätnerstellen in Rüting 1803-1805

2683 Landüberlassung an Friedrich Radden in Altratjensdorf und Vorschlag zum Verkauf mehrerer dortiger Landstücke 1804-1805

2684 Landüberlassung an den Großkätner Hinrich Kröger in Thomsdorf 1803-1805

2685 Mitteilung von Kaufbriefen für Hufenstellen von Eingesessenen in Rüting, Lenste, Grömitz, Suxdorf, Altratjensdorf, Gosdorf und Dahme 1803

2686 Koppeltausch zwischen den Kätnern Claus Hinrich Schmidt und Götz Albert in Nienhagen 1803

2687 Nutzung eines Landstücks am Cismarschen Ufer des Gruber Sees sowie Übertragung des Landstücks an den Organisten- und Schuldienst in Grube 1804-1805

2688 Eigenmächtige Landeinnahmen und Verrücken von Garteneinfriedigungen auf dem Feld in Cismar 1804-1805

2689 Rückzahlung zu viel gezahlter Abgaben an den Bödener Jochim Andreas Schröder und den Hufner Jacob Langbehn in Altratjensdorf, Landüberlassung an den dortigen Kleinkätner Hinrich Friedrich Brückmann sowie Verkauf von Bauplätzen in der dortigen Reddertrift 1804-1813

2690 Katenverkauf des Kleinbödeners Peter Friedrich Schweimb (Schweinck) in Kellenhusen 1805

2691 Überlassung eines Landstücks an den Schuldienst in Dahme 1805

2692 Verkauf der Höftkoppel in Grönwohldshorst des Bödeners und Erbpächters Johann Hinrich Höft in Guttau an den Erbpächter Passau 1805

2693 Erlass und Erstattung des Kanons für eine fehlende Koppel der Bödener Hans Hinrich Will und Jürgen Hinrich Höft in Guttau 1805

2694 Landüberlassung an den Bödener und Tagelöhner Hans Mundt in Grönwohldshorst 1805

2695 Sandlandüberlassung an Hans Jürgen Brandt und Johann Christopher Prüss in Dahme 1805

2696 Verkauf der leeren Baustellen und Altenteilsländereien des verstorbenen Hufners Claus Langbehn in Altratjensdorf 1805

## Mühlen

2706 Vorschlag des Landbaumeisters Richter über die Unterhaltung des Kolauer Mühlendamms durch den Erbmühlenpächter in Cismar
Enthält nur Aktendeckblatt. Akte befindet sich in Abt. 8.3 Nr. 2717. [1770]

2707 Bestätigung der Übertragung der Windmühle in Grömitz an den Müller Johann Dose durch dessen Frau, ehemals verheiratete Jahncke 1781

2708 Konzession des Erbpachtsmüllers Jürgen Berend Bendfeldt in Cismar zur Anlage einer Windmühle am Kreuzweg 1791

2709 Anlage einer Mühle in Dahme für den Sohn des Erbpachtsmüllers Paul Friedrich Popp in Grube 1796

## Pacht

2710 Zeit- und Erbpachtverträge 1740-1769

2711 Vorschlag zur Vererbpachtung des Meierhofs Körnick 1771

2712 Vererbpachtung der Suhlschen oder Langbehnschen Hufe in Grömitz sowie Landzulage an den dortigen Organisten Bruhns 1773

2713 Veränderung mit dem Vorwerk Cismar ab Maitag 1776 1774-1775
Darin: gedruckte Pachtbedingungen

2714 Anzeige des polnischen Geheimrats von Krohne zu der Äußerung eines Dietrich Wittmack in Testorf über die Einnahmesteigerung aus dem Vorwerk Cismar bei dessen Erbpachtlegung 1776

2715 Versicherungsakte des Vorwerkspächters Philipp Friedrich Boye in Cismar 1777-1778

2716 Niederlegungs- oder Zergliederungsplan für das Vorwerk Cismar, Vermessung des Vorwerks sowie der Dörfer Suxdorf und Nienhagen, Veränderungen mit den Meierhöfen Dahme und Körnick 1778-1780

2717 Zergliederung und Niederlegung des Vorwerks Cismar 1779-1781, 1833
Enthält: Verzeichnisse über die zum Vorwerk gehörigen Leute
Darin: gedruckte Pachtbedingungen

3568 Zergliederung und Niederlegung des Vorwerks Cismar
Enthält u. a.: Inventar, 1763 (1763-) 1780-1795

3569 Zergliederung und Niederlegung des Vorwerks Cismar 1780-1800
Enthält u. a.: Verteilungsprotokolle (Additamenta zu den Vermessungsprotokollen) für Nienhagen und Suxdorf; Vermessungsprotokoll zum Vorwerk

2718 Vergütung des Vorwerkspächters Boye in Cismar für die in der Viehseuche 1779 gestorbenen herrschaftlichen Inventarienkühe 1780

2719 Verkauf des Hofs Lenste 1780-1797

2720 Niederlegung und Zergliederung des Meierhofs Körnick (1770-) 1781-1783
Enthält u. a.: Inventar, 1773; Schuldbücher der Hufner Hans Kühl und Peter Block, Grömitz, 1773
Darin: Ausgaben der „Hamburgischen Neuen Zeitung" und des „Altonaer Merkur" 1782, 1783

3570 Niederlegung und Zergliederung des Meierhofs Körnick 1783-1792
Enthält u. a.: Vermessungsprotokoll des Hofs Körnick

2727 Gedruckte Verkaufsbedingungen für den Meierhof Körnick 1782

2728 Gedruckte Verkaufsbedingungen für den Meierhof Dahme 1784

2721 Auslaufen der Pacht des Klostersees, des Dahmer Sees, der Weide auf dem Dahmer Moor und der Weidebefugnis an der Ostsee 1800

2722 Verkauf von Erbpachtsland in Lenste und im Großbrookskamp durch den Kleinkätner Claus Becker in Grömitz sowie Verkauf des Landstücks im Großbrookskamp durch Johann Jürgen Graap in Grömitz 1800-1802

2723 Verkauf von Erbpachtsländereien in Lenste (1742-) 1803-1806

2724 Landverkauf des Kleinbödeners Lütje Hinrich Andres in Grömitz an seinen Schwager Carl Hinrich Jungjohann 1804

2725 Berichtigung der Landmaße der Erbpachtsländereien der Witwe Schultz in Grömitz und Antritt von Parzellen in Körnick durch deren Käufer ohne neue Kaufbriefe (1792-) 1804-1809

2726 Verkauf eines Teils der Grothwische des Bödeners und Erbpächters Hans August Bredling in Rothenhuse 1800

## Privilegien

2729 Fleckensgerechtigkeit für Grömitz und Grube 1776, 1803
Enthält nur Aktendeckblatt. Akte befindet sich in Abt. 8.3 Nr. 2741.

2730 Bewilligung einer Summe für die Behandlung der gemütskranken Margaretha Elisabeth Schenk in Grönwohldshorst aus dem Fonds des Hospitals in Neustadt 1799

2731 Krügereikonzession des Hufners Claus Radden in Grube und Vorstellung des Hausvogts Nissen in Cismar über das Verbot von Krügereien 1802

2732 Konzessionsloser Betrieb der Krugwirtschaft gegen Abgabe 1802
Enthält u. a.: Verzeichnis der im Amt bürgerliche Nahrung treibenden Personen

## Rechnungswesen

2733 Berechnung von Rekognitionsgeldern in der Amtsrechnung Cismar für die kleine Fähre bei Grube und für Koppeln 1776-1780
Enthält nur Aktendeckblatt. Akte befindet sich in Abt. 8.3 Nr. 2741.

2734 Berechnung über die Lasten der Stelle des Johann Hinrich Gosch in Thomsdorf 1785

2735 Erläuterung über die in der Amtsrechnung und im Setzungsregister unterschiedlich angesetzten Lasten des Fleckens Grube 1787

2736 Erläuterung der nach den Setzungsregistern zu leistenden Weideabgaben der Dorfschaften Thomsdorf und Guttau 1788

2737 Notat der Amtsrechnung Cismar über Landabgaben in Suxdorf 1805

## Setzung

2738 Setzung und Landverteilung: Grömitz und Rüting (1729-) 172-1803
Enthält u. a.: Verteilungsprotokoll (Additamentum zum Vermessungsprotokoll) für Rüting; Dienstreglements

2739 Setzung und Landverteilung: Guttau, Gosdorf, Altratjensdorf und Thomsdorf (1740-) 1775-1786

Enthält u. a.: Verteilungsprotokolle (Additamenta zu den Vermessungsprotokollen); Dienstreglements

2741 Setzung und Landverteilung: Grube (1740-) 1768-1803

Enthält u. a.: Vermessungsprotokoll; Verteilungsprotokoll (Additamentum zum Vermessungsprotokoll); Dienstreglement; Artikel zur Einrichtung einer Mobiliengilde im Amt Cismar, 1780

2742 Setzung und Landverteilung: Dahme (1762-) 1772-1788

Enthält u. a.: Verzeichnis von Vieh, Gerätschaften und Aussaat der zum Meierhof dienstpflichtigen Untertanen sowie über Gebäude des Meierhofs; Vermessungsprotokoll; Verteilungsprotokoll (Additamentum zum Vermessungsprotokoll)

3571 Setzung und Landverteilung: Dahme 1784-1797

Enthält u. a.: Verteilungsprotokoll (Additamentum zum Vermessungsprotokoll); Dienstreglement für die zum Meierhof Dahme dienstpflichtigen Eingesessenen in Grube, Thomsdorf, Altratjensdorf und Dahme sowie für die Anbauer in Gruberhagen; Inventar über die vom Pensionär Fick, Vorwerk Dahme, abgelieferten dienstleistenden Voll-, Halb- und Viertelhufen in Dahme, Thomsdorf, Altratjensdorf und Grube

Darin: Kontobücher des Hufners Jochim Prüss, Altratjensdorf, des Hufners Jacob Puck, Grube, des Halbhufners Henning Langbehn, Dahme, des Hufners Claus Langbehn, Grube, und des Hufners Claus Scheerer, Grube

2743 Setzung und Landverteilung: Gruberhagen 1784-1786

Enthält u. a.: Verteilungsprotokoll (Additamentum zum Vermessungsprotokoll)

2744 Setzung und Landverteilung: Kellenhusen 1782-1799

Enthält u. a.: Vermessungsprotokoll; Verteilungsprotokoll (Additamentum zum Vermessungsprotokoll)

## Strand- und Deichbandwesen

2745 Schaden an der Strandstrecke zwischen Dahme, Kellenhusen und Schlüse sowie Maßnahmen gegen eine Überschwemmung 1779-1780

2746 Sturm- und Flutschäden auf dem Dahmshöft, der Unrade und der Hausstätte zwischen Kellenhusen und Schlüse sowie Befestigung des Strandes durch Steine 1784-1792

Enthält auch: Verbot der Einfriedigung von Ländereien im Amt Cismar mit Steinwällen

2747 Kanonermäßigung für die Landlieger und Parzellisten auf Dahmshöft wegen Überschwemmung 1794

## Landesvisitation

2748 Protokoll der Generallandesvisitation für die Ämter Oldenburg und Cismar sowie für die Städte Oldenburg und Neustadt (1706-) 1768

2749 Verfügungen nach dem Protokoll der Generallandesvisitation 1772

2750 Visitation der großfürstlichen Domanialgüter 1772

## Wege

2751 Kirchenweg von Kellenhusen nach Grömitz 1768-1772

2752 Schlagbaum bei Bökenberg 1771

2753 Absprache zwischen den Erbpächtern Hans Lamp, Christian Friedrich Petersen und Johann Hinrich Siemsen in Cismar über die Verlegung von Wegen 1783

2754 Erhaltung eines Wegs von Kellenhusen durch den Strandbrook nach Cismar 1784

2755 Reparatur des Dammes mit öffentlichem Fahrweg am Mühlenteich in Sievershagen 1785

2756 Aufhebung eines Urteils in der Wegestreitigkeit zwischen den Parzellisten Hans Lamp und Johann Friedrich Fuhrmann in Cismar 1786

2757 Instandsetzung und Unterhaltung der Brücken durch die Parzellisten in Cismar 1786

Enthält auch: Unterhaltung der Einfriedung des Redders am Zuschlag Bornholz durch den Parzellisten Hans Christian Meyer, Cismar

2758 Streitigkeiten wegen der Nutzung einer Ausfahrt aus der Sievershagener Holzung durch den Müller Jürgen Berend Bendfeldt in Cismar 1789-1791

2759 Weg der Fischereipächter Johann Hinrich Behncke und Adolph Friedrich Behncke in Grönwohldshorst zum Gruber See über die Wiesen des Hufners Claus Köpcke und des Großkätners Hinrich Kröger in Thomsdorf 1792

2760 Fahrweg des Heuersmann der Jensenschen Kleinbödenerstelle Claus Hinrich Lemckau in Grube über die Hofstelle des Organisten Semler 1798

2761 Instandhaltung einer Brücke über einen Wallgraben zwischen dem Amtmannsgarten in Cismar und dem Garten des Erbpächters Siemsen sowie Anlegung eines Steinsiels im Redderweg am Gehege Wildkoppel 1800-1801

# AMT KRONSHAGEN

## Archiv

2763 Aufstellung der an den Oberinspektor Christensen abgelieferten Akten und Protokolle der ehemaligen Oberaufsichtskommision zum Gut Kronshagen 1766

2764 Plan des Staatsministers von Saldern zu einer Erbpachtsverteilung des Gutes Kronshagen 1765-1766

2765 Umwandlung des Gutes Kronshagen in ein Amt sowie Personalvorschläge für die Amtmanns-, Amtsinspektor- und Hausvogtstelle 1769

2766 Unterstellung unter die höheren Kollegien 1773

## Bedienungen

2767 Bestellung der Beamten 1767, 1773

2768 Regulative für die Einkünfte und Sporteln der Beamten 1773

2769 Gehalt für die Amtsvorsteher aus der Amtsanlagenkasse 1804

## Kreditwesen

2770 Verordnung zur Einführung eines neuen Schuld- und Pfandprotokolls 1767

## Dienste und Abgaben

2771 Nachricht über die Bestimmungen für die Hufner und Kätner bei Einteilung des Gutes Kronshagen in Erbpachtstellen 1767

2772 Befreiung der Erbpächter in Kronshagen von den Beiträgen zur Brandkasse und den Amtsanlagen 1787

2773 Weigerung der Erbpächter in Kronshagen zu Hand- und Spanndiensten beim Brückenbau bei Kopperpahl 1788

2774 Haltung eines Kornvorrats 1801

2775 Befreiung des Dr. Heinze als Besitzer des Gutes Schwartenbek von der außerordentlichen Landabgabe 1800-1801

2776 Verweigerte Fuhrleistungen der Hufner in Russee 1801

## Kirche

2777 Abgabe der Hufner und Kätner an die Stadtprediger in Kiel sowie Dienste für die Kirche und Kirchenbedienstetenwohnung in Flemhude 1767

Enthält nur gedruckte Nachricht über die Bestimmungen für die Hufner und Kätner bei Einteilung des Gutes Kronshagen in Erbpachtstellen

2778 Vorstellung der Dorfschaft Ottendorf zu den Schulhausbauten in Ottendorf, Suchsdorf und in der Wik 1785

2779 Ausweisung von Moorland an die Schulmeister zum Torfstich 1794-1795

## Forst- und Holzwesen

2780 Vorschlag des Forstmeisters von Warnstedt zur Eingrabung des Hofholzes Kronshagen auf herrschaftliche Kosten und zur Aufhebung des durch die Hölzung führenden Wegs von Hasseldieksdamm nach Kronshagen [1790]

## Häusliche Verfassung

2781 Platz auf der Kieler Stadtweide bei der Prüne für die Dorfschaften Ottendorf und Suchsdorf zur Anlegung der Mistpfähle 1772

2783 Bewandtnis mit den Anbauern in Schwartenbek 1775-1776

2784 Befreiung des Erbpachtsmüllers Hieronimus Evers vom Beitritt zur allgemeinen Brandversicherungsanstalt 1777-1778

# Ländereien

## Erdbuch

2801 Erdbuch Band 1 [1765-1817]

Enthält: Kurzbeschreibung der Dörfer, summarische Zusammenstellung des Landbesitzes der Bauernstellen nach dem Vermessungsprotokoll mit Angaben zum Kanon sowie zu Landüberlassungen und Landzulagen, Zusammenstellung der Größe des Landbesitzes der Bauernstellen und der Dörfer

2802 Erdbuch Band 2 [1765-1848]

Enthält: Kurzbeschreibung der Dörfer, summarische Zusammenstellung des Landbesitzes der Bauernstellen nach dem Vermessungsprotokoll mit Angaben zum Kanon sowie zu Landüberlassungen und Landzulagen, Zusammenstellung der Größe des Landbesitzes der Bauernstellen und der Dörfer

## Vermessung

2785 Vermessungsprotokoll 1765

Darin: Karte des königlichen Geheges in Russee

## Spezielle Landangelegenheiten

2800 Landverteilung: Russee, Hassee, Wik und Ottendorf sowie Güter Kronshagen und Schwartenbek [1767]

2786 Nutzung der Torfmoore 1767

Enthält nur Nachricht über die Bestimmungen für die Hufner und Kätner bei Einteilung des Gutes Kronshagen in Erbpachtstellen

2787 Überlassung eines Sumpfes im Uhlenkroger Holz an den Hof- und Landgerichtsadvokaten Johann Christian Hasse in Kiel als Besitzer einer Erbpachtstelle 1786

2788 Altenteilkate der Erbpachtstelle des Hinrich Volbier in Kronshagen 1786-1787

2789 Holzlandzulage und Verkauf der Erbpachtstelle im Amt Kronshagen des Registrators Christensen sowie Platz zum Bau einer Scheune für die Erbpachtstelle des Ingenieurleutnants Christensen und seiner Geschwister 1788-1794

2790 Land- und Holzüberlassung für den Insten Detlev Repenning in Hasseldieksdamm 1790-1791

2791 Landeinnahme des Erbpächters Jochim Dietrich Popp in Kronshagen zum Bau einer Nebenwohnung 1792

2792 Landzulage für den Erbpächter Hans Meves in Uhlenkrog 1793

2793 Verkauf des Gutes Schwartenbek 1793-1802

2794 Landüberlassung an Hans Hinrich Köhler in Hasseldieksdamm und Rücktritt des Kapitäns Thiessen vom Landmesserdienst 1795-1796

2795 Verkauf von Erbpachtstellen auf der Eichkoppel und der Heidkoppel 1797-1800

2796 Überlassung eines Landstücks vor dem Uhlenkroger Holz an den Gastwirt Marx Behrens in Kiel und Vereinigung mit seiner Koppel Struckdiek 1803-1805

2797 Überlassung eines Bauplatzes an der Landstraße von Kronshagen nach Suchsdorf an Johann Jacob Detlev Ripen in Viehdamm und an den dortigen Kätner Jochim Voss 1805

2798 Bebauung eines bisher unkultivierten Landstücks durch den Insten Carsten Peter Freese in Hasseldieksdamm 1806

2799 Landüberlassung an den Kätner Marx Friedrich Dahl in Hasseldieksdamm 1805-1806

## Mühlen

2803 Verkaufsbedingungen für die Wind- und Wassermühlen in Demühlen 1767

## Pacht

2804 Verteilung und Vererbpachtung des Gutes Kronshagen und des Meierhofs Schwartenbek 1766-1767

Enthält auch: Schmiede und Krügerei in Suchsdorf; Mühlen in Demühlen
Darin: „Staats- und Gelehrte Zeitung des Hamburgischen unpartheyischen Correspondenten" vom 30. und 31. Januar sowie von 4. Februar 1767; „Altonaer Merkur" vom 29. Januar, 23. Februar und 12. März 1767; „Reichspostreiter" vom 3., 6. und 10. Februar 1767

2805 Bestätigung der Kaufbriefe und Erbpachtskontrakte der Erbpächter (1768) 1778

2806 Bestätigung eines Erbpachtskaufvertrages des Hausvogts Franz Willms in Kronshagen 1778

2807 Aufrechterhaltung der Verträge der Erbpächter in Kronshagen 1779-1780

2808 Erlass von Krugpacht für den Kätner und Krüger Hans Hinrich Schmidt in Wik 1781

Enthält auch: Wohnung sowie Krug- und Wirtschaftsfreiheit des Hinrich Soltau am Kanal; Beschwerden des Erbpächters und Krügers Johann Justus Sievers, Kronshagen, wegen der Krügereifreiheit des Schmieds Matthias Friedrich Wolther, Ottendorf

2809 Verkauf der Erbpachtstelle des Johann Friedrich Aurenhammer in Eichkoppel 1796

2810 Verkauf der Erbpachtstelle des Rittmeisters von Brocks in Hasseldieksdamm an den Polizeimeister Christensen in Kiel und Weiterverkauf an den preußischen Leutnant Benjamin Sievers 1799-1805

## Privilegien

2811 Krugfreiheit des Erbpachtskätners und Schmieds Hans Jürgen Asbahr in Hassee 1779

2812 Brauerei- und Brennereiprivileg beim Haus des Anbauers Hinrich Soltau am Kanal sowie die dortige Anlage einer Wind- und Rossmühle 1782-1784

Enthält auch: Klage des Erbpachtsmüllers Hieronimus Evers, Demühlen, gegen den Erben des Anbauers Soltau wegen einer Quere

2813 Kruggerechtigkeit des Kätners Friedrich Wilhelm Stabe in Suchsdorf (1767) 1786-1790

Darin: Verkaufsbedingungen für die Schmiede und Krügerei in Suchsdorf, 1767

## Rechnungswesen

2814 Notat zur Amtsrechnung Kronshagen wegen Abgaben von Land des Marx Detlef Mordhorst und des Cay Lorenz Jäger sowie Verfahren bei Verkauf von Erbpachtsland in Kronshagen ab einer bestimmten Größe 1803

## Wege

2815 Ankauf eines Sandlandstücks des Carsten Mordhorst in Kopperpahl zur Wegebesserung (1767) 1791-1792

Darin: Verkaufsbedingungen über Erbpachtsländereien in Kronshagen, 1767

2816 Pacht des Schlagbaums in Kopperpahl durch den Erbpächter Johann Ahrend Fleck in Kronshagen 1781

2817 Hand- und Spanndienste der Untertanen bei der Unterhaltung von Steinbrücken 1785

2818 Instandsetzung der Landstraße im Winterbeker Redder 1801

# LANDSCHAFT NORDERDITHMARSCHEN

## Archiv

3063 Archivregistrant 1766

3064 Abfassung einer Sammlung der Konstitutionen 1766-1770

3065 Sammlung der Konstitutionen, Verordnungen, Mandate, Reskripte, Resolutionen und Beliebungen (1560-1776)

3066 Entwürfe, Anmerkungen und Vorschläge des Geheimen Legationsrats von Brockes über Landschaftsangelegenheiten 1767

3067 Einsendung von Eingaben an das Direktorium mit einer Rubrik 1768

3068 Antworten des Landschreibers Viethen in Heide zu den Fragen der Generallandesvisitationskommission über das Archiv, die Brandgilden, das Strandwesen und die Außendeichsländereien 1768

3069 Antworten des Landschreibers Martfeld in Lunden zu den Fragen der Generallandesvisitationskommission über das Archiv, die Brandgilden, das Strandwesen und die Außendeichsländereien 1768

3070 Verzeichnisse über die Protokolle in den Kirchspiele Heide, Hemme und Hennstedt 1767

3071 Regulativ für das Kirchspiel Lunden (1760, 1761) 1767

3072 Verzeichnis zum Kirchspielsarchiv in Weddingstedt 1767

3073 Führung eines Journals über die eingehenden Angelegenheiten beim Landvogt von Lowtzow 1772

3074 Verstöße gegen die Stempelpapierverordnung 1773

## Bedienungen

3075 Besuch der Landesversammlung durch den ehemaligen Landvogt Georg Viethen 1670-1677

3076 Missbräuche beim Votieren und bei der Wahl in Landschafts- und Kirchspielsangelegenheiten 1767-1768

3077 Verbesserungen der Landschafts- und Kirchspielsbedienungen 1769-1770

3078 Verbesserung der Bedienung des Landvogts von Lowtzow 1770-1772

3079 Wahl eines Generaleinnehmers für das Kirchspiel Wesselburen (1767) 1769-1770

3080 Demission des Kirchspielvogts Claus Sievers in Büsum und Besetzung der Stelle mit dem Kirchspielsdeputierten Hans Meyer 1767-1768

3081 Besetzung der Kirchspielvogtei in Wöhrden mit Peter Carstens in Poppenhusen 1770-1771

3082 Besetzung der Kirchspielschreiberei in Delve 1770-1771

3083 Gebühren des Landvogts von Lowtzow 1770-1773

3084 Kommissionsgebühren der Vorsteher des Kirchspiels Wesselburen anlässlich der Abhandlung der Restanten und Schulden 1771-1779

3085 Gebühr des Landschreibers Viethen in Heide für die Protokollation von Obligationen 1772

3086 Befreiung des Clas Classen in Weddingstedt von seinem Amt als Kirchspielvogt 1771-1772

3087 Kompetenzen und Personalangelegenheiten des Landvogts von Lowtzow 1772-1777

3088 Erhöhung der Jahresgelder für den Generaleinnehmer des Kirchspiels Wesselburen Hans Carstens in Norddeich 1772

3089 Besetzung der Kirchspielvogtei in Lunden mit dem Kirchspielsvorsteher Hans Jochims in Sankt Annen 1773
Enthält auch: Bestimmung des Domizils des Kirchspielvogts; Wiederherstellung der Gerechtsame des Fleckens Lunden in Kriminalangelegenheiten

3090 Ausweisung von Land in Tielenhemme für die Försterstelle des Försters Usinger 1773

3091 Befreiung des Landschreibers Viethen in Heide von Kommissionen 1775

3092 Demission des Hans Carstens in Norddeich als Generaleinnehmer des Kirchspiels Wesselburen und Wahl eines neuen Generaleinnehmers 1778-1782

3093 Interimistische Verwaltung der Landvogtei und Besetzung der Stelle mit dem ehemaligen Kirchspielvogt Nicolaus Behrens in Marne 1777-1778

3094 Gesuch des Kirchspielvogts Paul Paulsen in Heide um Kombination der Kirchspielschreiberei mit seiner Stelle 1778

3095 Präsentationsrecht für die Deputiertenwahl im Kirchspiel Wöhrden 1779-1780

3096 Änderung der Gevollmächtigtenwahl im Kirchspiel Tielenhemme 1780

## Kommerz

3097 Beachtung der herrschaftlichen Konstitutionen zum Handel und Handwerk in der Landschaft Norderdithmarschen sowie Beschwerden von Kaufleuten in Heide über das Hausieren fremder Kaufleute 1767-1774

3098 Anlage eines Zwei-Jahr-Marktes in Delve 1772

## Kreditwesen

3099 Verfügungen zu den Restanten der Landes- und Kirchspielsanlagen
Enthält u. a.: Restantenverzeichnisse 1767

3100 Einführung eines Schuld- und Pfandprotokolls 1767-1773
Darin: Verordnung wegen Einführung eines Schuld- und Pfandprotokolls, 1771

3101 Vorschläge zur Verbesserung der Verhältnisse der Landschaft Norderdithmarschen (1749-) 1768

3102 Missbrauch öffentlicher Gelder (1769) 1770-1771

3103 Berichte über die Schulden der Landschaft Norderdithmarschen und der Kirchspiele 1767

3104 Schulden des abgesetzten Landpfennigmeister Peter Voigt und seiner Bürgen gegenüber der Landschaft Norderdithmarschen 1769-1771

3105 Auszüge aus den Kirchspielsrechnungen sowie Pflug- und Kätnergeldrechnungen des Kirchspiels Heide über die Restanten von 1722 bis 1767 1767

3106 Restanten des Kirchspiels Wesselburen und Konkurs des dortigen Kichspielvogt Johann Georg Jacobs 1767-1768

3107 Abhandlung der Schuld des ehemaligen Kirchspielvogts Johann Georg Jacobs in Wesselburen gegenüber dem Kirchspiel 1767-1770

3108 Schuldenabtrag der Witwe und Erben des Peter Johannsen an das Kirchspiel Neuenkirchen 1769-1770

3109 Restanten im Kirchspiel Büsum 1767-1768

3110 Auszüge aus dem Restantenprotokoll des Kirchspiels Hemme von 1764 bis 1767 1767

3111 Schulden des Kirchspiels Hemme 1767-1770

3112 Vorstellung des Justizrats Johann Heinrich Kirchhoff in Hemme zum Verfall des Kirchspiels und dessen Wiederaufhelfung 1766-1768

3113 Wiederaufhelfung der verschuldeten Kirchspiele Hemme und Büsum 1770-1778

3114 Erklärungen der Söhne des verstorbenen Kirchspielseinnehmers Jacob Beck in Hemme über einbehaltende Kirchspielsgelder 1767-1777

3115 Abrechnung der Schulden des verstorbenen Kirchspielvogts Hermann Thiesen Jacobs in Hemme gegenüber dem Kirchspiel 1767-1768

3116 Schuld des Kirchspielsdeputierten Carsten Witt Bruhn in Hemme 1770

3117 Vergleich des Kirchspiels Hemme mit der Frau des Reimer Hansen in Hemmerwurth wegen eines Schuldpostens 1772

3118 Abtrag von Restanten im Kirchspiel Wesselburen 1774-1776

3119 Erlass von Schulden des Hemmer Kirchspielseinnehmers Christian Bruhn in Zennhusen 1775-1776

3120 Rückstände des Kirchspielschreibers Harders in Hemme in den Kirchspielseinnahmen 1776-1780

3121 Verfall der ökonomischen Verhältnisse des Kirchspiels Wesselburen 1777

3122 Erlass eines Schuldabtrags des Landes- und Kirchspielsgevollmächtigten Hans Haack in Hennstedt 1779-1781

3123 Abtrag einer Kapitalschuld des Kirchspielsadjunkten Hargen Junge in Süderdeich gegenüber dem Kirchspiel Wesselburen 1786

## Dienste und Abgaben

3124 Transport der Generallandesvisitationskommission 1767

3125 Anfertigung der Landschafts- und Kirchspielsanlagen und deren Einsendung vor Ende August 1770-1774

3126 Befreiung des Hans Nagel in Hemme von Schatzungsgeldern 1767-1768

3127 Berichtigung der unbezahlten Anlagengelder für den Hof des Johann Reimers in Wehren (1766) 1767

3128 Befreiung des Justizrats Kirchhoff und des Johann Carl Schultz in Hemme von den Kirchspielsanlagen 1766-1773

3129 Einsendung der Anlagenregister der Landschaft Norderdithmarschen und der Kirchspiele sowie Beihilfe der Landschaft für die Kirchspiele Hemme und Büsum 1771-1772
Bemerkung: enthält nicht die Register

3130 Einrichtung und Schema der Register zu den Kirchspielsanlagen
Bemerkung: enthält nicht die Register 1771-1772

3131 Einsendung der Anlageregister der Landschaft Norderdithmarschen und der Kirchspiele 1772

3132 Bestätigung einer Anlage der Hufen und Bauerschaften des Kirchspiels Wesselburen 1772

3133 Einsendung der Anlagenregister der Landschaft Norderdithmarschen und der Kirchspiele 1773

3134 Einsendung der Anlagenregister der Landschaft Norderdithmarschen und der Kirchspiele 1774-1775

3135 Einsendung der Anlagenregister der Landschaft Norderdithmarschen und der Kirchspiele 1775-1776

3136 Einsendung der Anlagenregister der Landschaft Norderdithmarschen und der Kirchspiele 1776-1777

3137 Einsendung der Anlagenregister der Landschaft Norderdithmarschen und der Kirchspiele 1777

3138 Einsendung der Anlagenregister der Landschaft Norderdithmarschen und der Kirchspiele 1778

3139 Verzeichnisse der seit 1774 erlegten Anlagengelder der Landschaft Norderdithmarschen und der Kirchspiele 1778-1779

3140 Verlängerung der Freijahre für Korngefälle für die Interessenten der Osteregge, Süderegge und Norderegge im Kirchspiel Heide 1778-1779

3141 Einsendung der Anlagenregister der Landschaft Norderdithmarschen und der Kirchspiele 1779

3142 Einsendung der Anlagenregister der Landschaft Norderdithmarschen und der Kirchspiele 1780-1805

3143 Aufschub von der Zahlung des jährlichen Abtrags für Käufer von Höfen und Ländereien des Kirchspiels Wesselburen 1782-1783

## Kirche

3144 Kirchen-, Schul- und Armenwesen (1759) 1767-1773

3145 Missbräuche im Kirchen- und Schulwesen des Kirchspiels Hennstedt (1764) 1767

3146 Aufschub der Protokollation der Kirchen-, Schul- und Armenkapitalien, der Pfennigheuer sowie der Kirchenländereien 1772

3147 Einfriedung der Pflugländereien der Prediger in Tellingstedt 1781

3148 Beihilfe für den Pastor Ipsen in Erfde zur Gründung einer Schule in Tielenhemme 1805

## Forst- und Holzwesen

3149 Regulierung und Verteilung des Riesenwohlds zwischen den Landschaften Norderdithmarschen und Süderdithmarschen 1770-1774, 1805-1813

3150 Busch- und Holzteile auf den Pflugländereien 1779

3151 Einfriedung des Süderholmer Holzteiles des Thomas Witt in Heide 1786

## Grenzen

3152 Grenzbeschreibung und Anordnung einer Kommission zur Schlichtung von Grenzstreitigkeiten 1767-1769

3153 Grenzstreitigkeiten zwischen Tellingstedt und Westerborstel 1770

## Häusliche Verfassung

3154 Brandkasse 1765-1769

3155 Brandgilden in Heide 1770

3156 Dienstboten- und Arbeitslohn 1767

3157 Abschaffung der Strohdächer bei neu zu bauenden oder zu reparierenden Häusern in Heide 1770

3158 Ausrottung der Sperlinge im Kirchspiel Lunden 1767

3159 Vorschläge des Peter Meinert in Jarrenwisch zur Verbesserung der Geschäfte des Kirchspiels Wesselburen (1765) 1767

3160 Einfriedung des Pockensieks und Wohnungsbau durch Claus Friedrich Lösch in Süderholm 1768

3161 Stallbau des Krugwirts Peter Meister in Kleve 1768

3162 Verkauf des Gehöfts des Kirchspiels Wesselburen an Claus Peters in Jarrenwisch 1772

3163 Mobiliengilde im Kirchspiel Lunden 1778

3164 Plan des General-Landesökonomie- und Kommerz-Kollegiums über die Einrichtung der Interessentenschaften von Gilden auf dem Land und Mobilienversicherungen 1778

## Jagd

3165 Bericht zur Jagd, zu den Forsten und zu den Torfmooren 1767

## Justiz

3166 Justizpflege und ihre Verbesserung (1749-) 1767-1170
Enthält vor allem: Antworten der Kirchspiele auf Fragen der Generallandesvisitationskommission

3167 Einrichtung einer Kommission in der Ostereggekommüne in Heide zur Vermittlung in Rechtshändeln 1769

3168 Erläuterung eines Artikel der Amtsrolle der Tischler in Heide (1674, 1766) 1767-1771
Enthält auch: Gesuch der Rademacher Johann Georg Böringer und Johann Christoph Ritter, Lunden, um ein Verbot von Rademacherarbeiten für Tischler sowie um ein Privileg

3169 Verbürgung des Landkommissars und Kirchspielschreibers Friedrich Johann Voss für den Generaleinnehmer Nicolai Johannsen in Wesselburen sowie Beförderung der Bürgschaftssache des Johann Oncken in Wesselburen gegen den Etatsrat Michaelsen in Glückstadt 1767-1769

3170 Beschwerden gegen den Kirchspielsadjunkten Peter Meinert in Jarrenwisch 1770

3171 Schatzungsstreitigkeiten zwischen Claus Thedens in Hödienwisch und dem Kirchspiel Wesselburen 1767-1773

3172 Beschwerden und Justizangelegenheiten im Kirchspiel Wesselburen 1768-1773

3173 Befreiung der Vorsteher des Kirchspiels Lunden von der Bürgschaft für den Einnehmer 1773

3174 Streitigkeiten von Eingesessenen in Flehde, Rehm und Bargen wegen gemeinschaftlicher Weide 1767

3175 Beschwerden der Vorsteher des Kirchspiels Wöhrden in Verwaltungsangelegenheiten 1770
Enthält nur Aktendeckblatt

3176 Beschwerden des Hans Frantzen in Tellingstedt und des Christian Thedens in Lendern gegen die Bauerschaft Tellingstedt wegen Nutzung der Gemeinweide und Landüberlassung 1768-1770

3177 Streitigkeiten der Eingesessenen in Stelle und Wittenwurth mit den königlichen Einwohnern in Fedderingen wegen des sogenannten Kleinen Steller Sees (1669, 1764) 1767
Enthält auch: Vergleich zwischen den Interessenten der Außendeichsländereien in Morsen und der Bauerschaft Schülp über Vorland an der Eider, 1669

3178 Verhalten der Vorsteher des Kirchspiels Hemme hinsichlich eines Regresses im Rahmen eines Rechtsgeschäfts mit den Kindern des Landkommissars Gerckens 1771-1772

3179 Beilegung der Streitigkeiten in der Ostereggekommüne in Heide 1772

3180 Streitigkeiten zwischen Johann Jacob Schmidt in Krempel und dem ehemaligen Kirchspielseinnehmer Christoph Siercks in Lunden wegen eingenommenen Kruglandes 1775-1776

## Ländereien

### Vermessung

3181 Vermessung: Hedwigenkoog (1696, 1723-1727, 1765) 1767
Enthält u. a.: Verzeichnis der Landmaße, 1725
Darin: Karte des neuen Schleusenstroms, 1765; Karte eines neu eingedeichten Landstücks beim Alten- und Mitteldeich

3187 Vermessung 1767-1778

3188 Einsendung der Vermessungsprotokolle und Karten des Kirchspiels Heide 1770-1771

3191 Einsendung der Vermessungsprotokolle und Karten des Kirchspiels Büsum 1770-1771

3192 Vermessungskosten 1770-1773

3197 Vermessungsprotokolle und Karten des Kirchspiels Wesselburen
Enthält nur Aktendeckblatt [1770] (1794)

3198 Vermessungsprotokolle und Karten des Kirchspiels Weddingstedt
Enthält nur Aktendeckblatt und Aktenverzeichnis [1770]

3200 Vermessungsprotokolle und Karten des Kirchspiels Tellingstedt
Enthält nur Aktendeckblatt und Aktenverzeichnis [1770]

3203 Unrichtigkeiten der Landmesser bei der Karte von Heide 1774

3205 Mitannahme der Brüder des Landmessers Christian Süncksen in Katharinenheerd zu Landmessern 1775

3206 Vermessungsprotokolle und Karten des Kirchspiels Hennstedt 1776
Enthält nur Aktendeckblatt und Aktenverzeichnis

3209 Vermessungsprotokolle und Karten des Kirchspiels Lunden 1777
Enthält nur Aktendeckblatt und Aktenverzeichnis

3210 Vermessungsprotokolle und Karten des Kirchspiels Delve 1777
Enthält nur Aktendeckblatt und Aktenverzeichnis

3235 Einsendung von Karten verschiedener Dorfschaften zur Reinzeichnung 1780-1781

3237 Vermessungsprotokolle und Karten der Kirchspiele Neuenkirchen, Norderwöhrden und Hemme 1781
Enthält nur Aktendeckblatt und Aktenverzeichnis

3242 Mitteilung der Karten und Vermessungsprotokolle zu den Kirchspielen Hennstedt und Wesselburen an den Landvogt Behrens 1783

3256 Einsendung der Karten und Vermessungsprotokolle des Kirchspiels Büsum 1791-1792

3257 Mitteilung der Vermessungsprotokolle und Karten der Dorfschaften Wallen, Dörpling, Pahlen, Dellstedt, Wrohm und Schelrade an den Landvogt Behrens 1795-1796

3258 Mitteilung der Karte und des Vermessungsprotokolls des Fleckens Heide an den Landvogt Johannsen 1797

3259 Mitteilung der Karte und des Vermessungsprotokolls des Kirchspiels Lunden an die Landvogtei 1798

## Spezielle Landangelegenheiten

3182 Landverteilung im Kirchspiel Heide 1767-1772

3183 Landverteilung im Kirchspiel Hennstedt 1767
Enthält nur Aktendeckblatt

3184 Landverteilung im Kirchspiel Delve 1767-1770

3185 Landverteilung im Kirchspiel Tellingstedt 1767

3186 Landverteilung im Kirchspiel Weddingstedt 1767

3193 Abkauf der Maulscheere in den Eggekommunen bei Heide 1769-1785

3194 Landschenkung der Ostereggekommune bei Heide für den Landvogt von Lowtzow 1769-1770

3195 Wiederherstellung und Anlage der Wasserleitungen zum Unterhalt der Ländereien in den Kirchspielen Lunden und Neuenkirchen 1767

3196 Landüberlassungen im Kirchspiel Tellingstedt 1771-1775

3199 Aufteilung der Gemeinweide in Wittenwurth und Stelle 1772-1773

3201 Aufteilung von zwei Teilen der Gemeinweide in Wesseln 1773-1774

3202 Landverteilung im Kirchspiel Dellstedt 1773-1782

3204 Aufteilung der Gemeinweide sowie Umlegung und Einkoppelung der Pflugländereien in Pahlen 1774-1781

3207 Einfriedung der Geestländereien des Claus Groth in Hollingstedt 1776-1777

3208 Erleichterung der Einkoppelung der Pflugländereien in Stelle (1776) 1777

3211 Aufteilung der Gemeinweide in Hollingstedt und Süderholm sowie Abfindung des Jürgen Groth in Hollingstedt aus der dortigen Gemeinweide 1777, 1790

3212 Aufteilung der Gemeinweide in Hennstedt 1777-1780

3213 Aufteilung der Gemeinweide und Ausweisungen von Kuhgrasungen in Delve 1777-1778, 1803

3214 Aufteilung der Gemeinweide in Weddingstedt 1777-1781

3215 Aufteilung der Gemeinweide sowie Umlegung der Pflugländereien und Einkoppelung in Barkenholm und Norderheistedt 1778-1781
Enthält auch: Mangel an Lehmerde für die Ziegelbrennerei des Reimer Clausen Dühr, Barkenholm

3216 Verteilung des Moors in Lunden 1778

3217 Landüberlassung an Hinrich Lamee in Schwienhusen 1778-1779

3218 Verteilung der Gemeinweide in Linden 1779

3219 Landüberlassung an Claus Paulsen in Wallen sowie Umlegung der Pflugländereien und Aufteilung der Gemeinheit in Wallen 1778-1781

3220 Aufteilung der Gemeinheiten in Flehde, Rehm, Bargen und Hemme 1778-1780

3221 Patent der Rentekammer zu den Freijahren hinsichtlich der aufgeteilten Gemeinheiten sowie zur Erlaubnis für die Eingesessenen zum Verkauf von aus den Gemeinheiten erhaltenen Landstücken 1779

3222 Verfügung zur Förderung der Einkoppelung durch den Tausch von Hypotheken 1779

3223 Aufteilung der Gemeinweide und des Grashofs sowie Einfriedung der Pflugländereien in Tellingstedt, Osterborstel und Westerborstel 1779

3224 Gesuch des Hans Klopp in Welmbüttel um Aufteilung eines Teils der dortigen Gemeinweide 1779

3225 Aufteilung der Gemeinweide und Einkoppelung der Geestländereien in Osterborstel 1779

3226 Einkoppelung der Pflugländereien in Schalkholz 1779

3227 Einkoppelung der Geestländereien in Wrohm 1779

3228 Herausnahme der Anteile des Claus Jeronimus und Andreas Clausen in Wiemerstedt an der Gemeinweide 1779

3229 Aufteilung der Gemeinweide und Einfriedung der Geestländereien in Lüdersbüttel 1779

3230 Einfriedung des Pfluglandes des Hans Ploog in Wellerhop 1779

3231 Aufteilung der Gemeinweide in Krempel 1780

3232 Einkoppelung des Pfluglandes des Claus Hinrichs in Norden bei Glüsing 1780

3233 Einkoppelung und Einfriedung von Landstücken des Hans Junge in Süderheistedt sowie Aufteilung der Gemeinheit in Süderheistedt und Högen 1780-1782

3234 Gesuch des Johann Thiessen in Lendern um Zusammenlegung und Einkoppelung der Pflugländereien 1780

3236 Aufteilung der Binnendeichsweide in Schülp 1781

3238 Änderung eines Bescheids in der Streitsache des Kirchspiels Hennstedt gegen den Landpfennigmeister Hudemann und Johann Ottens wegen der Umschreibung von Lasten 1781

3239 Aufteilung eines Teils der Gemeinweide sowie Umlegung und Einkoppelung der Pflugländereien in Dörpling 1781

3240 Umlegung und Einkoppelung der Pflugländereien in Welmbüttel, Gaushorn und Hövede 1781

3241 Aufteilung der Gemeinheit und Einkoppelung der Pflugländereien in Burgholz sowie Umlegung und Einkoppelung der Pflugländereien in Schelrade 1781

3243 Ablage des Anteils des Jürgen Rathmann in Ostrohe an der Gemeinweide oder deren Aufteilung 1783

3244 Einkoppelung der Pflugländereien Eljehorst in Westerborstel und Aufteilung einer Ecke der dortigen Gemeinweide 1783

3245 Gesuch des Hans Rode in Norderheistedt um Aufteilung der restlichen Gemeinheit 1783-1784

3246 Anfall von Ländereien an die Landesherrschaft durch den Abgang des Försters Usinger 1783

3247 Gesuch des Claus und Marx Glüsing in Schalkholz um Aufteilung der Gemeinheit 1783-1800

3248 Aufteilung der übrigen Gemeinheit in Dörpling 1784

3249 Aufteilung der Gemeinheit in Wrohm 1786-1795

Darin: Karte zu einem Weideort in Wrohm

3250 Auslegung eines Teils der Gemeinweide in Redderstall an Hans Reimers 1785

3251 Gesuch des Esaias Plovier Stade als Besitzer des Hofes Nienfelde im Kirchspiel Lunden um Vermessung von gemeinschaftlichem Land 1785

Enthält nur ein Schreiben des Direktoriums an den Landvogt Behrens mit Bitte um dessen Bedenken

3252 Zusammenlegung und Einkoppelung der Pflugländereien in Redderstall 1788

3253 Bitte des Jochim Christian Wachs in Linden um Aufteilung der Gemeinweide 1791

3254 Gesuch des Johann Hinrich Thomsen und des Johann Hinrich Schultz in Krempel um Vermessung und Aufteilung der dortigen Torfmoore und Gemeinheit 1792

3255 Abfindung der Weiderechte der Bauerschaft Linden in den Hölzungen Bredehop und Stüde 1795-1796

3260 Rechte und Pflichten sowie Abgaben der Interessenten des Karolinenkoogs (1625-) 1801-1803

3261 Nichtberücksichtigung der mit Kuhgräsung abgefundenen Kätner in Süderholm bei der weiteren Aufteilung der Gemeinheit 1803

## Pacht

3262 Verpachtung der herrschaftlichen Hufe in Tielenhemme und der herrschaftlichen Ländereien im Tielenhemmerkoog 1767, 1775
Darin: Verpachtungsbedingungen und Zergliederungsplan für die herrschaftlichen Ländereien im Tielenhemmerkoog

3263 Verträge über die herrschaftlichen Pachstücke 1763-1766
Enthält u. a.: Fähren

3264 Verpachtung des sogenannten herrschaftlichen Klever Raums 1784

3265 Wiederverpachtung der Außendeichsländereien in Preil 1785

3266 Wiederverpachtung der herrschaftlichen Ländereien in Tielenhemme 1788

3267 Verzeit- oder Vererbpachtung des der Kirche in Lunden geschenkten Hoflandes 1791-1792

## Privilegien

3268 Verlängerung eines Privilegs bei Schatzungsrestanten 1768-1769

3269 Privileg bei Schatzungsrestanten für das Kirchspiel Wesselburen und die Landschaft Norderdithmarschen (1755) 1768-1773

3270 Privileg bei Schatzungsrestanten für das Kirchspiel Büsum 1771-1778

3271 Privileg des Schornsteinfegers Johann Hampf in Heide zum Reinigen der Schornsteine in der Landschaft Norderdithmarschen 1767-1768

3272 Privileg des Kirchspiels Tellingstedt für vorgeschossene Brandgelder wegen der Feuersbrunst in Pahlen sowie Privileg des Kirchspielvogts Claus Sievers in Büsum für ausgeborgtes Brot- und Saatkorn 1771-1772

3273 Vorschlag zur Abschaffung eines den Landschafts- und Kirchspielsgefällen anhaftenden Privilegs (privilegium biennale) 1773

3274 Konzession des Christian Jürgen Schomacker in Sankt Annen zur Freimeisterschaft für das Tischler- und Zimmerhandwerk 1774-1775

3275 Bestätigung der Bauerbeliebung in Wesseln und Hinzufügung eines Artikels 1774

3276 Abtrag von Kaufgeldern des Jochim Koopmann in Poppenwurth an das Kirchspiel Wesselburen 1783

## Rechnungswesen

3303 Rechnungen des Kirchspiels Wesselburen 1762-1771

3277 Nachrichten, Vorstellungen, Regulative und Verfügungen zum Rechnungswesen 1766-1794
Darin: Verordnung zu den Hebungsbeamten in Norderdithmarschen, 1771

3278 Rechnungen und Anlagen der Landschaft und Kirchspiele
Enthält nur Aktendeckblatt mit Aktenverzeichnis 1761-1782

3279 Rechnungen und Anlagen des Kirchspiels Heide 1761-1780
Enthält nur Aufstellungen zur Rechnung 1765/66

3280 Rechnungen und Anlagen des Kirchspiels Lunden 1762-1781
Enthält nur Aufstellungen zu den Rechnungen 1763-1767

3281 Rechnungen und Anlagen des Kirchspiels Wesselburen 1763-1780
Enthält nur Aufstellungen zu den Rechnungen 1762-1767

3282 Rechnungen und Anlagen des Kirchspiels Hennstedt 1761-1780
Enthält nur Aktendeckblatt und Aktenverzeichnis

3283 Rechnungen und Anlagen des Kirchspiels Neuenkirchen 1760-1780
Enthält nur Aufstellungen zu den Rechnungen 1760-1767

3284 Rechnungen und Anlagen des Kirchspiels Büsum 1760-1780
Enthält nur Aufstellungen zu den Rechnungen 1760-1766

3285 Rechnungen und Anlagen des Kirchspiels Wöhrden 1761-1780
Enthält nur Aufstellungen zu den Rechnungen 1762-1767

3286 Rechnungen und Anlagen des Kirchspiels Hemme 1761-1780
Enthält nur Aufstellungen zu den Rechnungen 1761-1767

3287 Rechnungen und Anlagen des Kirchspiels Tellingstedt 1761-1780
Enthält nur Aufstellungen zu den Rechnungen 1761-1766

3288 Rechnungen und Anlagen des Kirchspiels Delve 1761-1780
Enthält nur Aufstellungen zu den Rechnungen 1761-1766

3289 Rechnungen und Anlagen des Kirchspiels Weddingstedt 1761-1780
Enthält nur Aufstellungen zu den Rechnungen 1761-1766

3290 Rechnungsangelegenheiten des Kirchspiels Neuenkirchen 1767-1770

3291 Rechnungsangelegenheiten des Kirchspiels Wöhrden 1767-1779

3292 Kritikpunkte der Generallandesvisitationskommission zu den Rechnungen im Kirchspiel Tellingstedt 1767

3293 Revision der Landschafts- und Kirchspielsrechnungen 1764-1767 durch die Etatsräte Sarauw und von Sixtel sowie deren Bemerkungen zu den Unordnungen 1769-1773

3294 Umschreibung im Kirchspiel Wesselburen 1769-1770

3295 Aufnahme der Landschafts- und Kirchspielsrechnungen der Jahre 1768 bis 1770 durch die Revisionskommission 1770-1771

3296 Anlage der Dorfschaft Norddeich (Kirchspiel Wesselburen) 1771

3297 Kassenbehalt in der Landesrechnung 1771 1772-1773

3298 Einsendung und Revision der Kommunerechnungen 1772-1773

3299 Revision der Landschafts- und Kirchspielsrechnungen durch die Revisionskommission sowie Befreiung des Königs der Schützengilde in Schlichting 1773-1782

3300 Entstehung der Kirchspielskassen 1786

3301 Maßstab für die Regulierung der Rechnungen des Kirchspiels Wesselburen 1787

3302 Entscheidung der Streitpunkte über die Rechnung des Karolinenkoogs 1804

## Strand- und Deichbandwesen

3304 Besichtigung der Vorlande und Bollwerke von Warwerort bis Büsum 1764

3305 Streitigkeiten wegen der Unterhaltung des Deichdistrikts Wesselburen und wegen der Reinigung des Hauptstroms in Norddeich (1737-) 1767

Darin: Deichbücher von Norddeich, Süderdeich, Schülp, Strübbel und Nordgegend (Kirchspiel Neuenkirchen)

3306 Überlassung des kleinen Anwachses bei Norddeich (Kirchspiel Wesselburen) an den dortigen Generaleinnehmer Johann Clausen 1773

3307 Befreiung der Bauerschaften Wennemannswisch, Överwisch und Edemannswurth von der Unterhaltung des nach Warwerort führenden Kanals sowie der Schleusen 1774-1775

3308 Einsendung der Anlagerechnung zur Bullendeichschleuse in Norddeich (Kirchspiel Wesselburen) 1774-1775

3309 Wasserableitungsangelegenheit der aus dem Kirchspiel Neuenkirchen stammenden Interessenten der Schleuseneinigung in Norddeich (Kirchspiel Wesselburen) 1776-1778

3310 Gewährung einer Anlage und eines Privilegs für die Interessenten der Norddeicher Wasserleitung und des Norddeicher Hufschlags in den Kirchspielen Wesselburen und Neuenkirchen 1776

3311 Einsendung der Hufschlagsanlagenrechnung des Kirchspiels Norderwöhrden 1777

3312 Verteilung der Kommuneschuld der Schleuseneinigung in Warwerort 1777

3313 Kosten und Anlagen der Schleuseneinigung in Warwerort für die Interessenten der neun Hufen und des Wahrdammerkoogs im Kirchspiel Wesselburen 1778

3314 Einsendung einer Anlage der Interessenten der Nordgegend hinsichtlich einer Deich- und Wasserlösungsangelegenheit 1778

3315 Bestätigung eines Vergleichsinstruments zur besseren Einrichtung der Wasserlösungen in der sogenannten alten und neuen Gegend in den Kirchspielen Weddingstedt und Hennstedt 1779

3316 Übersendung von Akten und Karten zur Untersuchung der Wasserleitungsangelegenheiten der Kirchspiele Büsum, Wesselburen, Norderwöhrden und Neuenkirchen 1779

3317 Bestätigung der Anlage für die Süderschleuse bei Büsum 1779

3318 Übersendung der Vermessungskarten zu den Kirchspielen Büsum und Wesselburen wegen der Anfertigung einer Generalkarte zu Kanalbauten 1780

3319 Bestätigung einer Anlage zur Verbesserung der Wasserleitung im Kirchspiel Wesselburen 1782

## Landesvisitation

3320 Protokoll der Generallandesvisitationskommission 1767

3321 Jounal der Generallandesvisitationskommission 1770

3322 Beilagen zum Protokoll der Generallandesvisitationskommission und Verfügungen 1767-1770

3323 Kommission zur Untersuchung des Zustandes 1785-1791

## Wege

3324 Wegebesichtigung und Wegebesserung 1767-1777

## Ziegelei

3325 Konzession für Claus Lorentzen in Heide für die Anlage einer Ziegelbrennerei 1771-1772

# STADT KIEL

## Archiv

2819 Einrichtung, Anfertigung und Einsendung eines Registranten des Stadtarchivs 1766-1769
Enthält u. a.: Plan zum Registranten

2820 Archivregistrant 1769

2821 Kommissionalschluss zur Verbesserung des Stadt-, Kirchen-, Schul- und Armenwesens 1683-1728

2822 Vorstellung des Magistrats zur Verbesserung des Stadtwesens und Anmerkungen zum Kommissionalschluss von 1711 1766

## Bedienungen

2823 Beschwerden des Zweiunddreißiger-Kollegiums in verschiedenen Angelegenheiten 1767-1770

2824 Meldung des Abgangs von Stadtbediensteten mit freier Wohnung 1770

2825 Gagenerhöhung für den Bürgermeister Appenfelder sowie die Ratsverwandten Riebe und Luther 1769

2826 Wahl des Advokaten Adolph Friedrich Franck zum Stadtsyndikus 1770-1771

2827 Erledigung des Stadtsyndikushauses und -gartens durch den Tod des Stadtsyndikus Schmidt 1772-1773

2828 Wiederbesetzung der erledigten Stellen im Magistratskollegium 1777

2829 Bestätigung des Notariats des Ratsverwandten und Advokaten Daevel 1777

2830 Instruktion für den Oberpräsidenten 1780-1787

2831 Auszahlung der Schloss- und Einquartierungsgebühren des Ratsverwandten Dietrich Balemann (1774-) 1781

2832 Gleichstellung der Einkünfte des Zweiunddreißiger-Kollegiums mit denen des Sechzehner-Kollegiums 1794-1795

2833 Personelle Verfassung des Magistrats und Abgang des Stadtsynikus Balemann 1797-1799

2834 Bargeldvergütung der Hausfreiheit des Professors Pfaff 1804

## Kommerz

2835 Beeinträchtungen des Kommerz- und Gewerbebetriebs durch die auf dem Land wohnenden Kaufleute und Handwerker 1768

2836 Verbot für herrschaftliche Beamte zum Betrieb von Kommerz oder bürgerlicher Nahrung 1768

2837 Gesuch der Kaufmannschaft zur Beförderung der Speditionen über Kiel von Dänemark nach Deutschland sowie Mangel an Packraum (1773) 1774-17781

Enthält u. a.: Verzeichnisse über die Mitglieder der Kramerkompanie, die Seehandelnden sowie die außerhalb der Kramerkompanie handeltreibenden Bürger und die Höker, 1776

Darin: Verordnung zum bürgerlichen Gewerbe auf dem Land, 1773

2838 Aufhebung der Auflagen für die handeltreibenden Schutzjuden 1774-1775

2839 Verbot des Holztransports mit Schiffen aus der Förde 1776

2840 Einschränkung des Wein- und Franzbranntweinhandels 1779

2841 Senkung der Frachtpreise zur Förderung des Transithandels mit Altona oder Hamburg (1767-) 1779-1781

2842 Gesuch des Schutzjuden David Levin Cohen zur Anwendung einer Bestimmung über eine Aufenthaltsabgabe 1780

2843 Klage des Professors Heinze über den Buchhandel der Kanzleiassessorswitwe Schweers 1799-1801

2844 Teuerung der Lebensmittel 1800

## Kreditwesen

2845 Vorschläge zur Balancierung der Stadteinnahmen und -ausgaben 1767

2846 Vorschüsse und Forderungen an die Landesherrschaft (1724-) 1766

2847 Liquidierung und Abhandlungsvergleich wegen der Vorschüsse an die Landesherrschaft 1767-1768

2848 Anfertigung des Schuld- und Pfandprotokolls, des Nebenbuchs sowie des Stadtkatasters und deren Inspektion durch die Städte Neustadt und Oldenburg 1766-1770

2849 Voranschläge zum Umschlag 1766-1781

2850 Schuldenwesen vor dem Friedensssschluss 1721 und seitherige Entwicklung der Schulden 1777-1778

## Dienste und Abgaben

2851 Abgabenbefreiung für die Gartenhäuser der Landratsfrau von Buchwald, des Friedrich Wilhelm Dreyse und des Jochim Jürgen Rangels 1767-1770

2852 Erhebung einer außerordentlichen Kontribution 1768-1773

2853 Taxe der von Hausbesitzern für fremde Kaufleute zu zahlenden Marktgelder 1767-1769

2854 Abgabenbefreiung der Witwe Ida Margaretha Hintzen für ein Gartenhaus 1773

2855 Herabsetzung des Kellers des Peter Steen im Kataster 1773

2856 Kontributions- und Einquartierungsfreiheit der Aktuarswitwe Reimers für ein halbes Haus 1780-1781

2857 Befreiung von der unentgeldlichen Beförderung der auf Kammerpässe reisenden Bediensteten 1784

2858 Ermäßigung der Kontribution des Konrektorhauses in der Haßstraße 1796

2859 Befreiung einiger Bürger von der Reinigung der Straßen von Schnee und Eis 1805

## Kirche

2860 Verbesserung des Schulwesens 1769-1775
Enthält u. a.: revidierte Stadtschulverordnung

2861 Armenwesen 1772-1773

Enthält u. a.: Hausverzeichnis mit Angabe der zu vermietenden Zimmer; Liste der sich in Kiel aufhaltenden herrschaftlichen Zivil-, Militär-, Kirchen- und Schulbediensteten ohne eigene Häuser; Verzeichnis der zur Stadt gehörigen Häuser und Keller nach Ordnung des Katasters; Verzeichnisse der zur Armenkasse beitragenden Bewohner mit ihren Beiträgen

2862 Kapitalschuld des Sankt-Annen- und Erasmi-Armenhauses gegenüber dem Heilig-Geist-Kloster 1771-1773

2863 Rückstände bei der Stadtarmenkasse 1773

2864 Weigerung von Einwohnern zur Zahlung des Beitrags zur Stadtarmenkasse 1773-1774

2865 Ermäßigung des Armengeldes des Kommerzassessors Johann Ludwig Hornemann 1774

2866 Privilegien der Sankt-Nikolai-Kirche für ihre Ziegel- und Kalkbrennerei 1777

2867 Landesherrliche Kapitalschenkung an das Sankt-Annen-Kloster und deren Belegung bei der Stadt 1779

2868 Antrag des Direktoriums der Gesellschaft freiwilliger Armenfreunde auf gemeinschaftliche Beratung mit Deputierten des Generaldirektoriums wegen der venerischen Krankheiten unter den Armen 1794

## Forst- und Holzwesen

2869 Verkauf des auf den Feldern des Hofs Hammer befindlichen Holzes 1769

## Häusliche Verfassung

2870 Bau, Reparatur und Unterhaltung der freien Stadt-, Kirchen-, Kloster- und Schulhäuser sowie Gärten 1767, 1791

2871 Errichtung einer Brandgilde und Brandkasse (1767) 1768-1773
Enthält u. a.: Artikel der Brandgilde; Verzeichnis der bei der Feuerkasse eingeschriebenen Hausbesitzer mit Beiträgen, 1768

2872 Verbot des Betriebs von Mälzereien, Brauereien, Brennereien und Bäckereien in den Kellern 1769

2873 Unterhaltung der Gassenlaternen, Reinhaltung der Gassen und Stadtbauwesen 1765-1782

2874 Ankauf eines Kornvorrats auf Kämmereivorschuss 1771-1772

2875 Teuerung von Fleisch 1772

2876 Beibehaltung von Plätzen vor den Häusern von Deputierten Bürgern für die Düngung 1773

2877 Einquartierung königlicher Truppen 1774

2878 Aufnahme in die allgemeine königliche Brandkasse
Darin: Feuerordnung der Stadt Itzehoe, 1772 (1772) 1774-1775

2879 Einstellung des dem Maurer-, Zimmer- und Tischlergewerbe schädlichen Unfugs 1776-1777

2880 Bestätigung der Totengilde 1778

2881 Schutz des Amtsmaurermeisters Johann Georg Kühnel vor den Verfolgungen des Maureramtes wegen seiner Arbeit mit unzünftigen Gesellen am Kanalschleusenbau 1779

2882 Beschwerde des Friedrich Hinrich Bastian wegen einer Aufnahmegebühr der Kramerkompanie 1780

2883 Beschwerde des Nordischen Leibregiments Reiterei wegen des untauglichen Exerzierplatzes 1780

2884 Kontributionsfreiheit des Schützenkönigs und der Großen Schützengilde (1779) 1780

2885 Beschwerde des ehemaligen Regimentsfeldscherer Jenicke wegen eines Dekrets der Medizinischen Fakultät 1781

2886 Bitte von Kauf- und Handelsleuten um Übernahme der Trauerordnung von Altona 1781

2887 Bewahrung der Artikel der Totenkasse 1781-1782

2888 Aufnahme einer Anleihe zum Schulhausbau 1802

2889 Bau eines neuen Brückenhauses beim Schuhmachertor 1804

2890 Reparatur der Schmiede des Hof- und Garnisonsschmieds Wilhelm August Andreas Niepag 1804

2891 Verkaufsbedingungen für das ehemalige von Bassewitzsche Haus, spätere herrschaftliche Kollegienhaus in der Schlossstraße mit Stall und Wagenremise sowie für das Haus der Kammerassessorswitwe Rieben 1774

## Jagd

2892 Jagdgerechtigkeit auf dem Stadtfeld 1768-1799

## Justiz

2893 Gerichtsbarkeit über anwesende und noch nicht immatrikulierte Studenten 1781

2894 Ausdehnung der Jurisdiktion und Polizeiverwaltung auf den Flecken Brunswik, den Schlossplatz und den Schlossgarten 1788-1812

2895 Polizeiverwaltung (1795) 1798-1800
Enthält u. a.: Änderung einer Bestimmung der großfürstlichen Verordnung hinsichtlich der Dienstboten; Fonds für geheime Ausgaben der Polizeiverwaltung; Erlaubnis zum Glücksspiel während des Umschlags; Auszug aus dem Umschlagsprotokoll mit Auflistung der an Fremde veteilten Nachtzettel
Darin: Instruktion für den Nachtwächter, 1795

## Ländereien

2896 Abgaben vom Papenkamp, Lehmbrook und Stadtfeldkamp sowie deren Verteilung und Einfriedung (1767) 1769-1771, 1800-1802

2897 Landüberlassung an den Graupenmüller Johann Hinrich Willms (1770) 1771

2898 Vermessung der Stadtländereien, Vermessungsprotokoll und Karte 1766

Enthält nur Bekanntmachung an den Kapitän Thiessen über die Vermessungsarbeiten
Bemerkung: Karte befindet sich in Abt. 402 A 3 Nr. 618

2899 Verfahren bei Verpachtung der Stadtländereien 1771

2900 Reglement zur Nutzung und Verwaltung der Stadtländereien
Bemerkung: mit maschinenschriftlicher Abschrift 1772 (1962)

2902 Verpachtung der sogenannten Kieler Hufe 1772

2903 Verpachtung der Hummelwiese 1774-1778

2904 Verspätete Anmeldung von Kühen der Justizratswitwe von Saldern und der Kommerzassessorswitwe Struven für die Stadtweide 1774

2905 Verpachtung der Kackabellenkoppel, Schweinerotter Koppel und Neuen Koppel 1774-1797

2906 Losweise Verpachtung des Prüner Schlags 1775-1794

2907 Losweise Verpachtung des Brunsrotts 1776

2908 Losweise Verpachtung des Wulfsbrooks und der Krankenkoppel 1777-1797

2909 Losweise Verpachtung der kleinen Kielsteinskoppel und der kleinen Kieler Koppel sowie des Brunsrotts 1778-1803

2910 Losweise Verpachtung der Kielsteinskoppel 1779-1799

2911 Verpachtung der dänischen Holzkoppel, des Papenteichs, der Walkerdammer Wiese und des Moorteichs 1780-1790

2912 Losweise Verpachtung der Kieler Hufe 1781-1801

2913 Losweise Verpachtung der Alten Weide 1782-1802

2914 Reinigung des Kleinen Kiel und Wiederherstellung eines Kanals 1784-1791

2915 Verpachtung der Dubenhorster Koppel, des Moorteichs, der Papenwiese und der Walkerdammer Wiese 1785-1805

2916 Weidung von Kühen der Kanzleiratswitwe Dreyer auf der Stadtweide 1786

2924 Aufstellung über die Größe der Weiden und deren Nutzung 1786

2917 Zusatz zu den Pachtbedingungen für Stadtländereien hinsichtlich des Rückstands von Pachtzahlungen 1793-1794

2918 Verpachtung der Stadtländereien nur an Bürger und kontribuable Einwohner 1794

2919 Einfriedung und Verpachtung eines Teils der Krupweide sowie Überlassung eines Landstücks in der Krupweide an den Graupenmüller Wilms 1801-1803

2920 Bestätigung des Kaufbriefs des Jochim Repenning über eine Koppel auf dem Stadtfeld im Papenkamp 1802-1803

2921 Verbesserung der Stadtländereien 1767

2922 Beweidung der Stadtfelder 1773

2923 Bekanntmachung über Änderungen des Weidereglements von 1772 1802

## Mühlen

2925 Reinigung des Pferdeborns durch die Untertanen des Amtes Kiel für die Erbpachtsmalzmühle in der Vorstadt 1778-1802

2926 Beschwerde des Mühlenpächters Kühl in Neumühlen wegen der Mehleinfuhr von Bäckern für das Bataillon leichter Infanterie 1791

2927 Aufrechterhaltung der Privilegien des Graupenmüllers Johann Hinrich Wilmsen auf dem Stadtfeld oder Stopp des Baus eines Graupenganges in der königlichen Kornmühle in Neumühlen (1743-) 1799-1800

2928 Zu viel gezahlter Kanon für die Malzmühle 1802

## Pacht

2929 Pachtgelder des Stadtdieners Carsten Fendt für die Marktstedegelder 1767

2930 Vererbpachtung des Gehöfts Hammer (1756-) 1767-1769
Enthält u. a.: Inventar, 1757
Darin: Verpachtungsbedingungen

2931 Vererbpachtung der Greverkate (1759) 1769-1770
Enthält u. a.: Inventar, 1759
Darin: Verpachtungsbedingungen

2932 Verpachtung des Vorhofs bei den Zollpackräumen unter dem Schloss an die Witwe Heesch und ihren Sohn für ein Holzlager 1800

2933 Wiederverpachtung eines Platzes an der sogenannten Wasserallee 1800

## Privilegien

2934 Lotterie 1767

2935 Hausfreiheit der Akademiker 1774-1777

2936 Erneuerung der großfürstlichen Lombardverordnung 1778

2937 Befreiung von Bürgern von allen bürgerlichen und städtischen Lasten (1774) 1780-1781

2938 Übertragung der privilegierten Fuhrrolle auf alle Lust- und Spazierfahrten reisender Fremder 1784-1785

2939 Änderung eines Urteils in der Streitsache des Magistrats mit dem Etatsrat Jensen wegen dessen Forderung nach Reparatur eines Teils der Stadtmauer 1785-1788

2940 Kontributionsfreiheit für das Haus der Etatsratswitwe Rachel 1786

2941 Bestätigung der Privilegien des vom Kammerherrn und Landrat Casper von Buchwald auf Seedorf gekauften Noerer Hofs 1787-1792

2942 Schutz der Amtsrolle der Weber hinsichtlich einer Abgabe der Leinweber im Amt Kiel für Webertau (1752) 1790-1792

Enthält auch: Abgabe der Leinweber im Amt Neumünster an die Leinweberzunft in Neumünster

Darin: Patent zum Betrieb der Leinweberei in den Städten und Flecken, 1752; Patent zum künftigen Betrieb der Leinweberei in den vormals großfürstlichen und gemeinschaftlichen Distrikten, 1791

2943 Weidegerechtigkeit des Kammerherrn von Buchwald auf Seedorf als Besitzer des Schmoeler Hofs (1619-) 1797

2944 Beschwerde des Grafen von Ahlefeldt-Laurvig als Direktor der Schleswiger Hofschauspieler-Gesellschaft gegen den Besitzer des Ballhauses wegen einer Heuer für die Aufführung einer Komödie während des Umschlags 1797

2945 Verkauf des Konviktgebäudes sowie der Wohnungen des älteren Pedellen und des akademischen Buchbinders mit Beibehaltung der Hausfreiheit 1797-1798

2946 Bestimmung der Brottaxe (1787-) 1800

Enthält u. a.: Backtafel für Weizen- und Roggenbrot, 1787

2947 Erhöhung des Fuhrgeldes (1799) 1800

2948 Befreiung der Mitglieder der portugiesischen jüdischen Gemeinde in Altona von einer Aufenthaltsgebühr (1750-) 1800

2949 Bestätigung der Privilegien des Apothekers Otto Wilhelm Conrad Christiani (1800) 1801

2950 Aufrechterhaltung der Krämerkompanie 1801

2951 Umwandlung des Vogelschießens in Kiel, Brunswik und Ottendorf in ein Scheibenschießen 1802

2952 Einrichtung eines Seebades beim Düsternbrooker Holz durch die Professoren Schrader, Brandis und Pfaff (1774) 1803-1804

2953 Privileg für Georg Hinrich Schröder zur Anlage einer Spielkartenfabrik in den Herzogtümern 1806

## Rechnungswesen

2954 Kirchen-, Klöster- und Armenhausgeldrechnungen (1765) 1766-1768

Enthält u. a.: Bilanzen; Rechnung des Sankt-Annen- und Erasmi-Armenhauses, 1765

2955 Abtrag der Restanten aus den Stadtrechnungen, Kassenfehlbetrag des ehemaligen Stadtschreibers Hansen und Restantenabhandlung des ehemaligen von Pechlin'schen Hauses (1759-) 1768-1770

2956 Einsendung und Revision der Stadtrechnung 1767-1798

2957 Aufnahme und Revision der Stadtrechnung 1777

2958 Minderung des zur Konkursmasse des Bäckers Johann Bruhn gehörenden Hauses im Kataster und Überlassung des Hausplatzes an den Deputierten Bürger Christian Dresler 1777-1778

2959 Bestreitung der Kosten für in Itzehoe zurückgebliebene Remontepferde 1782

2960 Voranschläge zum Umschlag 1782-1805

2961 Oberaufsicht der Rentekammer über das Rechnungs- und Revisionswesen sowie Personalnachrichten der Revisionskommission 1794, 1805

2962 Unterschlagungen des Billetiers und Brückenschreibers Friedrich Ulrich Paul Rentz sowie Beschwerden der Bürgerschaft hinsichtlich der Verwendung der Stadteinnahmen (mit Beilagen) (1781-) 1792-1795
Enthält u. a.: Instruktion für den Brückenschreiber Rentz, 1781; Schiffbrückenrechnung, 1790; Verzeichnis der 1790 beim Zoll gemeldeten Schiffe mit Ladungen; Quartierlisten und Quartiergelderrechnungen, 1791

## Setzung

2963 Setzung der Gartenhäuser mit bürgerlicher Nahrung für eine Schatzung 1767
Enthält u. a.: Verzeichnisse der Gärten

## Strand- und Deichbandwesen

2964 Verbesserung der Hafenfischerei (1654) 1767

2965 Schiffbrückenhebung und Transithandel 1777-1784

## Landesvisitation

2966 Bekanntmachungen und Bericht zur Generallandesvisitation 1766

## Wege

2967 Abgabe des Torgeldes im Holstentor 1769

2968 Instandsetzung und Unterhaltung der Landwege 1766-1770

2969 Abschaffung der Torschreiber und Wiederbesetzung der Stadttore
Enthält u. a.: Eid und Instruktion der Torschreiber 1774

2970 Aufhebung und Sperrung eines Wege durch den Speckenbeksbaum 1785-1795

# STADT NEUSTADT

## Archiv

2971 Anfertigung und Einsendung eines Archivregistranten sowie Ordnung des Stadtarchivs 1767-1772

## Bedienungen

2972 Verbessung der Einkünfte des Stadtkassierers Flindt 1772

2973 Besetzung der erledigten Magistratsstellen (1729, 1766) 1777

2974 Präbende, Gehaltserhöhung und Zulage des Hospitalschreibers Nicolaus Valentin Böhndel aus der Hospitalkassse 1799-1803

2975 Buchenholz für die Pastorenwitwe Timmermann 1801

2976 Zulagen für den Diakon Düncker und den Rektor Dose sowie Verwendung des jährlichen Überschusses der Hospitalkasse 1802-1803

## Kommerz

2977 Verbot der Einfuhr und des Weitertransports von fremdem Holz 1766

2978 Vorschläge zur wirtschaftlichen Verbesserung sowie Verzeichnisse der Händler und Handwerker in der Umgebung (1711) 1766-1769

## Kreditwesen

2979 Einführung eines neuen Schuld- und Pfandprotokolls und Erdbuchs sowie diesbezügliche Beschwerden des Magistrats gegen den Syndikus Schwedemann 1767-1772

2980 Verfahren der Kontributionserhebung 1772

2981 Schuldenwesen vor dem Friedensschluss 1721 und seitherige Entwicklung der Schulden 1777

## Dienste und Abgaben

2982 Kontributionsfreiheit für das Haus des Zollverwalters Lund 1801

2983 Weigerung des Magistrats zur Leistung der außerordentlichen Korn- und Fouragelieferungen (1802-) 1805, 1836
Enthält auch: Beitragspflicht einiger zum ehemaligen fürstlichen Hof in Neustadt gehörenden Ländereien zum Taubstummeninstitut und zur Irrenanstalt in Schleswig, 1836

## Kirche

2984 Befreiung des Konferenzrats von Sievers in Cismar von der Präsidentur in der Stadt und der Oberinspektion des Hospitals 1776

## Häusliche Verfassung

2985 Turmbau und Ziegelhof 1768

2986 Projekte des Einwohners Steuernagel zur Verbesserung der herrschaftlichen Einnahmen 1769-1770

2987 Aufnahme in die allgemeine königliche Brandkasse 1774-1775

## Justiz

2988 Denunziationsschrift des Einwohners Steuernagel gegen den Magistrat 1771-1772

## Ländereien

2989 Nachrichten von den Stadtländereien im Besitz von Hausleuten 1767

2990 Vermessung der Stadtländereien 1769-1771

2995 Vermessungsprotokoll 1769

2991 Aufnahme von Pferden einiger Bürger auf der Stadtweide 1772

2992 Beitrag des Besitzers des Klosterhofs Abel zum Weidegeld und zur Wegebesserung (1664, 1780) 1789

2993 Landverkauf des Ratsverwandten Friedrich Christoph Sangaard 1789

2994 Beilage von Weideland für den Schiffbaumeister Johann Haack 1805

## Mühlen

2996 Streitigkeiten zwischen der Hospitalsmühle und der herrschaftlichen Windmühle 1768-1772

2997 Einsendung des Privilegs des Windmüllers zur Anlage eines Graupenganges 1801

2998 Verkauf der Korn-, Grütz- und Graupenmühle (1791) 1802

## Pacht

2999 Verkauf des Klosterhofs 1770

3000 Verkauf des Klosterhofs durch den Bauervogt Marx Barckmann in Schlamersdorf 1782

3001 Befreiung der Baumpächterin Ehrenpfordten von der Baumpacht 1799

3002 Verkauf von Erbpachtsländereien des Detlev Wehde an den Schustermeister Johann Albrecht Kersig 1803

## Privilegien

3003 Bestellung des Johann Hinrich Praetorius zum Hospitalschirurgen 1774

3004 Bestätigung des zum Haus des Bürgermeisters Hagemeister gehörenden Privilegs des freien Wein- und Branntweinhandel 1781

3005 Zollfreiheit des Stadtschulrektors Schinmeyer 1784-1785

3006 Bestätigung der Artikel der zu errichtenden Schützengilde 1802

## Rechnungswesen

3007 Notaten der Revisionskommission über die Stadtrechnungen von 1764 bis 1769 1771-1772

3008 Aufnahme und Revision der Stadtrechnung 1777

## Strand- und Deichbandwesen

3009 Beschwerden von Bürgern gegen das Fischeramt wegen des Aalhauens und Krabbenstreichens im Binnenwasser (1769) 1771

## Landesvisitation

3010 Verfügungen nach dem Protokoll der Generallandesvisitationskommission 1772

## Wege

3011 Ausbesserung und Erweiterung des Sumpfredders 1768

## Zoll

3012 Erhöhung des Brückengeldes 1782

# STADT OLDENBURG

## Archiv

3013 Einsendung des Archivregistranten 1766, 1771

3014 Stadtregulativ 1769, 1773

3015 Akten und behandelte Angelegenheiten der Spezialuntersuchungskommission 1774

## Bedienungen

3016 Errichtung einer Stadtkommission sowie Suspendierung des Bürgermeisters Böhndel und Einsetzung des Hofgerichtsadvokaten Lindeloff in die Bürgermeisterstelle 1767

3017 Ernennung des Hofgerichtsadvokaten Lindeloff zum Bürgermeister, Aufhebung der Präsidentur, Stadtsyndikus und Verbesserung der Kollegien 1768-1771

3018 Bürgermeisterländereien 1772

3019 Sportelregulativ für das Ober- und Niedergericht 1773

3020 Nichtgenuss von Salarien durch künftige Ratmänner (1771-) 1776

3021 Besetzung erledigter Stellen im Magistratskollegium, Überlassung der Stadtsyndikusstelle und Besetzung der Stadtkassiererstelle 1777-1781

3022 Bestätigung der Bestallung des Stadtmusikanten Anton Buding 1781

3023 Diensteinnahmen des Bürgermeisters und der Ratsverwandten 1799

3024 Verteilung des Gehalts des verstorbenen Ratsverwandten Widener unter die Ratsverwandten 1805

## Kommerz

3025 Verlegung des Fastenpferdemarktes sowie Einführung eines Vieh- und Wochenmarktes 1772-1773

3026 Beschwerde des Peter Struck über den zunehmenden Verkauf auswärtiger Kupfer-, Messing- und Eisenwaren 1774

## Kreditwesen

3027 Einführung eines neuen Schuld- und Pfandprotokolls, Nebenbuchs und Erdbuchs 1767-1773
Enthält u. a.: Abschrift des Schuld- und Pfandprotokolls, 1769-1770

3028 Erklärung einer Bestimmung der Schuld- und Pfandprotokollverordnung über die Priorität rückständiger Stadtgefälle 1772

3029 Schuldenwesen seit dem Friedensschluss 1721 und seitherige Entwicklung der Schulden 1777-1778

## Dienste und Abgaben

3030 Freijahre des August Matthias Paustian wegen Brandschäden 1774

3031 Erlass von Kontributionen und Rekognitionen für die Stadt Oldenburg und den Stadtmusikanten 1774

3032 Nachlass bei den Kontributions-, Quartier-, Zoll- und Lizentpachtgeldern (1773-) 1776-1777

## Kirche

3033 Erhöhung der Einkünfte des Stadthospitals 1772

3034 Bäume und Kollektengelder für das Hospital 1774

## Grenzen

3035 Landtausch und Grenzregulierung mit Giddendorf 1796

## Häusliche Verfassung

3036 Reparatur des Rathauses 1768
Enthält u. a.: Verzeichnis der Handswerksarbeiten

3037 Anzeige des Magistrats über die Feuersbrunst vom 15. August 1773 1773

3038 Verteilung der Kollektengelder unter die brandgeschädigten Einwohner 1774

3039 Ausdehnung der Kollektensammlung für die brandgeschädigten Einwohner 1774

3040 Aufnahme in die allgemeine königliche Brandkasse
Darin: Feuerordnung der Stadt Oldenburg, 1732 (1732) 1774-1775

3041 Bericht über die Berechnung der Kollektengelder für den Wiederaufbau der Kirchengebäude 1780

3042 Reparatur oder Neubau des Dolgentores oder Ersatz durch einen Schlagbaum 1792

## Jagd

3043 Jagd auf den Stadtfeldern 1772-1803

## Justiz

3044 Anfertigung eines Vormünderbuchs 1771

## Ländereien

3045 Vermessung der Stadtländereien 1770-1771

3046 Änderung des Stadtkatasters und Erhöhung der Stadteinkünfte 1772-1773

3572 Vermessungsprotokoll 1770

3047 Verkauf der gemeinen und privaten Ländereien 1779

3048 Verteilung der gemeinschaftlichen Ländereien 1788-1792

3573 Verteilung der gemeinschaftlichen Ländereien 1792-1795

3574 Verteilung der gemeinschaftlichen Ländereien (1793-) 1795-1800

3050 Entwässerung des Weidebruchs [1795]

3049 Überhöhte Ansetzung der Ländereien zur Grund- und Benutzungssteuer 1806-1807

## Mühlen

3051 Gesuch des Zeitpachtsmüllers Johann Hinrich Wachtmann um ein Verbot für die Gutsbesitzer von Seegalendorf und Güldenstein zur Anlage von Graupengängen bei den neuen Mühlen 1802

## Privilegien

3052 Bestätigung der Artikel der Toten-, Brand- und Schützenbeliebung Sankt Johannis sowie Genuss der Gildewiese auf dem Stadtfeld 1774, 1793

3053 Chirurgische Praxis des Chirurgen Johann Jochim Gerhard Rose 1774

3054 Bestätigung einiger 1774 nicht bestätigter Stadtprivilegien 1777-1778

3055 Aufrechterhaltung der Viehordnung 1784

3056 Beschwerde des Generalpostamtes wegen des Verhaltens der Fuhrleute und deren Weigerung zur Beförderung der fahrenden Post nach der Fuhrtaxe (1745-) 1784

## Rechnungswesen

3057 Notaten der Revisionskommission über die Stadtrechnungen von 1767 bis 1769 1771-1775

3058 Aufnahme und Revision der Stadtrechnung 1777

3059 Reduktion der auf Kurant lautenden Stadtobligationen bei Auszahlung 1789

## Dezimation

3060 Anfrage der Deutschen Kanzlei an die Magistrate in Kiel und Neustadt zum Erlass der Dezimationen für braunschweig-lüneburgische Untertanen anlässlich eines Falles in Oldenburg (1761-) 1783-1784

## Landesvisitation

3061 Verfügungen nach dem Protokoll der Generallandesvisitationskommission 1771

## Wege

3062 Beförderung der ordinairen Post (1804) 1805

# ALLGEMEINES (MISCELLANEA)

## Archiv

3446 Aufstellung der Rentekammer über unerledigte Angelegenheiten aufgrund fehlender Berichte des Generaldirektoriums 1782

3326 Einrichtung des General-Landes- und Ökonomie-Verbesserungsdirektoriums sowie Instruktion für das Generaldirektorium 1766-1767

3327 Geschäfte des Generaldirektoriums, Bedienstete sowie Übersendung von Dubletten herrschaftlicher Konstitutionen aus den Conseil-, Kanzlei- und Kammerarchiven (1765) 1766-1767

3328 Verzeichnis der vom Regierungsconseil an das Generaldirektorium abgelieferten Dokumente und Akten 1766

3329 Berichte über die innere Verfassung der Ämter und deren Verbesserung (1728-)1764

3330 Rundschreiben zur Einsendung der Archivregistranten und Zusendung von Akten aus dem Archiv in Reinbek 1766

3331 Gegenzeichnung der Berichte der Unterbeamten in ökonomischen Angelegenheiten durch den Amtmann und Versehen der Eingaben mit Rubriken 1768

3332 Amt Oldenburg 1766-1769

Enthält u. a.: Archivregistrant; Bauangelegenheiten; Brandwesen; ökonomische Berichte und Protokolle; Einsendung der Erdbücher; Grenzen; Vermessung; Verpachtungen

Darin: Verpachtungsbedingungen für die Güter Kuhof, Sebent und Lübbersdorf, 1769

3333 Voten von Generaldirektoriumsmitgliedern außerhalb der Sitzungen in verschiedenen Angelegenheiten 1769

3334 Mitteilung der monatlichen Zusendung der Abschriften des Generaldirektorialprotokolls an die Landesregierung 1768-1773

3335 Kostenrechnungen des Generaldirektoriums 1766-1807

3336 Herrschaftliche Verfügung zur Anlegung von Trauerkleidung 1770-1771

3337 Bekanntgabe der Reichsunmittelbarkeit der Stadt Hamburg 1768

3338 Reskripte der Landesregierung an das Generaldirektorium 1772

Enthält: Verhältnis zum dänischen Hof; Dankfest für die Genesung des Großfürsten von der Blatternimpfung; Volljährigkeit des Großfürsten; Namenszusatz „Petrowitz“ für den Großfürsten

3339 Anzeige über die Aufhebung des Engagements des Professors Johann Philipp von Carrach und Einrichtung eines Kuratelkollegiums an der Universität in Kiel 1769

3340 Teilnahme des Geheimrats und Staatsministers von Saldern an allen Angelegenheiten der holsteinischen Vormundschaftsregierung 1771-1773

3341 Neujahrsglückwünsche des Generaldirektoriums 1766-1768

3342 Räumung von Zimmern auf dem Grafenhof durch das Generaldirektorium und Bezug von Zimmern auf dem Schloss in Kiel 1773

Darin: Verkaufsbedingungen für das ehemalige von Bassewitzsche Haus, spätere herrschaftliche Kollegienhaus in der Schlosstraße mit Stall und Wagenremise sowie für das Haus der Kammerassessorswitwe Rieben

3343 Verzeichnis zu den seit 1773 erlassenen Patenten, Mandaten und Verordnungen sowie Verzeichnis der aus der Kammerregistratur an das Generaldirektorium abgelieferten Konstitutionen und Verordnungen 1764-1808

3344 Vollmacht des Oberkammerherrn Graf Detlev von Reventlow zur Übernahme des Präsidiums und Direktoriums in allen Departements und Kollegien 1773

3345 Gut Drage: Aktenregistrant [1778-1787]

3575 Gut Drage (Friedrichsruhe) 1778-1779

Enthält u. a.: Register über die beim Generaldirektorium erwachsenen Akten zum Gut Drage; Protokoll über die Ablieferung des Gutes Drage und Friedrichsruhe; Gutsbeschreibung; Hebungsregister; Verzeichnisse der Gutsbediensteten und Einwohner; Inventar von Friedrichsruhe und Christinenthal; Bestallungen und Instruktionen der Gutsbediensteten

3576 Gut Drage (Friedrichsruhe) 1779-1781

Enthält u. a.: Grenzbeschreibung; Verkauf von Wild aus dem Tiergarten

3577 Gut Drage (Friedrichsruhe) 1779-1781

Enthält u. a.: Vermessungsprotokoll

3578 Gut Drage (Friedrichsruhe) 1780-1794

Enthält u. a.: Instandsetzung der Einfriedung des Tiergartens; Einkünfte und Deputate von Gutsbediensteten; Personalangelegenheiten; Herabsetzung des Gutes in der Brandversicherung

3579 Gut Drage (Friedrichsruhe) 1780-1782

Enthält u. a.: Verpachtungsbedingungen für Landstücke; Nutzung der Schäferwiese; Aufsatz des Pächters Claus Heesch über die Stauung auf der Mühlenkoppel (mit Zeichnung); Mastfreiheit des Klosters Itzehoe in der Hölzung

3580 Gut Drage (Friedrichsruhe) 1780-1784

Enthält u. a.: Verkauf von Gebäuden; Ablieferung des Gutes an die Rentekammer; Inventar der Gebäude beim Gut; Vermessung der Dorfschaftsländereien

3581 Gut Drage (Friedrichsruhe) 1780-1782
Enthält u. a.: Bau einer Brücke bei Christinenthal; Verpachtung des Neuenteichs bei Christinenthal; Brückenbau in Ketelsfurt auf dem Borsteler Feld; Reparatur des Jägerhauses im Tiergarten; Verkauf der Stampf- und Walkmühle

3582 Gut Drage (Friedrichsruhe) 1782-1784
Enthält u. a.: Taxation über die Mastung in den Hölzungen

3583 Gut Drage (Friedrichsruhe) 1782-1784
Enthält u. a.: Instruktion für die Jägermeister; Holzrolle

3584 Gut Drage (Friedrichsruhe) 1784
Enthält u. a.: Niederlegung und Zerteilung des Gutes; Schenkung des Gutes an die Königinwitwe Juliana Maria von Dänemark

3346 Erlass einer Postverordnung und deren Übertragung auf die ehemaligen großfürstlichen Distrikte 1779

3347 Anfrage der Rentekammer über das großfürstliche Conseilarchiv 1781

3348 Ablieferungen von Karten und Rissen von dem Kammerarchivar Furth in Kiel an das Archiv des Generaldirektoriums 1781

3349 Bedenken über einen Entwurf zu einer Verordnung für beide Herzogtümer hinsichtlich Landveräußerungen 1803

3350 Aufhebung des Generaldirektoriums und dessen Vereinigung mit der Schleswig-Holsteinischen Landkommission 1806-1807

3351 Abschrift des Spezialregistranten [1780]

3352 Einrichtungsplan für das Archiv des Generaldirektoriums 1806

## Bedienungen

3353 Bestellung und Beeidigung der Bediensteten des Generaldirektoriums sowie Errichtung der Setzungskommission 1766-1805

3354 Anzeige der Landesregierung über Personalangelegenheiten großfürstlicher Bediensteter 1767-1773

3355 Anzeige der Landesregierung über Verabschiedungen großfürstlicher Bediensteter 1767-1774

3356 Einrichtung und Zuständigkeiten des großfürstlichen Kammerkollegiums sowie Kammerverordnung 1764-1769

3357 Bestellung und Instruktion der Forst- und Baudepartementskommission 1770

3358 Einkünfte und Gebühren der Beamten in den Ämtern 1768-1773

3359 Ausschluss der Übernahme der Inspektion oder des Aktuariats über adlige Güter durch großfürstliche Beamte sowie Zahlung von Bediensteten bei längerer Abwesenheit an die Hofarmenkasse 1764-1770

3360 Einsendungen der Bestallungen des Konferenzrats Graf Carl Hinrich von Saldern-Günderoth zum Geheimrat und des Kopisten Andreas Christoph Klagenberg zum Archivar beim Generaldirektorium 1773, 1782

3361 Reglements über Sporteln und Einkünfte der Beamten in den Ämtern Kiel, Bordesholm, Neumünster, Cismar, Tremsbüttel, Trittau und Reinbek 1773

3362 Bestallung des adjungierten Landmessers Ingwer Jacobsen zum ordentlichen Landmesser 1775-1776

3378 Ökonomische Befugnisse des Generaldirektoriums hinsichtlich der Landschaft Norderdithmarschen 1776

3363 Lebensatteste der in königlichen Diensten stehenden ehemaligen großfürstlichen Bediensteten 1780

3364 Freie Fuhren für den Jägermeister von Warnstedt 1781

3365 Beschwerde des Forstmeisters von Lüttichau wegen verweigerter Freifuhren bei der Holzausweisung in den Ämtern Reinbek, Trittau und Tremsbüttel 1782

3366 Nachricht über die Verrichtung eines neuen Mitglieds des Generaldirektoriums hinsichtlich der Wegeaufsicht 1782

3367 Resolution zur Erledigung und Wiederbesetzung der Jägermeisterstelle im ersten holsteinischen Forstdistrikt 1782

3368 Vorstellung des Landkommissars Schnepel wegen seiner Einkünfte 1783

3369 Tod des Archivars Johann Hinrich Lange und Wiederbesetzung der Stelle sowie Gagenerhöhung für den Kopisten Jessen 1781-1782
Enthält nur Aktendeckblatt. Akte befindet sich in Abt. 8.3 Nr. 3353.

3370 Anstellung des Auskultanten Pfenningen und des Sekretärs Bockelmann beim Generaldirektorium 1785
Enthält nur Aktendeckblatt. Akte befindet sich in Abt. 8.3 Nr. 3353.

3371 Wiederanstellung des Kopisten Mau in Glückstadt als Kopist beim Generaldirektorium 1785
Enthält nur Aktendeckblatt. Akte befindet sich in Abt. 8.3 Nr. 3353.

3372 Unterstützung für den Dessinateur Klessel und Pension für seine Witwe sowie Kopierung und Zusendung der Amts- und Vermessungskarten des Amtes Cismar sowie Auslieferung der Kartenkopien an die Amtshäuser 1786-1803, 1817

3373 Nichteinladung des Generaldirektoriums zur Tafel des Kronprinzen 1787

3374 Aufhebung des Gnadenjahres für Schulbedienstetenwitwen mit Pensionen aus der Witwenkasse in Kiel 1800

3375 Ausschluss der Witwe des Bürgermeisters Möller in Oldenburg von der Unterstützung durch die Witwen- und Waisenkasse in Kiel 1802

3376 Verzeichnis der Rentekammer über rückständige Bearbeitungen des Generaldirektoriums 1802-1803

3377 Anforderung von Karten aus den ehemaligen großfürstlichen Distrikten 1788-1802

## Kommerz

3379 Vorschlag des königlichen Kammerherrn Graf von Dernath über die Schiffbarmachung von Flüssen und Strömen zur Erleichterung des Handels mit Hamburg und Lübeck 1771

3380 Unerledigte Kommerz- und sonstige Angelegenheiten zwischen den ehemaligen großfürstlichen Distrikten und Hamburg 1774

3381 Einsendung der Karten zu den Ämtern Kiel, Bordesholm und Neumünster an die Kanalausführungskommission sowie Einsendung der Karte zum Hafen in Kiel an die Deutsche Kanzlei 1774-1777

3382 Vor- und Aufkauf von Rohleder oder Viehhäuten (1752) 1775

3383 Ausfuhrverbot für Feldsteine (1771) 1775

## Kreditwesen

3384 Einführung der Schuld- und Pfandprotokolle in den Ämtern 1768

3385 Sicherstellung der Depositengelder bei den Ämtern 1768

3386 Anleihen für den Pächter H. C. Valentiner und den Grafen von Platen-Hallermund aus der Kreditkasse zur Verbesserung des Gutes Futterkamp 1793-1795

3387 Anleihe für den Kammerjunker von Qualen in Windeby aus der Kreditkasse 1795

3388 Nachricht über ein 1736 dem Geheimrat Detlef von Reventlow zugeschriebenes Kapital 1801

## Dienste und Abgaben

3389 Fuhrreglement über die Freifuhren der großfürstlichen Untertanen 1768, 1777

3390 Abgabe auf Spielkarten 1771

3391 Verfahren bei der Hebung außerordentlicher Reichs- und Kreissteuern in den ehemaligen großfürstlichen Distrikten 1793-1796
Enthält auch: Beitrag der Universitätslehrer und sonstigen Universitätsangehörigen in Kiel zu den Reluitions- und Römermonatsgeldern für den Reichskrieg gegen Frankreich

3392 Gutachten über den Beitrag der Universitätsangehörigen in Kiel zu den Reluitions- und Römermonatsgeldern für den Reichskrieg gegen Frankreich 1795

## Kirche

3393 Einrichtung der herrschaftlichen Witwen-, Waisen-, Kindererziehungs- und Armenkasse 1768-1775

3394 Freifuhren des Pastors Schröder in Neumünster für die Visitation der ehemaligen einseitigen großfürstlichen Kirchen 1786

## Forst- und Holzwesen

3395 Konservierung und Verbesserung der herrschaftlichen Amtsforsten 1767-1768

3396 Nichtberücksichtigung von jungem Holz bei der Taxation des Sprangholzes 1769

3397 Einrichtung von zwei Forstämtern in den großfürstlichen Anteilen 1771, 1780

3398 Nichtverpachtung der Mast in den neu angelegten Zuschlägen auf fünf Jahre 1771

3399 Übrig gebliebenes Deputatbrennholz beim Generaldirektorium 1775-1776

3400 Vorschlag zur Nutzung der Hölzungen in den ehemaligen großfürstlichen Distrikten nach der lauenburgischen Einrichtung 1779

3401 Änderung der Einrichtung des Forstwesens in den Herzogtümern 1780

3402 Einrichtung, Besetzung und Besoldung der Unterforstbedienungen 1783-1785

3585 Einrichtung, Besetzung und Besoldung der Unterforstbedienungen 1783-1793

3403 Größe der Hölzungen und Moore in den Ämtern Trittau und Tremsbüttel 1783-1784

3404 Besäung von Gemeinweidestrecken bei verteilten Dorfschaften mit Holz 1788-1792
Enthält nur Aktendeckblatt

3405 Nachricht an die Rentekammer über die vermessenen und kartierten Hölzungen 1791

## Grenzen

3406 Einsendung der Grenz- und Forstbeschreibungen 1766-1767

3407 Grenzstreitigkeiten: Ämter Trittau, Reinbek und Tremsbüttel sowie Güter Wandsbek und Ahrensburg 1772-1799

3408 Nichtbestimmte Grenzen der Moore in Nutteln und Vaale im Amt Rendsburg sowie Aneignung von Moorstrecken durch Untergehörige der Sachsenbande 1773-1805

## Häusliche Verfassung

3409 Anschaffung von Feuergeräten und Spritzen in den Ämtern sowie Errichtung einer Brandgilde 1766-1767

3410 Förderung des Anbaus wüster oder öder Plätze in den Ämtern 1766-1767

3411 Einsendung der Mannzahlregister 1766
Enthält u. a.: Schema des Mannzahlregisters mit einigen Angaben zu den Dörfern Rumohr und Molfsee

3412 Verbesserte Einrichtung der Mistgruben in den Ämtern 1767

3413 Abhaltung der ökonomischen Untersuchungen in den Ämtern und Einsendung der Protokollauszüge 1766

3414 Vorschlag des Kanzleirats Jahns für ein Verbot der Kornausfuhr und des Branntweinbrennens zur Verhinderung einer Teuerung 1770

3415 Einführung der neuen Landausschussverfassung in den Herzogtümern 1774

3416 Einführung der Apothekertaxe und des Arzneibuches (Pharmacopoeae) im ehemaligen großfürstlichen Anteil 1775-1778
Darin: Verordnung zur Apothekertaxe und Pharmacopoeae (mit alphabetischer Auflistung der Arzneien mit lateinischer und deutscher Bezeichnung), 1772

3417 Befreiung der Erbpächter in den Ämtern Bordesholm, Kronshagen, Trittau, Tremsbüttel und Cismar vom Beitritt zur allgemeinen Brandversicherungsanstalt 1777

3418 Nachricht über Zünfte und Innungen in den Flecken im ehemaligen großfürstlichen Anteil 1778

3419 Berichte zum Plan der Einrichtung von Mobiliengilden auf dem Land 1778-1781

3420 Aufnahmegebühren bei den Handwerkszünften in den ehemaligen großfürstlichen Distrikten 1778-1780

3421 Gesuch der Schusterämter in Segeberg, Oldesloe, Neumünster und Bramstedt über ein Verbot des Besuchs von Jahrmärkten durch die Landhandwerker 1778-1779

3422 Einrichtung eines Ökonomiekollegiums in den ehemaligen großfürstlichen Anteilen zur Revision der Brandkassenrechnungen 1779

3423 Taxen und Verordnungen für die Scharfrichter in den Städten Kiel, Neustadt und Oldenburg, dem Flecken Neumünster, den Ämtern Trittau und Reinbek sowie in der Landschaft Norderdithmarschen
Darin: Taxordnung für die Scharfrichter im Herzogtum Holstein, 1780 1780

3424 Prüfung und Unterricht der Hebammen sowie Übertragung der königlichen Hebammenverordnung auf die ehemaligen großfürstlichen Anteile (1765, 1769) 1781-1788
Darin: Hebammenordnung für das Herzogtum Holstein königlicher Anteil, Herrschaft Pinneberg, Grafschaft Rantzau und Stadt Altona, 1765; Verordnung zu einigen Punkten des Hebammenwesens im Herzogtum Holstein königlicher Anteil, Herrschaft Pinneberg, Grafschaft Rantzau und Stadt Altona, 1769

3425 Bestätigung der Artikel der Brand-, Toten- und Schützengilde in Damlos 1782

## Jagd

3426 Freie Unterjagd des Schatzmeisters von Schimmelmann auf den Dorffeldern in den Ämtern Reinbek, Trittau und Tremsbüttel 1773

## Justiz

3427 Vormundschaftsverordnung 1769

3428 Gemeinschaftliche landesherrliche Vereinbarung zur Jurisdiktion über Dorfgemeinheiten 1770

3429 Nachricht über die Inbesitznahme der Dorfschaft Farmsen durch Hamburg 1779

3430 Behandlung der Landverteilungs- und Einkoppelungsstreitigkeiten durch die Landesregierung in Glückstadt 1782

3431 Bitte des Lombardverwalters Jessen in Kiel um Erklärung einer Vorschrift der Lombardordnung 1793

## Ländereien

3432 Aufräumung des Alsterkanals 1767
Enthält nur Deckblatt. Akte befindet sich in Abt. 65.2 Nr. 856.

3433 Einrichtung der Erdbücher in den Ämtern 1766-1768

3435 Protokoll des Geheimen Regierungsconseils über Vermessungsangelegenheiten bis zur Errichtung des Generaldirektoriums, Verfügungen zur Landvermessung sowie Verbot für Hufner, Halbhufner und Kätner zur Landveräußerung 1766-1768

3436 Verfügungen zu den Vermessungs- und Verteilungskosten 1766-1783

3445 Verzeichnis des abgetretenen ehemaligen großfürstlichen Anteils 1773

3437 Vergütung für die Untertanen in den mit 320 Ruten à Tonne vermessenen Dorfschaften 1773

3438 Landaufteilung in Oldesloe durch den Landmesser Petzold 1774-1782

3439 Rechnungen der Landmesser und des Dessinateurs Klessel für Vermessungsarbeiten und die Reinzeichnung der Karten 1781

3440 Überlassung von Heideland beiderseits des Fuhrwegs zwischen Hamburg und Trittau an Johann Christopher Koes in Altona 1782

3441 Anfertigung der Generalkarte des Herzogtums Holstein durch den Generaladjutanten von Warendorff 1789-1796

3442 Auftrag der Deutschen Kanzlei um Übersendung von Akten zur Aufräumung des Alsterkanals 1800

3443 Vorschlag des Amtmanns Compe in Schwarzenbek über die Schiffbarmachung der Bille von Grande bis Bergedorf (1799) 1801

3444 Verhältnis der Erdbücher zu den Verteilungsprotokollen (Additamenta zu den Vermessungsprotokollen) in den ehemaligen großfürstlichen Distrikten 1804

## Pacht

3447 Verzeichnis aller Erb- und Zeitpachtstücke sowie Vorschläge zum Unterhalt der Untertanen auf den verpachteten Domanialgütern 1766

3448 Gebühren und Zahlungen bei Veräußerung von Erbpachtstücken 1778

Enthält: Hans Hinrich Stoffers, Bargteheide; Mühlenerbpächter Hans Hinrich Holst, Trittau

## Privilegien

3449 Privileg des Unteroffiziers Lorenz Canthe für eine Spielkartenfabrik 1766

3450 Dispens für den Gebrauch des Stempelpapiers für die Fideikommissgüter der jüngeren gottorfischen Linie 1769

3451 Überhandnehmen des Lotteriespiels 1774-1776

3452 Gesuche um Bestätigung von Privilegien 1774-1776

Enthält: Stadtmusikant Rittsche, Kiel; Scharfrichter Johann Jochim Untermann, Neustadt; Scharfrichter Jochim Christian Untermann, Oldenburg; Kaufmann Johann Ernst Irmisch, Neustadt

3453 Streitigkeiten zwischen dem Kloster Preetz und der Fuhrrolle in Kiel wegen des Fuhrzwangs 1776

3454 Berufsausübung durch vom Militär beurlaubte Freileute sowie Bestätigung der Konzession des Musketiers Daniel Jacob Breutzmann in Kiel für die Ausübung des Maurerhandwerks 1778, 1782

3455 Übertragung des Privilegs des Orgelbauers Johann Daniel Busch in Itzehoe auf die ehmaligen großfürstlichen Distrikte 1779

3456 Versicherung der Freiweide für den Heckenwärter Hans Schacht in Rehbrook im Amt Tremsbüttel 1783

3457 Nachricht über die Vorschriften und Einrichtungen zum bürgerlichen Gewerbe auf dem Land in den ehemaligen großfürstlichen Distrikten 1783-1784

3458 Befreiung des Johann Hartwig Schalberg in Neustadt von den bürgerlichen Lasten 1783

3459 Beitrag des Generaldirektoriums zur Schleswig-Holsteinischen Landeszeitung 1805

3460 Privileg für die Kaufleute Samuel Schön und Georg Brandis in Hamburg zur Anlage einer Zichorienfabrik 1804

## Rechnungswesen

3465 Auszüge aus den Stadtrechnungen von Kiel, Neustadt und Oldenburg mit Revisionsvermerken 1770-1774

3461 Abweichung der Pflugzahl in den Rechnungen von der renovierten Landesmatrikel von 1652 1776

3462 Einführung einer Revisionskommission in der Landschaft Eiderstedt nach dem Vorbild der Landschaften Norderdithmarschen und Süderdithmarschen 1783

3463 Mitteilung von der Befreiung der Brückenlastrechnung in Eckernförde von der Revision bei der Rentekammer 1782

3464 Verfahren bei den Kosten für Besoldung und Bekleidung der Polizeibediensteten in den Ämtern 1782

## Setzung

3466 Prinzipien und Grundsätze der Setzungs- und Landausteilungskommission 1768-1784, 1867
Enthält auch: Nachweis über eine Erhöhung der Grundabgaben in den ehemaligen großfürstlichen Distrikten, 1867

3467 Berichtigung der Kostenrechnungen der Setzungs- und Landausteilungskommission 1770-1774

3468 Gutachten der Setzungskommission über nicht das Setzungsgeschäft betreffende Fälle 1768-1772

3469 Protokolle der Setzungskommission 1768-1772

3586 Protokolle der Setzungskommission (1772-) 1773-1774
Enthält auch: Kopien der Protokolleinträge, November 1772-Dezember 1773

3470 Journale der Setzungskommission 1773-1774

3471 Vereinigung der Setzungs- und Landausteilungs- und Vermessungskommission mit dem Generaldirektorium 1774

3472 Verhalten der Landmesser Clausen, Petzold und Jacobsen bei von den Setzungsprinzipien abweichenden Landverteilungen 1778

3473 Verfahren mit der Weichholznutzung bei der Setzung 1782-1793

3474 Aufstellung der Hebungsbeamten über den jährlichen Abgang von den Landmaßen der Gemeinweiden 1783

3476 Beobachtungen zum städtischen Hebungswesen [1795]

3475 Auftrag der Rentekammer über Abschriften der im Archiv des Generaldirektoriums vorhandenen Setzungsregistern 1807-1808

## Landesvisitation

3478 Durchführung der Generallandesvisitation, Vorschläge anderer Kollegien sowie Einsendung der Protokolle und Auszügen nach Sankt Petersburg 1766-1772

3477 Landesvisitationsprotokolle: Domänen 1764-1774

3486 Landesvisitationsprotokoll: Ämter Kiel, Bordesholm und Kronshagen
Bemerkung: eingebunden hinter dem Direktorialprotokoll 1766

3488 Landesvisitationsprotokoll: Landschaft Norderdithmarschen 1767
Enthält auch: Register für Abt. 8.3 Nr. 3487 (Protokoll des Generaldirektoriums)

3527 Landesvisitationsprotokoll (mit Index): Ämter Reinbek, Trittau und Tremsbüttel 1768

3528 Landesvisitationsprotokoll (mit Index): Ämter Oldenburg und Cismar sowie Neustadt und Oldenburg 1768

3529 Landesvisitationsprotokoll (mit Index): Landschaft Norderdithmarschen 1770

3530 Landesvisitationsprotokoll (mit Index): Ämter Neumünster und Cismar sowie Neustadt und Oldenburg 1771

3479 Landesvisitationsprotokoll mit Beilagen: Ämter Neumünster und Cismar sowie Neustadt und Oldenburg 1771

3531 Landesvisitationsprotokoll (mit Index): Ämter Reinbek, Trittau, Tremsbüttel, Bordesholm und Kiel 1772

3480 Landesvisitationsprotokoll mit Beilagen: Ämter Reinbek, Trittau, Tremsbüttel, Bordesholm und Kiel 1772

## Wege

3481 Gemeinschaftliche Wegeverordnung, Bestellungen zum gemeinschaftlichen Oberlandwegeinspektor und zum großfürstlichen Wegeinspektor sowie Wegebesichtigung in der Landschaft Norderdithmarschen 1767-1779

Darin: Verordnungen

3482 Steinbrücken auf den Heer- und Landstraßen in den Ämtern 1774

Darin: Dienstreglement der Dorfschaft Böhnhusen, 1774

3483 Unterhaltung der Poststraße zwischen Altona und Lübeck durch die Ämter 1779

3484 Anlage von Erdhügeln an den Landstraßen 1803

## Zoll

3485 Befreiung der Einwohner des Herzogtums Holstein vom Zoll bei Stade 1782

# PROTOKOLLE UND JOURNALE

## Protokolle

3486 Protokoll mit Index sowie Landesvisitationsprotokoll für die Ämter Kiel, Bordesholm und Kronshagen 1766

3487 Protokoll 1767

3489 Protokoll mit Index 1768

3490 Protokoll mit Index 1769

3491 Protokoll mit Index 1770

3492 Protokoll mit Index 1771

3493 Protokoll mit Index 1772

3494 Protokoll mit Index 1773

3495 Protokoll mit Index 1774

3496 Protokoll mit Index 1775

3497 Protokoll mit Index 1776

3498 Protokoll mit Index 1777

3499 Protokoll mit Index 1778

3500 Protokoll mit Index 1779

3501 Protokoll mit Index 1780

3502 Protokoll mit Index 1781

3503 Protokoll mit Index 1782

3504 Protokoll mit Index 1783

3505 Protokoll mit Index 1784

| | | |
|---|---|---|
| 3506 | Protokoll mit Index | 1785 |
| 3507 | Protokoll mit Index | 1786 |
| 3508 | Protokoll mit Index | 1787 |
| 3509 | Protokoll mit Index | 1788 |
| 3510 | Protokoll mit Index | 1789 |
| 3511 | Protokoll mit Index | 1790 |
| 3512 | Protokoll mit Index | 1791 |
| 3513 | Protokoll mit Index | 1792 |
| 3514 | Protokoll mit Index | 1793 |
| 3515 | Protokoll mit Index | 1794 |
| 3516 | Protokoll mit Index | 1795 |
| 3517 | Protokoll mit Index | 1796 |
| 3518 | Protokoll mit Index | 1797 |
| 3519 | Protokoll mit Index | 1798 |
| 3520 | Protokoll mit Index | 1799 |
| 3521 | Protokoll mit Index | 1800 |
| 3522 | Protokoll mit Index | 1801 |
| 3523 | Protokoll mit Index | 1802 |
| 3524 | Protokoll mit Index | 1803 |
| 3525 | Protokoll mit Index | 1804 |
| 3526 | Protokoll mit Index | 1805 |

## Journale

3532 Journal mit Index 1799

3533 Journal mit Index 1800

3534 Journal mit Index 1801

3535 Journal mit Index 1802

3536 Journal mit Index 1803

3537 Journal mit Index 1804

3538 Journal mit Index Januar-November 1805

3539 Journal mit Index November-Dezember 1805

3540 Journal mit Index 1806-1808

## ALTE FINDMITTEL

3594 Sachregistrant: Ämter Kiel, Bordesholm, Neumünster und Tremsbüttel 1766-1780, 1925, 1971

3595 Sachregistrant: Ämter Trittau, Reinbek, Cismar und Kronshagen 1766-1780, 1925, 1971

3596 Sachregistrant: Städte Kiel, Neustadt und Oldenburg sowie Landschaft Norderdithmarschen 1766-1780, 1925, 1971

3597 Sachregistrant: Generalakten („Miscellanea“) 1766-1780, 1925, 1971

3598 Buchstabenregistrant (A-E) 1766-1807, 1925

3599 Buchstabenregistrant (F-L) 1766-1807, 1925

3600 Buchstabenregistrant (M-R) 1766-1807, 1925

| | | |
|---|---|---|
| 3601 | Buchstabenregistrant (S-Z) | 1766-1807, 1925 |
| 3602 | Buchstabenregistrant: Ergänzungsband (A-Z) | 1766-1807, 1925 |

# REGISTER

## Personenregister

## Sachregister

# Ortsregister

# Konkordanz

| alte Nr. | neue Nr. |
|---|---|
| 48 a | 3542 |
| 201 a | 3543 |
| 748 II | 3544 |
| 900 II | 3545 |
| 900 III | 3546 |
| 900 IV | 3547 |
| 900 V | 3548 |
| 900 VI | 3549 |
| 924 a | 3550 |
| 939 a | 3551 |
| 1119 II | 3552 |
| 1170 I | 3553 |
| 1237 a | 3554 |
| 1464 I | 3555 |
| 1464 II | 3556 |
| 1583 a | 3557 |
| 1901 a | 3558 |
| 2063 II | 3559 |
| 2064 II | 3560 |
| 2064 III | 3561 |
| 2106 a | 3562 |
| 2106 b | 3563 |
| 2105 II+III | 3564 |
| 2445 I (Teil) | 3565 |
| 2445 II | 3566 |
| aus 2459 | 3567 |
| 2717 II | 3568 |
| 2717 III | 3569 |
| 2720 II | 3570 |
| 2742 II | 3571 |
| 3045 a | 3572 |
| 3048 II | 3573 |
| 3048 III | 3574 |
| 3345 I | 3575 |
| 3345 II | 3576 |
| 3345 III | 3577 |
| 3345 IV | 3578 |
| 3345 V | 3579 |
| 3345 VI | 3580 |
| 3345 VII | 3581 |
| 3345 VIII | 3582 |
| 3345 IX | 3583 |
| 3345 X | 3584 |
| 3402 fol. 332-876 | 3585 |
| 3469 V-VI | 3586 |

## Veröffentlichungen des Landesarchivs Schleswig-Holstein

Band 1: Findbuch der Bestände Abt. 268 und 285: Lübecker Domkapitel mit Großvogtei und Vikarien sowie Amt Großvogtei, von Wolfgang Prange. 1975. XVII, 324 Seiten. ISBN 3-931292-01-0

Band 2: Findbuch des Bestandes Abt. 400.5: Von der Universitätsbibliothek Kiel übernommene Handschriften, von Wolfgang Prange. 1975. IV, 84 Seiten. ISBN 3-931292-02-9

Band 3: Findbuch des Bestandes Abt. 320 Eckernförde: Kreis Eckernförde, von Hans Wilhelm Schwarz. 1976. VIII, 89 Seiten. Vergriffen. Neuauflage siehe Band 44. ISBN 3-931292-03-7

Bände 4 und 5: Findbuch des Bestandes Abt. 7: Herzöge von Schleswig-Holstein-Gottorf 1544–1713. 1. und 2. Band, von Kurt Hector. 1977. XVI, XII, 852 Seiten. Nur zusammen zu beziehen. Auf die Nachträge und Indices, die als Band 11 erschienen sind, wird ausdrücklich verwiesen. ISBN 3-931292-04-5

Band 6: Findbuch des Bestandes Abt. 320 Eiderstedt: Kreis Eiderstedt 1867–1950, von Reimer Witt. 1978. VIII, 144 Seiten. Vergriffen. Neuauflage siehe Band 62. ISBN 3-931292-06-1

Band 7: Findbuch des Bestandes Abt. 218: Lauenburgisches Konsistorium zu Ratzeburg, von Wolfgang Prange. 1979. V, 148 Seiten. ISBN 3-931292-07-X

Band 8: Findbuch des Bestandes Abt. 320 Steinburg: Kreis Steinburg, von Robert Knull und Dagmar Unverhau. 1980. XVI, 215 Seiten. ISBN 3-931292-08-8

Band 9: Findbuch des Bestandes Abt. 65.1: Deutsche Kanzlei zu Kopenhagen bis 1730, von Konrad Wenn. 1981. VII, 171 Seiten. Vergriffen. ISBN 3-931292-09-6

Band 10: Findbuch des Bestandes Abt. 107: Ämter Cismar und Oldenburg, von Wolfgang Prange. 1982. VIII, 73 Seiten. Vergriffen. ISBN 3-931292-10-X

Band 11: Findbuch des Bestandes Abt. 7: Herzöge von Schleswig-Holstein-Gottorf 1544–1713. 3. Band, von Kurt Hector und Heinrich Frhr. von Hoyningen gen. Huene. 1983. Enthält Nachträge und Indices zu Band 4 und 5. XXIV, 422 Seiten. ISBN 3-931292-11-8

Band 12: Findbuch der Bestände Abt. 231, 232, 233 und 234: Ämter Lauenburg, Ratzeburg, Schwarzenbek und Steinhorst, von Wolfgang Prange und Konrad Wenn. 1984. XVII, 358 Seiten. ISBN 3-931292-12-6

Band 13: Findbuch des Bestandes Abt. 210: Lauenburgische Regierung zu Ratzeburg, von Wolfgang Prange und Konrad Wenn. 1985. XVII, 597 Seiten. ISBN 3-931292-13-4

Band 14: Findbuch des Bestandes Abt. 320 Segeberg: Kreis Segeberg, von Robert Knull und Dagmar Unverhau. 1985. XVIII, 140 Seiten. ISBN 3-931292-14-2

Band 15: Findbuch des Bestandes Abt. 320 Plön: Kreis Plön, von Hartmut Haase und Hans Wilhelm Schwarz. 1986. VIII, 262 Seiten. ISBN 3-931292-15-0

Bände 16 und 17: Findbuch der Reichskammergerichtsakten (Abt. 390 und andere), von Hans-Konrad Stein-Stegemann. 1986. 2 Bände: Titelaufnahmen und Indices. XIX, 734 Seiten. Nur zusammen zu beziehen. ISBN 3-931292-16-9

Bände 18 und 19: Findbuch der Reichskammergerichtsakten im Archiv der Hansestadt Lübeck, von Hans-Konrad Stein-Stegemann. 1987. 2 Bände: Titelaufnahmen und Indices. XXI, 1067 Seiten. Nur zusammen zu beziehen. ISBN 3-931292-18-5

Band 20: Schleswig-Holsteinische Archivtage 1985–1987 – Ansprachen und Vorträge –. Hrsg. von Angelika Menne-Haritz. 1987. 137 Seiten. ISBN 3-931292-20-7

Band 21: Schleswig-Holsteinische Regesten und Urkunden. Band 9: Herrschaft Breitenburg 1256–1598. Bearb. von Kurt Hector und Wolfgang Prange. Neumünster 1988. XI, 657 Seiten. Nur im Buchhandel erhältlich. ISBN 3-931292-21-5

Band 22: Landschaft und Siedlung im Wandel. Alte Flurkarten aus Schleswig-Holstein, Erdbücher, Urkunden, Vermessungsinstrumente. Eine Ausstellung im Landesarchiv Schleswig-Holstein 1989/1990, von Susanna Misgajski. 1989. 64 Seiten. ISBN 3-931292-22-3

Band 23: Schleswig-Holsteinische Regesten und Urkunden. Band 10: Kloster Ahrensbök 1328–1565. Bearb. von Wolfgang Prange. Neumünster 1989. 455 Seiten. Nur im Buchhandel erhältlich. ISBN 3-931292-23-1

Band 24: Findbuch des Bestandes Abt. 8.1: Schleswig-Holstein-Gottorfisches (Großfürstliches) Geheimes Regierungs-Conseil zu Kiel 1720–1773, von Wolfgang Prange und Konrad Wenn. 1989. X, 258 Seiten. ISBN 3-931292-24-X

Band 25: Findbuch des Bestandes Abt. 8.2: Schleswig-Holstein-Gottorfische (Großfürstliche) Rentekammer zu Kiel 1720–1778, von Wolfgang Prange. 1990. IX, 209 Seiten. ISBN 3-931292-25-8

Band 26: Schleswig-Holsteinische Regesten und Urkunden. Band 11: Die Protokolle des Lübecker Domkapitels 1535–1540. Bearb. von Wolfgang Prange. Neumünster 1990. 330 Seiten. Nur im Buchhandel erhältlich. ISBN 3-931292-26-6

Band 27: Durchs Objektiv gesehen. Aspekte der Filmgeschichte in Schleswig-Holstein. Eine Ausstellung im Landesarchiv Schleswig-Holstein 1992/1993, von Jutta Matz. 1992. 59 Seiten. ISBN 3-931292-27-4

Band 28: Historisches Ortsnamenlexikon von Schleswig-Holstein, von Wolfgang Laur. 2., völlig veränderte und erweiterte Auflage. Neumünster 1992. 755 Seiten. Vergriffen. ISBN 3-931292-28-2

Band 29: Findbuch der Bestände Abt. 216 und 217: Lauenburgische Gerichte, von Wolfgang Prange. 1992. 149 Seiten. ISBN 3-931292-29-0

Band 30: Schleswig-Holsteinische Regesten und Urkunden. Band 12: Die Protokolle des Lübecker Domkapitels 1522–1530. Bearb. von Wolfgang Prange. Neumünster 1992. 874 Seiten. Nur im Buchhandel erhältlich. ISBN 3-931292-30-4

Bände 31 bis 33: Findbuch des Bestandes Abt. 66: Rentekammer zu Kopenhagen, Schleswig-Holsteinische Kammer auf Gottorf, General-Landwesens-Kollegium, Steuerkommissionen, von Wolfgang Prange und Konrad Wenn. 1993. 3 Bände. 1077 Seiten. Nur zusammen zu beziehen. ISBN 3-931292-31-2

Band 34: Findbuch des Bestandes Abt. 320 Bordesholm: Kreis Bordesholm 1867–1932, von Veronika Eisermann und Hans Wilhelm Schwarz. 1993. V, 79 Seiten. ISBN 3-931292-34-7

Band 35: Urkundenbuch des Bisthums Lübeck. Teil 1. Hrsg. von Wilhelm Leverkus. Neudruck der Ausgabe von 1856. Neumünster 1994. XXXII, 901 Seiten. Nur im Buchhandel erhältlich. ISBN 3-931292-35-5

Band 36: Schleswig-Holsteinische Regesten und Urkunden. Band 13: Urkundenbuch des Bistums Lübeck. Band 2: Urkunden 1220–1439. Bearb. von Wolfgang Prange. Neumünster 1994. XIV, 656 Seiten. ISBN 3-931292-36-3

Band 37: Schleswig-Holsteinische Regesten und Urkunden. Band 8: Kloster Itzehoe 1256–1564. Bearb. von Hans Harald Hennings. Neumünster 1993. XIV, 569 Seiten. ISBN 3-931292-37-1

Band 38: Schienen zum Fortschritt. 150 Jahre Eisenbahn in Schleswig-Holstein. Ausstellungen zum Jubiläum der Eisenbahn in Schleswig-Holstein, von Christian Küster, Susanna Misgajski, Manfred Schulz und Günther Ungerbieler. 1994. 113 Seiten. Vergriffen. ISBN 3-931292-38-X

Band 39: „Der Stand der Frauen, wahrlich, ist ein harter Stand". Frauenleben im Spiegel der Landesgeschichte. Hrsg. von Elke Imberger. 1994. 231 Seiten. ISBN 3-931292-39-8

Band 40: Schleswig-Holsteins Lied und Farben im Wandel der Zeiten. Vorträge und Diskussionen eines wissenschaftlichen Symposiums: „150 Jahre Schleswig-Holstein-Lied". Hrsg. vom Schleswig-Holsteinischen Heimatbund und dem Landesarchiv Schleswig-Holstein. 1995. 112 Seiten. ISBN 3-931292-40-1

Band 41: Der 8. Mai als politische Zäsur. Ansprachen und Vorträge zum Symposium „Ende und Anfang im Mai 1945" in der Marineschule Mürwik am 17. Mai 1995 (Landeszentrale für Politische Bildung. Labskaus 4). 41 Seiten. ISBN 3-931292-41-X

Band 42: Der Kaiser, der Kanal und die Kinematographie. Begleitheft zur Ausstellung im Landesarchiv Schleswig-Holstein: Birt Acres – 100 Jahre Film in Schleswig-Holstein, von Hauke Lange-Fuchs. 1995. 71 Seiten. ISBN 3-931292-42-8

Band 43: Archive in Schleswig-Holstein. Bearb. von Veronika Eisermann und Hans Wilhelm Schwarz. 1996. 115 Seiten. ISBN 3-931292-43-6

Band 44: Findbuch des Bestandes Abt. 320.3: Kreis Eckernförde 1867–1950, von Veronika Eisermann und Hans Wilhelm Schwarz. 2., wesentlich erweiterte Auflage. 1996. VIII, 290 Seiten. ISBN 3-931292-44-4

Band 45: Schleswig-Holsteinische Regesten und Urkunden. Band 14: Urkundenbuch des Bistums Lübeck. Band 3: Urkunden 1439–1509. Bearb. von Wolfgang Prange. Neumünster 1995. 806 Seiten. ISBN 3-931292-45-2

Band 46: Schleswig-Holsteinische Regesten und Urkunden. Band 15: Urkundenbuch des Bistums Lübeck. Band 4: Urkunden 1510–1530 und andere Texte. Bearb. von Wolfgang Prange. Neumünster 1996. 839 Seiten. ISBN 3-931292-46-0

Band 47: Landgraf Carl von Hessen 1744–1836. Statthalter in den Herzogtümern Schleswig und Holstein. Eine Ausstellung im Landesarchiv Schleswig-Holstein, von Jens Ahlers, Jürgen Ostwald, Reimer Witt und Heyo Wulf. 1996. 215 Seiten. Vergriffen. ISBN 3-931292-47-9

Band 48: Findbuch des Bestandes Abt. 320.9: Kreis Husum 1867–1950, von Marion Dernehl und Reimer Witt. 1997. VII, 119 Seiten. ISBN 3-931292-48-7

Band 49: Die Wappen der Kreise, Ämter, Städte und Gemeinden in Schleswig-Holstein. Bearb. von Martin Reißmann unter Mitwirkung von Uta Hess, Jutta Matz und Hans Wilhelm Schwarz. Husum 1997. 415 Seiten. Vergriffen. ISBN 3-931292-49-5

Bände 50 bis 53: Findbuch des Bestandes Abt. 260: Regierung des Bistums, Fürstentums, Landesteils Lübeck zu Eutin, von Gertrud Nordmann, Wolfgang Prange und Konrad Wenn. 1997. 4 Bände. 1896 Seiten. Nur zusammen zu beziehen. ISBN 3-931292-50-9

Band 54: Die Anfänge des Landes Schleswig-Holstein. Vier Vorträge aus Anlaß des 50jährigen Landesjubiläums. Hrsg. vom Schleswig-Holsteinischen Heimatbund und dem Landesarchiv Schleswig-Holstein. 1997. 103 Seiten mit 10 Abb. ISBN 3-931292-51-7

Band 55: Landgraf Carl von Hessen 1744–1836. Vorträge zu einer Ausstellung. Hrsg. von Reimer Witt und Heyo Wulf. 1997. 163 Seiten. Vergriffen. ISBN 3-931292-52-5

Band 56: Der Hesterberg. 125 Jahre Kinder- und Jugendpsychiatrie und Heilpädagogik in Schleswig. Eine Ausstellung im Landesarchiv Schleswig-Holstein, von Susanna Misgajski. 1997. 157 Seiten. ISBN 3-931292-53-3

Band 57: Die Gottorfer auf dem Weg zum Zarenthron. Russisch-gottorfische Verbindungen im 18. Jahrhundert. Katalog zur Ausstellung im Landesarchiv Schleswig-Holstein, von Michail Lukitschev und Reimer Witt, unter Mitwirkung von Svetlana Dolgova, Jutta Matz, Marina Osekina und Sven Schoen. 1997. 203 Seiten. Vergriffen. ISBN 3-931292-54-1

Band 58: Schleswig-Holsteinische Regesten und Urkunden. Band 16: Urkundenbuch des Bistums Lübeck. Band 5: Siegelzeichnungen, Überlieferung, Indices. Bearb. von Wolfgang Prange. Neumünster 1997. 363 Seiten. ISBN 3-931292-32-0

Band 59: Schleswig-Holsteinische Beamte 1816–1848, von Gertrud Nordmann. 1997. VII, 445 Seiten. ISBN 3-931292-56-8

Band 60: Findbuch des Bestandes Abt. 170: Landschaft Stapelholm 1699–1867 (–1925), von Marion Dernehl. 1998. V, 52 Seiten. ISBN 3-931292-17-7

Band 61: Findbuch des Bestandes Kreis Herzogtum Lauenburg (Ratzeburg) 1873–1950, von Cordula Bornefeld und Hartmut Haase. 2001. 2 Bände. XIII, VIII, 687 Seiten. ISBN 3-931292-33-9

Band 62: Findbuch des Bestandes Abt. 320.4: Kreis Eiderstedt 1867–1950. Neu bearb. von Marion Dernehl und Reimer Witt. 1998. 2., erweiterte Auflage. IX, 167 Seiten. ISBN 3-931292-19-3

Band 63: Die Staatsgrundgesetze 1848/49 in Schleswig-Holstein und Lauenburg: Reprint zeitgenössischer Drucktexte. Hrsg. vom Verein zur Förderung des Landesarchivs Schleswig-Holstein e. V. 1998. 63 Seiten. ISBN 3-931292-55-X

Band 64: Heinrich Rantzau (1526–1598) – Statthalter in Schleswig und Holstein. Ein Humanist beschreibt sein Land. Katalog zur Ausstellung im Landesarchiv Schleswig-Holstein. Landesbeschreibung – Aufsätze – Katalog. Hrsg. von Marion Bejschowetz-Iserhoht, Hans Braunschweig, Reimer Witt und Heyo Wulf. 1999. 346 Seiten. ISBN 3-931292-57-6

Band 65: Arkivfortegnelse/Findbuch der Bestände Tønder kreds/Kreis Tondern 1867–1920 und/og Kreis Südtondern/Sydtønder kreds 1920–1950 i/im Landsarkivet for Sønderjylland und/og Landesarchiv Schleswig-Holstein. Redaktion Bettina Reichert und Hans Schultz Hansen. 1999. XIII, 353 Seiten. ISBN 3-931292-58-4

Band 66: Staatsgrundgesetze 1848/49 in Schleswig-Holstein und Lauenburg. Katalog zur Ausstellung im Haus Mecklenburg, Ratzeburg, 11. Mai bis 7. November 1999, von Hans Wilhelm Schwarz. 1999. 104 Seiten. ISBN 3-931292-61-4

Band 67: Findbuch des Bestandes Abt. 20: Herzöge von Schleswig-Holstein-Sonderburg-Plön, von Wolfgang Prange und Konrad Wenn. 1999. XVIII, 221 Seiten. ISBN 3-931292-62-2

Band 68: Findbuch des Bestandes Abt. 2002: Landesfilmarchiv, von Dirk Jachomowski. 1999. XVI, 258 Seiten mit 70 Abb. ISBN 3-931292-59-2

Band 69: Gilden in Schleswig-Holstein. Vorträge zur Ausstellung im Landesarchiv Schleswig-Holstein. Hrsg. von Marion Bejschowetz-Iserhoht, Reimer Witt und Heyo Wulf. 2000. 171 Seiten mit 17 Abb. ISBN 3-931292-63-0

Band 70: Findbuch Helgoländer Bestände: Abt. 174 Landschaft und britische Kronkolonie Helgoland, Abt. 131 Landgemeinde Helgoland, Abt. 320.22 Inselkreis Helgoland, von Malte Bischoff und Robert Knull. 2003. 70 Seiten. ISBN 3-931292-60-6

Band 71: Wappen – Zwischen Tradition und Fortschritt. Begleitheft zur Ausstellung im Landesarchiv Schleswig-Holstein, von Martin Reißmann. 2000. 35 Seiten mit 24 Abb. ISBN 3-931292-65-7

Band 72: Findbuch des Bestandes Abt. 3: Grafschaft Holstein-Schauenburg-Pinneberg. Bearb. von Malte Bischoff und Lars E. Worgull. 2002. 89 Seiten. ISBN 3-931292-66-5

Band 73: Arkivfortegnelse/Findbuch der Bestände Tønder amt til 1867/Amt Tondern bis 1867 i/im Landsarkivet for Sønderjylland og/und Landesarchiv Schleswig-Holstein. Bettina Reichert und Jesper Thomassen. 2001. XXX, 377 Seiten. ISBN 3-931292-67-3

Band 74: Im Spannungsfeld zwischen Regional- und Landesgeschichte. Vorträge eines Regionalsymposiums im Landesarchiv Schleswig-Holstein. Hrsg. von Reimer Witt. 2003. 115 Seiten. ISBN 3-931292-64-9

Band 75: Von Gottesfurcht und Kirchenzucht. Aspekte kirchlichen Lebens in Schleswig-Holstein im 17. Jahrhundert. Katalog zur Ausstellung im Landesarchiv Schleswig-Holstein. Hrsg. von Marion Bejschowetz-Iserhoht, Malte Bischoff und Reimer Witt. 2001. 71 Seiten mit 38 Abb. ISBN 3-931292-68-1

Band 76: Beiträge zur schleswig-holsteinischen Geschichte. Ausgewählte Aufsätze, von Wolfgang Prange. Neumünster 2002. XIV, 610 Seiten. ISBN 3-529-02212-8

Band 77: Archivalien zur Geschichte Schleswig-Holsteins im Niedersächsischen Staatsarchiv in Stade, von Robert Gahde. 2002. 91 Seiten. ISBN 3-931292-69-X

Band 78: Kirchliches Leben in Schleswig-Holstein im 17. Jahrhundert. Vorträge zu einer Ausstellung im Landesarchiv Schleswig-Holstein. Hrsg. von Marion Bejschowetz-Iserhoht und Reimer Witt. 2003. 215 Seiten. ISBN 3-931292-71-1

Band 79: Nicht erschienen.

Band 80: Schleswig-Holstein und die Niederlande – Aspekte einer historischen Verbundenheit. Katalog zur Ausstellung im Landesarchiv Schleswig-Holstein-Hrsg. von Ernst Joachim Fürsen und Reimer Witt. 2003. 183 Seiten . ISBN 3-931292-72-X

Band 81: Findbuch des Bestandes Abt. 320.12: Kreis Pinneberg, von Robert Knull. 2003. IX, 127 Seiten. ISBN 3-931292-73-8

Band 82: Das dritte Elbherzogtum. Der Kreis Herzogtum Lauenburg und seine Geschichte. Eine Ausstellung des Landesarchivs Schleswig-Holstein und des Kreises Herzogtum Lauenburg, von Eckardt Opitz und Martin Knauer. 2003. [34] Bl. Vergriffen. ISBN 3-931292-74-6

Band 83: Von ehrbaren Handwerkern und Böhnhasen – Handwerksämter in Schleswig-Holstein. Katalog zur Ausstellung im Landesarchiv Schleswig-Holstein. Hrsg. von Marion Bejschowetz-Iserhoht und Reimer Witt. 2004. 76 Seiten mit 36 Abb. ISBN 3-931292-75-4

Band 84: Findbuch des Bestandes Abt. 320.11: Kreis Oldenburg 1867–1950. Bearb. von Veronika Eisermann. 2004. VI, 46 Seiten. ISBN 3-931292-76-2

Band 85: Findbuch des Bestandes Abt. 314: Oberversicherungsamt, von Wulf Pingel. 2005. V, 51 Seiten. ISBN 3-931292-77-0

Band 86: Belli Dithmarsici vera descriptio – Wahre Beschreibung des Dithmarscher Krieges, von Heinrich Rantzau (Christianus Cilicius Cimber). Edition, Einleitung und Übersetzung von Fritz Felgentreu. 2009. 252 Seiten mit 12 Abb. ISBN 978-3-931292-78-2

Band 87: Findbuch des Bestandes Abt. 301: Oberpräsidium und Provinzialrat der Provinz Schleswig-Holstein, von Elke Imberger. 2005. XXVIII, 576 Seiten. ISBN 3-931292-79-7

Band 88: Findbuch des Bestandes Abt. 111: Ämter Reinbek, Trittau, Tremsbüttel, von Dirk Jachomowski und Wulf Pingel. 2006. XI, 261 Seiten. ISBN 3-931292-80-0

Band 89: Das Landesarchiv Schleswig-Holstein. Eine Betrachtung aus archivtechnischer Sicht, von Roland Lucht. 2., komplett überarb. Auflage. 2014. 95 Seiten mit 22 Abb. ISBN 978-3-943423-11-2

Band 90: Findbuch des Bestandes Abt. 47: Christian-Albrechts-Universität Kiel. Teil 1: 1665–1945, von Georg Asmussen. 2007. VI, 185 Seiten. ISBN 978-3-937816-43-2

Band 91: Findbuch des Bestandes Abt. 47.1: Kuratorium der Christian-Albrechts-Universität, von Georg Asmussen. 2007. VIII, 61 Seiten. ISBN 978-3-937816-44-9

Band 92: 99 Silbermünzen. Der Haselauer Münzfund aus der Zeit des Dreißigjährigen Krieges. Katalog zur Ausstellung im Landesarchiv Schleswig-Holstein. Hrsg. von Marion Bejschowetz-Iserhoht und Rainer Hering. 2008. 215 Seiten mit 151 Abb. ISBN 978-3-931292-82-9

Band 93: Die Ordnung der Natur. Historische Gärten und Parks in Schleswig-Holstein. Katalog zur Ausstellung des Landesarchivs Schleswig-Holstein in Zusammenarbeit mit dem Archiv für Architektur und Ingenieurbaukunst. Hrsg. von Marion Bejschowetz-Iserhoht und Rainer Hering. 2008. 215 Seiten mit 121 Abb. ISBN 13: 3-931292-83-6

Band 94: Findbuch des Bestandes Abt. 79: Ministerium für das Herzogtum Schleswig zu Kopenhagen 1851–1864, von Jörg Rathjen. 2008. XI, 121 Seiten. ISBN 978-3-937816-48-7

Band 95: Archive zwischen Konflikt und Kooperation/Arkiver mellem konflikt og samarbejde. 75 Jahre deutsch-dänisches Archivabkommen von 1933/75 år dansk-tysk arkivoverenskomst af 1933. Hrsg. von/udgivet af Rainer Hering, Johan Peter Noack, Steen Ousager und/og Hans Schultz Hansen (Landesarchiv Schleswig-Holstein/Statens Arkiver i Danmark). 2008. 159 Seiten mit 1 Abb. ISBN 978-3-937816-59-3

Band 96: Die Ordnung der Natur. Vorträge zu historischen Gärten und Parks in Schleswig-Holstein. Hrsg. von Rainer Hering. 2009. 271 Seiten mit 119 Abb. ISBN978-3-937816-65-4

Band 97: Findbuch der Bestände Abt. 80 und 56: Ministerium für die Herzogtümer Holstein und Lauenburg zu Kopenhagen 1852–1864 sowie Holsteinische Regierung zu Kopenhagen bzw. Plön 1862–1864, von Jörg Rathjen. 2010. XXII, 620 Seiten. ISBN 978-3-937816-66-1

Band 98: Findbuch des Bestandes Abt. 109: Ämter Reinfeld, Rethwisch, Traventhal, von Wulf Pingel. 2010. VII, 116 Seiten. ISBN 978-3-937816-77-7

Band 99: Findbuch der Bestände Abt. 51 bis Abt. 55: Regierungen der Herzogtümer während der Erhebung 1848–1851, Dänische Immediatkommission zur gemeinsamen Regierung der Herzogtümer in Sonderburg 1848–1849, Landesverwaltung für das Herzogtum Schleswig 1849–1851 und Dänischer Regierungskommissar 1850–1851, Oberste Zivilbehörde für das Herzogtum Holstein in Kiel 1851–1852 sowie Militärische Behörden der Erhebungszeit 1848–1851, von Jörg Rathjen. 2010. XV, 606 Seiten. ISBN 978-3-937816-78-4

Band 100: Archivführer Schleswig-Holstein. Archive und ihre Bestände. Hrsg. vom Landesarchiv Schleswig-Holstein, dem Verband schleswig-holsteinischer Kommunalarchivarinnen und -archivare e. V. (VKA) und dem Nordelbischen Kirchenarchiv. 2011. 504 Seiten mit zahlreichen Abb. ISBN 978-3-937816-83-8

Band 101: Das Gedächtnis unseres Landes. Archive in Schleswig-Holstein. Begleitschrift zur Ausstellung. Hrsg. von Manfred von Essen, Rainer Hering, Anke Rannegger und Johannes Rosenplänter. 2011. 50 Seiten mit zahlreichen Abb. ISBN 978-3-931292-85-0

Band 102: Findbuch des Bestandes Abt. 22: Herzöge von Schleswig-Holstein-Sonderburg-Augustenburg, von Jörg Rathjen. 2012. X, 213 Seiten. ISBN 978-3-937816-89-0

Band 103: Findbuch der Bestände Abt. 57 bis Abt. 62: Bundeskommissare für die Herzogtümer Holstein und Lauenburg 1863–1864, Österreichisch-preußische Oberste Zivilbehörde für das Herzogtum Schleswig 1864, Österreichisch-preußische Oberste Zivilbehörde für die Herzogtümer Schleswig, Holstein und Lauenburg 1864–1865, Österreichischer Statthalter für das Herzogtum Holstein, Preußischer Gouverneur für das Herzogtum Schleswig, Oberpräsident für die Herzogtümer Schleswig und Holstein (von Scheel-Plessen) in Kiel, Holsteinische Landesregierung in Kiel 1864–1866, Schleswig-Holsteinische Landesregierung in Schleswig 1865, Schleswigsche Regierung zu Schleswig 1865–1868, Zivilverwaltung/Regierung für Holstein 1866–1868, von Jörg Rathjen. 2012. XIII, 262 Seiten. ISBN 978-3-937816-90-6

Band 104: Wie mächtig sind Archive? Perspektiven der Archivwissenschaft. Hrsg. von Rainer Hering und Dietmar Schenk. 2013. 204 Seiten mit 18 Abb. ISBN 978-3-943423-03-7

Band 105: Prinz Heinrich von Preußen. Großadmiral, Kaiserbruder, Technikpionier. Hrsg. von Rainer Hering und Christina Schmidt. 2013. 256 Seiten mit zahlreichen Abb. ISBN 978-3-529-06100-4

Band 106: Findbuch der Bestände Abt. 18 und 19: Generalsuperintendent für Schleswig und Generalsuperintendent für Holstein, von Jörg Rathjen. 2016. X, 158 Seiten. ISBN 978-3-943423-14-3

Band 107: Schleswig-Holsteinische Regesten und Urkunden. Band 17: Das Protokoll des Lübecker Domkapitels 1544–1549 mit ergänzenden Texten. Bearb. von Wolfgang Prange. In Verbindung mit der Gesellschaft für Schleswig-Holsteinische Geschichte hrsg. vom Landesarchiv Schleswig-Holstein. 2016. 201 Seiten mit 4 Abb. ISBN 978-3-943423-26-6

Band 108: 1864 – Menschen zwischen den Mächten/1864 – Mennesker mellem magterne. Hrsg. von/udgivet af Rainer Hering und/og Hans Schultz Hansen unter Mitarbeit von/under medvirken af Elke Imberger. Übersetzungen/Oversættelser: Eckhard Bodenstein. 2015. 478 Seiten mit 54 Abb. ISBN 978-3-943423-24-2

Band 109: Die „Reichskristallnacht“ in Schleswig-Holstein. Der Novemberpogrom im historischen Kontext. Hrsg. von Rainer Hering. 2016. 394 Seiten mit 41 Abb. ISBN 978-3-943423-30-3

Band 110: Findbuch des Bestandes Abt. 13: Obergericht zu Gottorf 1713–1834, von Jörg Rathjen. 2017. IX, 185 Seiten. ISBN 978-3-943423-17-4

Band 111: Findbuch des Bestandes Abt. 320.6: Kreis Flensburg-Land 1867–1968, von Hartmut Haase. 2017. VI, 163 Seiten. ISBN 978-3-943423-18-1

Band 112: Findbuch des Bestandes Abt. 49: Schleswig-Holsteinische Regierung auf Gottorf 1834-1851, von Jörg Rathjen. 2017. XIII, 573 Seiten
ISBN 978-3-943423-32-7

Band 113: Gestalten des Archivs. Nachgelassene Schriften zur Archivwissenschaft, von Adolf Brenneke. Hrsg. und mit einem Nachwort versehen von Dietmar Schenk. 2018. 270 Seiten mit 16 Abb. ISBN 978-3-943423-50-1

Band 114: Findbuch des Bestandes Abt. 77: Dänische Ministerien, von Jörg Rathjen. 2018. IX, 70 Seiten. ISBN 978-3-943423-55-6

Band 115: Findbuch des Bestandes Abt. 68: Oberste Zoll- und Kommerzbehörden in den Herzogtümern und in Kopenhagen bis 1867, von Jörg Rathjen. 2018. XIII, 147 Seiten. ISBN 978-3-943423-54-9

Band 116: Findbuch des Bestandes Abt. 8.3: Schleswig-Holstein-Gottorfisches Groß-fürstliches) General-Landes- und Ökonomie-Verbesserungsdirektorium zu Kiel 1766-1807, von Jörg Rathjen. 2018. XVI, 370 Seiten
ISBN 978-3-943423-56-3

Die Ausstellungskataloge sowie vor Band 89 erschienene Werke sind direkt über das Landesarchiv zu beziehen. Die Preise dieser Bände beinhalten die Versandkosten.

Landesarchiv Schleswig-Holstein
Prinzenpalais
24837 Schleswig
Telefon 04621 8618-00
Fax 04621 8618-01
landesarchiv@la.landsh.de
www.schleswig-holstein.de/landesarchiv

Ab Band 89 stehen die Bände, die bei Hamburg University Press veröffentlicht werden (ISSN 1864-9912), zum kostenlosen Lesen und Herunterladen sowie als hochwertige Printversion zur Verfügung. Die Printversion kann über den Buchhandel oder direkt beim Verlag bezogen werden:

Hamburg University Press
Verlag der Staats- und Universitätsbibliothek Hamburg Carl von Ossietzky
Von-Melle-Park 3
20146 Hamburg
Telefon 040 42838-7146
Fax 040 42838-3352
order.hup@sub.uni-hamburg.de
hup.sub.uni-hamburg.de